決定版! 毎日食べたい!
作りおきのラクうま野菜おかず

350

ナツメ社

prologue

旬を感じる作りおきおかずで、

　さぁ、ごはんを作ろう！とキッチンに立つとき、いつも気が引き締まる思いがします。よく「体は食べたものでできている」という言葉を耳にしますが、食べるものと元気は繋がっていると思うので、できる限り元気になるごはんを作りたいなと思っています。風邪をひいたり、心が疲れたときは、少しでも回復するようなごはんを！元気なときは、この元気が持続するようなごはんを！と思います。

　では、元気になるごはんとは、どんなものでしょうか？私は「旬」の食材をバランスよく食べることが一番心地よい気がしていて、その「旬」を一番感じることができるのが野菜だと思っています。「旬の野菜」には、何より生命力を感じるので、できるだけ毎食食べられるように心がけています。

　立春を迎える頃、菜の花や春の山菜を求め、少し春が進むとたけのこ、そら豆を…。夏に近づくにつれ、アスパラガスやさやいんげん、そして夏野菜。少し涼しさを感じる秋の始まりの頃のなすやパプリカ、冬瓜なども欠かせませんし、冬を迎えると根菜類、小松菜やほうれん草、葉野菜…。と、一年を通して様々な野菜をおいしく味わえるこの日本での暮らしが、とても豊かだとしみじみ思うのです。

　今回は、そんな野菜の魅力を存分に感じていただけるように、普段私が食べている野菜料理から、旬の短い野菜、少し珍しい野菜のおいしい食べ方、5分以内で完成する簡単レシピからグツグツ煮込む少し手の込んだものまで、様々なレシピをご紹介しています。野菜が苦手な方もおいしく食べていただけるように肉や卵、チーズなどと野菜を組み合わせ、野菜を食べやすくしたレシピもたくさんあります。どうぞ、毎日の食卓に野菜をプラスして、元気な毎日に繋げていただけたらうれしく思います。

2017年 秋　平岡淳子

毎日元気になるごはんを！

CONTENTS

この本の特長と決まり…10

作りおきの基本＆徹底活用術

野菜のおかずを作りおきする
　4つのメリット！…12
週末に10品作る！作りおきスケジュール…14
野菜を長持ちさせるコツ…18
冷蔵・冷凍保存のコツ…19
野菜おかずの作りおきのコツ…20
野菜BESTゆで時間！…22

column
野菜をおいしく食べるための
　調味料のこと。…24

定番の作りおき野菜おかず

これ1品でたっぷり野菜が食べられる！

作りおき野菜おかずでラクうま朝ごはん

❶ ボルシチと野菜のチーズトーストの献立…26
❷ 納豆卵ごはんと漬物の献立…27
❸ ラタトゥイユ＋スクランブルエッグのせ
　 トーストの献立…28
❹ ミネストローネ＋大根の葉おにぎりの献立…29

定番の野菜おかずのおいしい作り方

❶ **ホクホク肉じゃが**…30
肉じゃがバリエ＆アレンジ
　トマトたこじゃが／ツナじゃが／塩肉じゃが…32
　肉じゃがチーズ春巻き／肉じゃが和風カレー／
　肉じゃがスコップコロッケ…33

❷ **ピーマンの肉詰め**…34
肉詰めバリエ＆アレンジ
　トマトの肉詰め／
　マッシュルームの松の実、レーズン入り肉詰め／
　ズッキーニの肉詰め…36
　ピーマンの肉詰めフライ／ピーマンの肉詰めトマト煮込み／
　ピーマンの肉詰めピザ…37

❸ **玉ねぎしゅうまい**…38
しゅうまいバリエ＆アレンジ
　コーンえびしゅうまい／白菜巻きしゅうまい／
　細切りキャベツのしゅうまい…40
　豆腐枝豆しゅうまい／揚げしゅうまい／
　しゅうまいスープ…41

❹ **五目春巻き**…42
春巻きバリエ＆アレンジ
　そら豆チーズ春巻き／あんかけもやし春巻き／
　アスパラ肉巻き春巻き…44
　レンジ蒸し春巻き／じゃがいもとディルの春巻き／
　春巻きのレタス巻き…45

❺ もずく、にんじん、ねぎのかき揚げ…46
かき揚げバリエ&アレンジ
玉ねぎ、豚肉、にらのかき揚げ／
みょうが、なす、じゃこのかき揚げ／
とうもろこし、ピーマン、ウインナーのかき揚げ…48
じゃがいも、青じそのかき揚げ／卵とじ天丼／天むす…49

❻ 五目野菜の肉きんぴら…50
きんぴらバリエ&アレンジ
ブロッコリーとツナのきんぴら／きのこのきんぴら／
なすとかつお節のきんぴら…52
大根とごまのきんぴら／きんぴらマヨサラダ／
肉きんぴらのおにぎらず…53

❼ キャベツと山いもの豚玉お好み焼き…54
お好み焼きバリエ
白菜、明太チーズのお好み焼き／
にらの和風しょうゆマヨお好み焼き／
たっぷり青ねぎと甘辛牛肉のお好み焼き…56
たこ焼き風キャベツ／焼きそば入りお好み焼き／
レタス、トマト、えびのお好み焼き…57

❽ 豚肉の野菜炒め…58
野菜炒めバリエ&アレンジ
豚肉とかまぼこと野菜のとろみ炒め／レバにら炒め／
ピーマン、きくらげ、卵、豚肉炒め…60
野菜焼うどん／野菜炒めの半熟卵のせ／野菜タンメン…61

❾ ポテトコロッケ…62
コロッケバリエ&アレンジ
たらこチーズコロッケ／かぼちゃのミートコロッケ／
カレーコロッケ…64
さつまいものハーブチーズコロッケ／コロッケサンド／
コロッケねぎわかめそば…65

❿ 白菜とにらの餃子…66
餃子バリエ&アレンジ
えびと三つ葉の餃子／春菊とたこの餃子／
糖質オフ肉巻き餃子…68
揚げチーズ餃子／餃子ミルクスープ／水餃子…69

column
旨味たっぷり干し野菜レシピ
切り干し大根じゃこサラダ／干し大根葉のふりかけ／
ドライトマトとドライポルチーニ、あさりの炊き込みごはん／
干ししいたけと野菜煮…70

PART 3
野菜のメインおかず
野菜＋たんぱく質で

作りおき野菜おかずでラクうま弁当
❶キャベツカツとちらし寿司のお弁当…72
❷牛肉ときのこのトマトクリーム煮と
　サフランライスのお弁当…73
❸牛肉の野菜ロールと煮卵のお弁当…74
❹かじきの野菜煮込みのお弁当…75

肉＋野菜 のおかず
ミートローフ…76
野菜煮込みハンバーグ／野菜の肉みそ炒め…77
クリームロールキャベツ／
なすとかぼちゃのミートグラタン…78
野菜つくね／アッシェパルマンティエ…79
揚げ鶏と野菜の南蛮漬け／鶏ピザ…80
鶏肉と野菜とカシューナッツ炒め／
鶏肉の野菜巻き照り焼き…81
回鍋肉／酢豚…82
豚肉と野菜カレー／キャベツカツ…83
牛肉ときのこのトマトクリーム煮／プルコギ…84
牛肉の野菜ロール／牛肉と野菜の赤ワインシチュー…85

魚介＋野菜 のおかず
サーモンとじゃがいも、ほうれん草のグラタン…86
あじとすだちの南蛮漬け／金目鯛とごぼうの煮物…87
たら、トマト、じゃがいも煮込み／
まぐろ、ねぎ、にんじんの煮物…88
かじきの夏野菜煮込み／いかのねぎポン酢…89
えび、スナップエンドウのねぎだれ和え／
桜えび、コーン、パクチー炒め…90
れんこんのえび挟み揚げ／セビーチェ…91

卵＋野菜 のおかず

野菜オムレツ…92
にらとトマトとえびの卵炒め／
にんじん、ねぎ、しらすの卵焼き…93
じゃがいも、玉ねぎのスペイン風オムレツ／
アスパラ、まいたけ、ベーコンのスクランブルエッグ…94
にらと赤ピーマンのチヂミ／
ほうれん草、コーン、玉ねぎの卵炒め…95

豆腐＋野菜 のおかず

豆腐のちゃんぷるー…96
豆腐の野菜あんかけ／野菜たっぷり麻婆豆腐…97
豆腐、オクラ、トマト、納豆昆布和え／
ごぼうと豆腐の炒め煮…98
野菜がんも／野菜と厚揚げ炒め…99

豆＋野菜 のおかず

青大豆の明太サラダ…100
チリコンカン／ポークビーンズ…101
大豆入りひじき煮／白いんげん豆とトマトの和え物…102
ひよこ豆のサラダ／
ミックスビーンズとツナのマスタードサラダ…103

column
野菜たっぷりごはんレシピ
タコライス／野菜サラダ寿司…104
きのこトマトリゾット／中華丼…105

column
野菜たっぷりサンドイッチレシピ
きんぴらごぼうドッグ／
にんじんツナクリームチーズサンド…106
野菜オムレツサンド／ごぼうサラダベーグル…107

column
香味野菜のストックで簡単レシピ
基本の香味野菜／香味野菜しゃぶしゃぶ／
香味野菜とツナ卵サラダ／香味野菜とたこれんこん／
香味野菜とじゃこ、カリカリ油揚げ…108

PART 4
野菜のサブおかず

何品も作って栄養満点！

作りおき野菜おかずでラクうまランチ

❶野菜煮込みハンバーグパスタランチ…110
❷そばサラダとかき揚げランチ…111
❸サンラータン麺とコロッケランチ…112
❹アッシェパルマンティエのパンランチ…113

サラダ

パプリカとカッテージチーズとオリーブのサラダ…114
湯引きまぐろ、くるみ、ねぎ、にんじんのサラダ／
ヤムウンセン／たことじゃがいものサラダ…115
ひじきとれんこんのサラダ／春雨ごまサラダ／
ポテトサラダ…116
チョップドサラダ／レタスとカリカリじゃこのサラダ／
シーザーサラダ…117

マリネ

えびとそら豆のマリネ…118
きのこのマリネ／
セロリ、チーズ、マッシュルームのマリネ／
とうもろこしと紫玉ねぎのマリネ…119
焼きなすとたこのマリネ／いかと野菜のマリネ／
牛しゃぶとせりのマスタードマリネ…120
かぶと生ハムのマリネ／
ほたてとみょうがときくらげのマリネ／
焼き野菜のマリネ…121

ピクルス・漬物

水キムチ…122
きゅうり、ミニトマト、うずらの卵のピクルス／ゆず大根／
柴漬け風…123
千枚漬け風／カクテキ／だし…124
白菜の浅漬け／白菜、にんじん、きゅうりの浅漬け／
きゅうりとキャベツの塩昆布漬け…125

赤の野菜 おかず

トマト
ミニトマトとサーモンのタルタル／
トマトとたことオリーブの煮込み／トマトミートソース…126
ミニトマト、コーン、青じそのサラダ／
ミニトマトの肉巻き／
ミニトマトのジンジャーはちみつマリネ…127

にんじん
にんじんとさつま揚げの煮物／にんじんとツナのサラダ／
にんじんナムル…128
キャロットラペ／たらこにんじん／
にんじんしりしり…129

赤パプリカ
パプリカとえびとオリーブのマリネ／
パプリカと鶏むね肉の炒め物／
パプリカとツナのきんぴら…130

ラディッシュ
ラディッシュと卵のサラダ／
ラディッシュのレモンマリネ／
赤皮大根ときゅうりとかにのサラダ…131

みょうが
みょうがとキャベツの浅漬け／
みょうがとチーズの肉巻き／
みょうがとポテトチップスのツナサラダ…132

紫キャベツ
紫キャベツとあんぽ柿、りんごのサラダ／
紫キャベツのはちみつサラダ／
紫キャベツとにんじんとアーモンドのサラダ…133

黄の野菜 おかず

かぼちゃ
かぼちゃ甘煮／かぼちゃとゆで卵のサラダ／
かぼちゃとえびのグラタン…134
かぼちゃと鮭とハーブチーズの春巻き／
かぼちゃのみたらしチーズ焼き／
かぼちゃのココナッツミルク煮…135

さつまいも
さつまいものメープルボール／
さつまいものマッシュポテト／
さつまいもとセロリとハムのヨーグルトサラダ…136

さつまいものマーマレード煮／さつまいもと牛肉の煮物／
大学いも…137

とうもろこし
とうもろこしとみょうがのクリームチーズ和え／
とうもろこしつくね／
とうもろこしとえびのかき揚げ…138

ヤングコーン
ヤングコーンの肉巻きフライ／
ヤングコーンといんげんのアジアン炒め／
ヤングコーンといかの炒め物…139

黄パプリカ
黄パプリカと豚肉のしょうが焼き／
黄パプリカとほたての和え物／
黄パプリカとえびのマヨネーズ和え…140

緑の野菜 おかず

オクラ
オクラ豚しゃぶ／オクラといかの梅和え／
オクラ肉巻き春巻き…141

キャベツ
キャベツとたらこのサラダ／
キャベツとじゃこのゆかり和え／コールスロー…142
キャベツとスモークサーモン巻き／
キャベツと豚バラの酒蒸し／
キャベツと肉団子のトマト煮込み…143

きゅうり
きゅうりとささみのごまナムル／きゅうりの梅和え／
ピリ辛きゅうりのたたき…144
きゅうりとたこの酢の物／きゅうりの塩昆布和え／
きゅうりとしょうがのしょうゆ漬け…145

ブロッコリー
牛肉とブロッコリーのオイスター炒め／
ブロッコリーとえびのチーズグラタン／
ブロッコリーのオープンオムレツ…146
ブロッコリーのごまオリーブオイルしょうゆサラダ／
ブロッコリーとゆで卵のサラダ／
ブロッコリーとツナとコーンのサラダ…147

ピーマン
おかかピーマン／チンジャオロースー／
ピーマンとちくわのナムル…148

グリーンアスパラガス
アスパラとえびのケチャップ炒め／
アスパラとウインナーの粒マスタード炒め／
アスパラとコーンのチーズ和え…149

さやいんげん・スナップエンドウ
いんげんのごま和え／
スナップエンドウとゆで卵のサラダ／
いんげんとえびの春雨サラダ…150

ゴーヤ
ゴーヤとツナのサラダ／ゴーヤちゃんぷるー／
ゴーヤとチーズの肉巻きフリット…151

青菜
せりのおひたし／
ほうれん草とえびのカレークリーム煮込み／
小松菜としらすの和え物…152
菜の花の昆布じめ／ほうれん草と塩鮭の卵焼き／
チンゲン菜と厚揚げ、豚肉のしょうゆ煮…153

セロリ
セロリ、ちくわ、ザーサイの和え物／
たことセロリのレモンしょうゆ和え／
セロリとじゃこのきんぴら…154

ズッキーニ
ズッキーニのチーズマリネ／
ズッキーニのベーコン、豚肉W巻き／
ズッキーニのオムレツ…155

白の野菜　おかず

大根
大根とえびのとろみ煮／お手軽大根もち／
大根のたらこ炒め…156
大根とちくわ、春菊のごまマヨ和え／
豚バラ大根／大根とささみの梅しそ和え…157

白菜
白菜のおかか和え／白菜とほたてのクリーム煮／
白菜と春雨の中華煮込み…158

玉ねぎ
玉ねぎとじゃこの酢の物／
玉ねぎとサーモンのレモンマリネ／
玉ねぎと豚肉のしょうゆ炒め…159

長ねぎ
焼きねぎのヴィネグレットソース／長ねぎの豚肉巻き／
ねぎチャーシュー…160

かぶ
かぶとツナのマヨ和え／かぶのイタリアントマト煮込み／
かぶと干し柿、生ハムの和え物…161

カリフラワー
カリフラワーの明太子和え／
カリフラワーとじゃがいものスパイス炒め／
カリフラワーとベーコンのクリームチーズ焼き…162

もやし
もやしとささみのピリ辛中華和え／
豆もやしときくらげ、ハムのナムル／
もやしと春雨の酢の物…163

れんこん
れんこんのカレーマヨサラダ／れんこんのごまきんぴら／
れんこんと牛肉のピリ辛炒め…164
れんこんのバルサミコマリネ／カリカリれんこんチーズ／
れんこんのもちもち揚げ…165

黒・茶の野菜　おかず

きのこ
昆布なめたけ／マッシュルームのパイキッシュ／
しいたけつくね…166
塩ミックスきのこ／しめじのグラタン／
まいたけ肉巻き…167

なす
なすの揚げびたし／焼きなすのディップ／
なすとじゃこのかき揚げ…168
レンジ麻婆なす／揚げなすとチーズ、トマトのサラダ／
なすとトマトのチーズ焼き…169

じゃがいも
イタリアン粉ふきいも／たらもサラダ／
じゃがいもとほたて缶のグラタン…170
揚げないフライドポテト／
じゃがいものコロコロチーズボール／ジャーマンポテト…171

里いも
里いものごま煮／里いもツナサラダ／
里いもの磯辺焼き…172

ごぼう
レンジごぼうのごま酢和え／ごぼうのから揚げ／
ごぼうの肉きんぴら…173

たけのこ
たけのこ、ふき、油揚げ煮／たけのこと牛肉の山椒煮／
たけのこ、わかめ、鶏肉の卵とじ…174

column
山菜の扱い方とおいしいレシピ
ふきみそ／たらの芽のベーコン巻き／山菜おこわ…175

column
野菜たっぷり麺レシピ
韓国風野菜たっぷり素麺／上海風焼きそば…176
野菜たっぷりナポリタン／そばサラダ…177

column
冷凍野菜でおみそ汁バリエ
冷凍トマトとモッツアレラチーズのおみそ汁／
冷凍オクラと冷凍きのこのおみそ汁…178
冷凍にんじんと豚肉のおみそ汁／
冷凍小松菜とベーコンのおみそ汁…179

column
野菜のおやつレシピ
トマトとすいかのシャーベット／しょうがのマドレーヌ／
かぼちゃ白玉団子…180

PART 5
スープ・煮込み
たっぷり作ってしみじみおいしい

作りおき野菜おかずでラクうま晩ごはん
① ロールキャベツと炊き込みごはんの献立…182
② しゅうまいと蒸し野菜の献立…183
③ ほうれん草のカレークリーム煮ごはんの献立…184
④ 野菜つくね丼と金目鯛の煮物の献立…185

スープ
ヴィシソワーズ…186
かぼちゃのポタージュ／マッシュルームのポタージュ…187
サンラータン／卵野菜スープ…188
ミネストローネ／クラムチャウダー…189
トマトミートボールスープ／中華風コーンスープ…190
チキンチャウダー／トマトかき玉、春雨スープ…191
わかめレタススープ／沢煮椀…192
せりと白菜と肉団子のスープ／きのこの団子汁…193
ガスパチョ／ユッケジャンスープ…194

煮込み
タイピーエン…195
鶏手羽おでん／鶏肉、パプリカの煮込み…196
大根と豚バラの酒煮／ポトフ…197
ラタトゥイユ／
トマトとえびのココナッツカレー煮込み…198
ボルシチ／野菜と鮭の酒粕煮込み…199
筑前煮／キャベツとベーコンのローズマリー蒸し…200

おかずさくいん …201

この本の特長と決まり

野菜不足の毎日を豊かにしてくれる、野菜たっぷりのおかずを紹介しています。
定番のおかずから、メインおかず、サブおかず、スープ、煮込みまで豊富に紹介します。

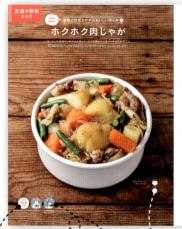

組み合わせるとバランスのいい
小さなおかずを紹介!
メインのおかずを作っても、献立を考えるのが面倒な人へ。作りおきおかずをまとめて作るときの参考に。

作り方の順番がわかる
豊富なプロセス
定番料理の作り方は目で追いながら失敗なく作れるプロセスつき。

調理や保存のコツを紹介!
野菜おかずの調理のコツや、野菜のおかずならではの保存のコツを丁寧に紹介。

カロリーは1人分です
カロリーはすべて1人分で『日本食品標準成分表2015』をもとに計算しています。

おすすめシーンアイコン
そのおかずがどんな人やシーンに向いているかを示すイラストマークつき。

おばあちゃん　お父さん　お姉さん　中高生

子ども　おつまみ　お弁当

野菜の色別に毎日の献立に
役立つおかずを紹介!
定番の野菜おかず、たんぱく質＋野菜おかずはもちろん、色別の野菜おかずを紹介。プレートに組み合わせるときの参考にも。

わかりやすい
冷蔵・冷凍保存マーク
それぞれの作りおきおかずには冷蔵、冷凍期間を示すマークをつけています。

定番からの
バリエ・アレンジも豊富!
食材や味つけ、調理法のバリエーションや、定番おかずのアレンジレシピまで豊富に紹介!

◎材料は4人分を基本にしています。レシピによっては作りやすい分量や4人分以外になっているものもあります。
◎計量単位は1カップ＝200ml、大さじ1＝15ml、小さじ1＝5ml、米1合＝180mlとしています。
◎電子レンジは600Wを基本としています。500Wの場合は加熱時間を1.2倍にしてください。
◎「少々」は小さじ1/6未満、「適量」はちょうどよい量、「適宜」は好みで必要であれば入れることを示します。
◎オーブンは機種により性能に差があるため、表示の温度と焼き時間を目安に、ご使用のオーブンに合わせて調整してください。
◎オリーブオイルはエクストラ・バージン・オリーブオイルを使っています。
◎パルメザンチーズは粉チーズを使っても大丈夫です。

PART 1

作りおきの基本＆
徹底活用術

野菜おかずを作りおきする際の、おぼえておきたい基本のテクニックをご紹介します。
実際に10品作りおきする場合のスケジュールや野菜のおいしいBESTゆで時間もチェックして。

野菜のおかずを作りおきする
4つのメリット！

作りおきおかずの中でも、冷蔵庫に野菜のおかずがあるとちょっとうれしいもの。この本で紹介しているおかずを作ることで得られるメリットをご紹介します。

メリット 1 忙しい毎日でも野菜がいつでも食べられる！

仕事や子育てなど、毎日がバタバタと忙しいときは、ごはん作りがおっくうになりがち。手軽なものしか作らなくなり、最終的には外食や市販のお惣菜に頼ってばかりになってしまうことも。特に野菜のおかずは、作ることも食べることも極端に少なくなり、食生活が偏って体調を崩しやすくなってしまいます。そんなときこそ、野菜の作りおきおかず！　冷蔵庫に2～3種類の野菜のおかずがあるだけで、忙しい毎日でも野菜を食べることができ、健康を保つことができます。

パスタにも野菜たっぷり！

メリット 2 旬のおいしい野菜を思う存分味わえる！

春夏秋冬の旬の野菜は、みずみずしくて野菜本来の旨味や甘みを味わえるだけでなく、栄養価も高いので毎日の食事に取り入れたいもの。その上、旬の野菜は安価なので、たっぷり買ってその時期ならではのおいしさを味わえる絶好のチャンス！　この本では、野菜別の作りおきおかずも紹介しているので、旬の野菜を使ってさまざまなおかずの作りおきをしてみましょう。その時期ならではのおいしさを思う存分味わうことができ、食卓が華やぐことでしょう。

＼彩り野菜の副菜を作りおき！／

メリット 3 カラフルなお弁当づくりにも役立つ！

野菜の作りおきおかずは、毎日のお弁当作りにこそ大活躍。旬の野菜の副菜おかずを多めに作ってストックしておくだけで、毎日彩り豊かなお弁当を作ることができます。本書では、お弁当の彩りに役立つ、赤、黄、緑、白、茶（黒）の5色の野菜の副菜おかずや、肉＋野菜、魚介＋野菜、卵＋野菜というように、野菜をたっぷり使ったメインおかずもたくさん紹介しているから、悩むことなく、カラフルで栄養バランス満点のお弁当作りが、ラクにできるようになります。

＼彩りもよく、野菜不足の心配もなし！／

メリット 4 メインおかず、スープ、ごはんにも野菜がたっぷり！

野菜の作りおきおかずといえば、副菜のサラダや和え物が思い浮かびますが、本書ではメインおかず、スープ、煮込み料理や、ごはん、パン、麺料理など、野菜を豊富に取り入れたレシピも豊富に紹介しています。何品も作らなくてもワンディッシュで栄養満点になるようなレシピが満載！　これらの作りおきおかずをストックしておけば、毎日野菜が不足することはありません。中でも、野菜をたくさん使ったスープや煮込み料理は、朝食やランチに重宝するのでおすすめです。

＼サラダだけじゃない、作りおきが満載！／

週末に10品作る！
作りおきスケジュール

野菜のおかずの作りおきのメリットがわかったら、週末の土日を使って10品の作りおきに早速、チャレンジ！スケジュールを把握しておくと調理時間が短縮できます。

作るのはこれ！

① ホクホク肉じゃが
→P30

② 五目春巻き
→P42

③ 野菜たっぷり麻婆豆腐
→P97

④ れんこんのえび挟み揚げ
→P91

⑤ なすとトマトのチーズ焼き
→P169

⑥ ミックスビーンズとツナのマスタードサラダ
→P103

⑦ ズッキーニのオムレツ
→P155

⑧ とうもろこしと紫玉ねぎのマリネ
→P119

⑨ えびとそら豆のマリネ
→P118

⑩ ミネストローネ
→P189

スムーズに調理が運ぶ段取りテク4

テク1 材料を切りながら火にかけていく

10品の作りおきおかずを同時に作るときの大切なポイントは「並行調理」。材料を切りながら、コンロに鍋をのせて火にかけていく方法です。難しそうに思えますが、手順を守って調理をすれば、意外とスムーズに進みます。材料を切る順番は、加熱時間が長い料理から。最初の料理の材料をまとめて切る→火にかける→次の材料をまとめて切る→火にかけるという順序で進めていきましょう。

テク2 コンロの右と左を上手に使い分ける

2口コンロのキッチンなら、コンロの左右を上手に使い分けて、火にかけていくのがコツ。例えば、最初に右側のコンロを使って調理を始めたら、その間に次の料理の材料を切り、左側のコンロで調理します。右側のコンロの料理が出来上がったら、火からおろして、次の料理をのせて調理する…というように進めていくと、時間に無駄がなく、調理がスムーズに運ぶのでおすすめです。

テク3 煮込み時間を利用して、次の材料を切っていく

並行調理は、1つの料理を火にかけて煮込んでいる間に、次の料理の仕込みを始める、というリズムが一番大切。煮込んでいる時間は、料理にもよりますが、20～30分ぐらいのものが多いので、その間に次の料理の材料を切ったり、調味料をそろえたりなど、準備を進めていくことが大切です。P16～17では、実際に10品作る際のスケジュール表がありますので、順番を確かめながら進めましょう。

テク4 揚げ物は一番最後にまとめるのが最大のテク

最後におさえておきたいポイントは、揚げ物はまとめて最後に調理する、ということ。煮込み料理は鍋に材料を入れて火にかければ、その間に他の作業をすることができますが、揚げ物はつきっきりでそばにいなくてはなりません。揚げ物が2種類あるときは、下味や衣づけまでの準備を一緒にしておき、最後に一気に揚げれば、時間を無駄にすることなく、仕上げることができます。

1日で10品作る！

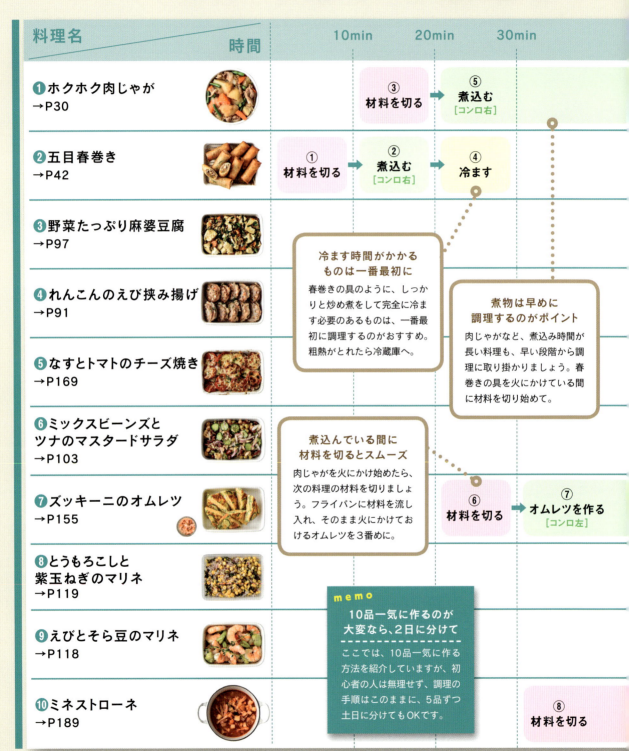

段取りスケジュール

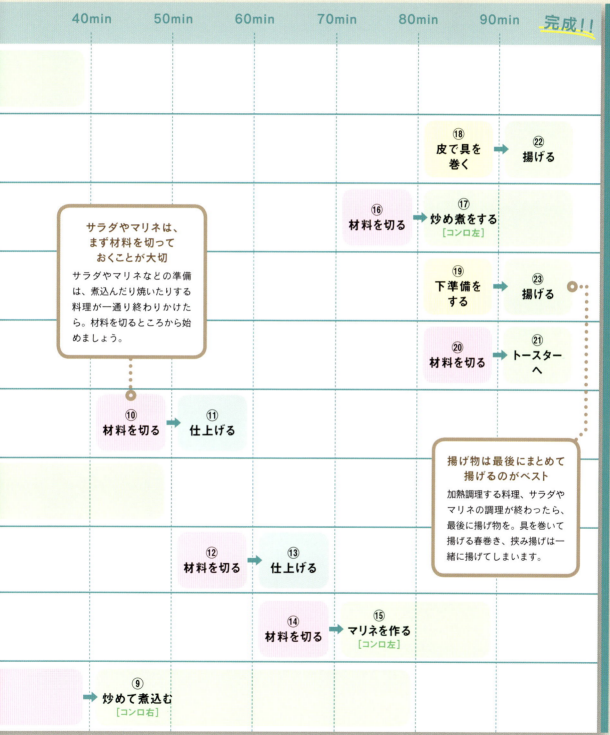

野菜を長持ちさせるコツ

野菜の作りおきおかずを作るなら、まずは野菜の長持ちさせる保存方法をおぼえましょう。
野菜の形や大きさ、種類によって保存のコツが違うので、ポイントを押さえて。

野菜はできるだけ畑と同じ環境で保存すること

野菜は育った畑と同じ環境で保存してあげると保存性が高まります。とりあえず野菜室に入れておけば大丈夫！と思いがちですが、野菜には適した保存温度があり、常温で保存したほうが長持ちするものも。野菜それぞれの特性に合わせて保存しましょう。また、冷蔵庫の温度を下げすぎるのもNG！ 低温障害を起こしやすいので要注意です。

葉物野菜は保存袋か密閉ビンに入れて長持ち

レタスなどの葉物野菜は、20分ほど冷水につけてから、サラダスピナーなどでしっかり水けをきってからちぎり、保存袋か密閉の保存瓶に入れて保存を。青じそやフレッシュハーブも同様の保存法で。ほうれん草などの葉野菜も冷水に20分ほどつけたら水けをきって新聞紙に包んで保存を。

大きい野菜は新聞紙で包んで保存

キャベツや白菜、大根、長ねぎなどの大きい野菜は、日持ちするので、丸ごと1個を購入して新聞紙で包み、冷蔵庫の野菜室で保存を。½や¼にカットしたものは、切り口をラップで包み、新聞紙に包んで保存を。葉つきの大根は葉から栄養分を取られるので、葉を落としてから保存を。

水けをしっかり拭き取って、ペーパータオルで包んで保存袋に入れて保存して。

密閉ビンに立たせて入れてふたをすれば、シャキシャキ長持ち。

にんじんやきゅうりは立てて保存すれば長持ち

きゅうりやにんじん、アスパラガス、セロリのような長い野菜は、畑で育った状態と同じように立てて、冷蔵庫の野菜室での保存がベスト。長い野菜専用のボックスを野菜室に設置してまとめて立てて保存しましょう。ただし、大根やごぼうのように大きい野菜の場合は、横にして保存を。

常温保存がオススメの野菜たち

じゃがいも、さつまいも、里いも、玉ねぎなどの野菜は常温保存を。にんにくやしょうがも風通しのいいところでの常温保存が向いています。冷蔵庫で保存と思いがちなピーマン、トマト、なす、ズッキーニなどの夏野菜も常温保存向き。トマトは熟したら野菜室に移して。

18

冷蔵・冷凍保存のコツ

野菜のおかずを作りおきするときの野菜の冷蔵、冷凍保存のコツをおぼえましょう。肉や魚介類とは違い、水分が多く傷みやすいので、ポイントを押さえて最後までおいしく食べきるコツを押さえて。

野菜のおかずを作るときは水けをしっかりとること

水けはしっかり絞って。

いんげんはゆでて水けをふきとって。

保存の際に傷む原因としてあげられるのが「水分」の存在。野菜は特に水分が多く、調理をしたあとも水っぽくなりやすいので、ゆでたあとはしっかりペーパータオルで水けを拭いてから調理することを忘れずに。また、和え物やマリネなど、塩もみしたあとも、これ以上絞れないほど、しっかりと水けを絞ってから調味料と和えましょう。

できるだけ空気に触れさせないこと

野菜の作りおきおかずは、なるべく空気に触れさせず、ぴっちりラップか、保存袋に入れて空気をしっかり抜くのがポイント。空気に触れると乾燥、酸化の原因になり、おかず自体が劣化しておいしくなくなってしまいます。冷凍するときも同様に粗熱を取り、冷凍用保存袋に入れ、空気を抜いて平らにしてから保存しましょう。

冷蔵保存するときは必ず粗熱をとる

熱いまま冷蔵庫に入れると、蒸気が保存容器のふたやラップにつき、水滴となっておかずに落とされ、腐敗の原因になります。加熱調理をしたら、大きめのバットに広げて粗熱をしっかりとり、冷めたのを確認してからふたをして冷蔵庫へ。

冷凍野菜いろいろ

ゆでブロッコリー
ブロッコリーは小房に分けて塩ゆでし、水けをよくきって冷凍用保存袋へ。

細切りパプリカ
パプリカはヘタと種を取り除き、縦に細切りにし、冷凍用保存袋へ。

揚げなす
なすは乱切りにして素揚げし、粗熱をとって冷凍用保存袋へ。

ミックスきのこ
下処理をし、布巾などで汚れを落とし、切ってから冷凍用保存袋へ。

マッシュポテト
じゃがいもはゆでたら、そのままの形ではなく、つぶして保存がベスト。

丸ごとトマト
トマトはヘタを取り、丸ごとラップに包んで冷凍用保存袋へ。

野菜のおかずの作りおきのコツ

下ごしらえ編

Point 1 生野菜を使うときは冷水につけてシャキシャキに

生野菜を使うおかずなら、まずは冷水に20分ほどつけてシャキッとさせましょう。こうすることで、断然おいしく仕上がります。ただし、調理するときはいつも以上にサラダドライヤーなどでしっかりと水きりを。長くおいしく保存するポイントです。

Point 2 漬物を作るときは厚めに切る

野菜を切って塩もみし、調味液と一緒に漬け込む漬物。野菜を薄切りにして漬物にすると、歯応えがなく水っぽくなってしまうので、野菜は厚めに切るのがポイント。シャキシャキとした歯応えを残すことができ、ちょうどよい仕上がりになります。

Point 3 ほうれん草はゆでてバラ冷凍がおすすめ

ほうれん草などの葉物野菜は、最初にまとめてゆでておき、ひと口大に切って冷凍保存しておくと便利。バットに1人分ずつ並べて冷凍し、凍ったら冷凍用保存袋に入れて空気を抜いて冷凍庫へ。みそ汁の具やもう一品を作るときに冷凍しておきましょう。

Point 4 いも類、かぼちゃは冷凍するならマッシュがおすすめ

じゃがいもやかぼちゃは、ひと口大に切ってゆでたあと、そのまま冷凍はNG。もさもさした食感になり、おいしくありません。冷凍するなら、マッシャーでつぶしてから。冷凍用保存袋に入れて空気を抜いて平らにして冷凍庫へ。ポタージュやサラダに使えます。

野菜のおかずを作りおきするときに、おぼえておくだけでおいしく仕上がる調理のコツ。
野菜だからこそのポイントや目からウロコのアイデアをたくさん紹介します。

調理・保存編

Point 1 マリネやサラダを作るときはオイルコーティングしてから調味を

ハーブで保存性もアップ

野菜は水分が多いので、塩をふると浸透圧の関係上、野菜の水が引き出され、水っぽい仕上がりに。ポイントは一番最初にオイルをまぶすこと。野菜をオイルコーティングすることで、調味料はオイルの上に絡んだ状態になるので、水が出るのを防げます。

Point 2 保存するときは袋より保存容器がおすすめ

サラダやマリネを作ったら、保存用袋に入れて保存しがちですが、密閉される分、水が出やすく、形も崩れやすいのが気になるところ。おすすめはふたつきのボックス型の保存容器。ホウロウ容器やプラスチック容器などありますが、お好みで。

Point 3 野菜から水分が出やすいので食べるときは塩を加える

野菜のおかずは、水きりをしっかりして、オイルコーティングしても、時間が経つと水けは出てきてしまいがち。その分、味も薄まっていることが多いので、汁けをよくきり、食べる直前に塩などの調味料をプラスして味をととのえるのがポイント。

Point 4 冷凍野菜の解凍は電子レンジ&凍ったまま調理で

ブロッコリーや小松菜など、小さく切り分けて冷凍保存した野菜は、電子レンジ解凍がおすすめです。また、細切りパプリカやミックスきのこは、凍ったまま調理を。だし汁やスープに入れたり、フライパンで直接炒めるとおいしく食べられます。

野菜BESTゆで時間！

ほうれん草
熱湯で根からゆでて、氷水にさらす

下の部分 **約10秒** → 葉の部分 **約50秒**

ほうれん草1束は、茎に十字に包丁を入れる。塩を加えた熱湯に下の部分だけを約10秒入れ、葉の部分も湯に入れて約50秒ゆでる。ゆで上がったら氷水にさらす。

小松菜
熱湯で根からゆでて、氷水にさらす

下の部分 **約30秒** → 葉の部分 **約1分30秒**

小松菜1束は、茎に十字の包丁を入れる。塩を加えた熱湯に下の部分だけを約30秒入れ、葉の部分も湯に入れて約1分30秒ゆでる。ゆで上がったら氷水にさらす。

オクラ
板ずりをしてから塩ゆでし、ザルに上げる

熱湯で **約50秒**

オクラ1袋は板ずりする。塩を加えた熱湯に入れて約50秒。ゆで上がったら、ザルに上げる。

とうもろこし
水からゆでてザルに上げる

水から **約11分**

とうもろこし1本は皮をむいて、塩を加えた水からゆでて約11分。ゆで上がったら、ザルに上げる。

電子レンジで **約5分**

とうもろこし1本は皮がついたままラップできっちりと包み、電子レンジで5分加熱し、そのまま粗熱をとる。

アスパラガス
塩ゆでし、ザルに上げる

熱湯で **約1分10秒**

アスパラガス12本は下のかたい部分を切り落とし、袴を取る。塩を加えた熱湯に入れて約1分10秒。ゆで上がったら、ザルに上げる。

野菜のおかずを作るとき、ちょうどよいゆで時間が見つからない…という人のために、
平岡さんが試作を重ね、自信を持っておすすめするBESTゆで時間！　ぜひ、参考にしてみてください。

さやいんげん

筋を取り、塩ゆでし、ザルに上げる

熱湯で **約1分30秒**

さやいんげん1袋は筋を取り、塩を加えた熱湯に入れて約1分30秒。ゆで上がったら、ザルに上げる。

ブロッコリー

小房に分けてから塩ゆでし、ザルに上げる

熱湯で **約1分30秒**

ブロッコリー1株は小房に分け、塩を加えた熱湯に入れて約1分30秒。ゆで上がったら、ザルに上げる。

じゃがいも

水からゆでても電子レンジで加熱してもOK

水から **30分**

竹串がすっとさされればOK!

じゃがいも4個は、塩は入れずに水から約30分ゆでる。竹串がすっとさされればOK。皮をむく場合は、熱いうちにむく。マッシュする場合も熱いうちにつぶす。

電子レンジで **5〜7分**

皮をむいて4等分に切り耐熱容器にラップで

じゃがいも2個は、皮をむいて、1個につき4等分に切り、水に5分さらしてから水けをきる。耐熱容器に入れてラップをふんわりかけて電子レンジで5〜7分加熱。竹串がすっとさされればOK。

枝豆

塩をまぶしてから塩ゆでし、ザルに上げる

塩をまぶして **10分** ▶ 熱湯で **約5分30秒**

枝豆1袋（約270g）は、さっと洗ってから塩大さじ1をこすりつけるようにまぶして10分そのままおく。塩を加えた熱湯に入れて約5分30秒。ザルにあげて、塩を小さじ1まぶす。

＊1本の太さや一束の量、旬のときとそれ以外の季節で多少前後するので、あくまでも目安です。
＊熱湯は約3リットル沸かします。塩ゆでの場合は、3リットルの熱湯に約大さじ½の塩を入れてゆでます。

23

column

野菜をおいしく食べるための調味料のこと。

野菜をおいしく食べるために意識している調味料は、特にオリーブオイル、お酢類、塩、はちみつです。これらを常備しておくと野菜がひと際おいしくいただけます。

オリーブオイル

イタリア産のEVオリーブオイルを使っています。油っこさだけが前面に出ずに、香りとスパイシーさが好みのものを選ぶとよいと思います。

塩

塩は野菜の味を引き立てる大切な調味料。コクと海藻の旨味を感じられる藻塩や、手軽にふりかけられるタイプのドイツ産アルプスの岩塩をがおすすめです。

はちみつ

野菜と果物のサラダやマリネに甘みを足すときは、相性のいいはちみつを。柑橘系の味つけのときはオレンジのはちみつ、ハーブ系の味つけのときはローズマリーのはちみつなどレシピによって変えてみるのもおすすめです。

お酢・ビネガー類

米酢、りんご酢をメインに使っています。洋風のサラダには白ワインビネガーや赤ワインビネガー、バルサミコ酢を使ったりもします。フルーツ系のサラダにはホワイトバルサミコ酢を使うのが好きです。白ワインビネガーやりんご酢に少しはちみつを混ぜて使っています。スペイン産のおいしいシェリービネガーも最近気に入ってよく使っています。あとは、お酢の代わりやお酢に混ぜて、レモンやライム、オレンジなどを使ったりします。柑橘類や酸味のあるフルーツは、オリーブオイルと塩と混ぜて果汁がドレッシング代わりになるのでおすすめです。ジャムを酸味代わりに使うことも。

この本で使う保存容器のサイズのこと。

この本では、ホウロウのふたつき保存容器をメインで使っています。料理によっておすすめサイズがあるので、参考にしてみてください。

煮込み料理

煮込み料理などの汁があるタイプは、鍋と同じラウンド型が使いやすい。

❶ ラウンド型…W.17.9×D.17.9×H.7.3cm／W.20.3×D.20.3×H.8.4cmぐらいのもの

マリネ、サラダ、炒め物など

深めの長方形のタイプがおすすめ。Mサイズが一番使いやすい。

❷ 深型長方形タイプ　W.18.3×D.12.5×H.6.2cm

野菜のサブおかず

野菜の小さいおかずは、深めの長方形や正方形のSサイズがあると便利。

❸ 深型長方形タイプ…W.15.4×D.10.3×H.5.7cm
❹ 深型正方形タイプ…W.10.6×D.10.5×H.5.4cm

PART 2

これ1品でたっぷり野菜が食べられる！

定番の作りおき
野菜おかず

家族のみんなが大好きな定番おかずの中でも、野菜をたっぷり使ったレシピを厳選。
野菜がモリモリ食べられる、おいしい作り方とバリエ＆アレンジレシピを豊富に紹介します。

チーズトーストの野菜はお好みでOK

作りおき **野菜** おかずでラクうま 朝ごはん ①

ボルシチと野菜の チーズトーストの献立

総エネルギー **570 kcal**

寝坊した朝でも、しっかりと野菜を食べたい！ そんなときこそ、作りおきおかずの出番。
朝からボルシチなどの煮込みが食べられるのもうれしいポイントです。

memo
お好みの野菜をのせて作って

チーズトーストは、季節の野菜やお好みの野菜をのせて、いろいろなバリエーションで楽しんでください。とうもろこしや、焼いたなす、れんこんなどをのせてもおいしいです。パンもバゲットだけでなく、食パンでもなんでもOKです。サラダは葉野菜のフレッシュなサラダでも合います。

ボルシチ ▶▶ P199
お好みでサワークリームを適量のせて食べても！
339 kcal

オクラとミニトマトの チーズトースト recipe
〈1人分〉バゲットを斜めに薄く1枚切りし、ピザ用チーズ大さじ2をのせる。輪切りにしたミニトマト1個分、塩ゆでして小口切りにしたオクラ1本分をのせ、オーブントースターでチーズが溶けるまで焼く。 **126 kcal**

かぼちゃとゆで卵の サラダ ▶▶ P134
甘みのあるサラダを添えるのがおいしい。卵も入って栄養満点！ **105 kcal**

作りおき **野菜** おかずでラクうま朝ごはん❷

納豆卵ごはんと漬物の献立

朝食といえば、やっぱり納豆＆卵かけごはん。それだけだと栄養バランスが偏るから、漬物を2種類と冷凍トマトのおみそ汁を添えて。これだけで、野菜がたっぷり食べられます。

朝はやっぱり
和食の献立が落ち着く!

総エネルギー
611 kcal

柴漬け風 ▶ P123
梅酢の酸味とポリポリとした食感が、納豆卵ごはんとの相性も◎。　**14 kcal**

白菜、にんじん、きゅうりの浅漬け ▶ P125
この漬物があるだけで、3種類の野菜が食べられるからうれしい。　**37 kcal**

memo
自家製のおかずで贅沢朝ごはん
納豆には塩ゆでして小口切りにしたオクラや、刻んだトマト、たくあん、青じそ、ごま、くるみなどを入れてもおいしいです。炊きたてのごはんに自家製のお漬物とおみそ汁を合わせた朝食は、とても贅沢だと思いませんか？ 一つ一つ、気持ちを込めて作りたいですね。

ねぎ納豆卵黄のせごはん recipe
〈1人分〉納豆1パックに小口切りにした万能ねぎ1本分、付属のたれとからしを入れて混ぜ、雑穀ごはん1膳にのせ、最後に卵黄1個分をのせる。　**427 kcal**

冷凍トマトとモッツアレラチーズのおみそ汁 ▶ P178
青のりの代わりに、小口切りにした万能ねぎ適量をのせています。　**133 kcal**

作りおき 野菜 おかずでラクうま朝ごはん ❸

ラタトゥイユ＋スクランブルエッグのせトーストの献立

総エネルギー **475 kcal**

どんなに忙しい朝も、作りおきのラタトゥイユがあれば、栄養満点の朝食に。トーストにスクランブルエッグ、ラタトゥイユをかけてワンディッシュの完成です。

一皿で満足の簡単朝ごはん！

レモン水recipe
コップに水を注ぎ、氷、レモンの搾り汁各適量を加える。 **4 kcal**

memo ソースの代わりにラタトゥイユを
ふんわりとろとろのスクランブルエッグには、トマトケチャップの代わりに、野菜たっぷりのラタトゥイユを、ソースのようにのせて食べます。サクッと焼かれたトーストにやわらかな卵とラタトゥイユがたまりません。ラタトゥイユは焼いたチキンや豚肉にのせてもおいしくいただけます。

ラタトゥイユ▶▶P198
スクランブルエッグトーストrecipe
〈1人分〉ボウルに卵1個、牛乳大さじ1、塩・こしょう各少々を入れて溶き、バター10gを熱したフライパンでスクランブルエッグを作る。トースト1枚を焼き、バター適量を塗ったら、スクランブルエッグ、お玉1杯分のラタトゥイユを順にのせ、パルメザンチーズ適量をかけ、バジル1枚を添える。 **471 kcal**

作りおき 野菜 おかずでラクうま 朝ごはん ④

総エネルギー
650 kcal

ミネストローネ＋
大根の葉おにぎりの献立

たっぷりの野菜のスープがあれば、朝はそれを温めて、おにぎりを添えるだけでOK！
干し大根葉のふりかけがあれば、ごはんに混ぜてにぎるだけだから手軽です。

野菜たっぷりのスープで
栄養バランスも◎

ミネストローネ
▶▶ P189

器に盛ったら、パルメザン
チーズ、ドライパセリ各適
量をかける。　**187 kcal**

干し大根葉のふりかけおにぎり recipe
〈1人分〉炊きたてのごはん軽く2膳に干し大
根葉のふりかけ（P70）適量を加えて混ぜる。
手に水と塩少量をつけ、おにぎりを2個作る。
463 kcal

memo
スープとおにぎりのシンプル献立

野菜たっぷりのスープとおにぎりの組み合わせの
朝ごはんは、簡単なのに野菜がたくさん食べられ
るので好きでよく作っています。今回はミネスト
ローネにふりかけおにぎりを合わせましたが、ミ
ネストローネを雑穀ごはんや玄米ごはんにかけて
食べてもおいしいですよ。

> 定番の野菜
> おかず

(大きめ具材の) 定番の野菜おかずのおいしい作り方 ❶

ホクホク肉じゃが

ごろっとした具材に、味がよく絡んだ、どこか懐かしくほっとするおかずです。
豚肉の旨味がしっかり広がり、ホクホクのじゃがいもによく合います。

豚肉を2回に分けて入れるのがコツ!

1人分
519 kcal

冷蔵
1週間

冷凍
2〜3週間
じゃがいもは除いた状態で

• 材料 (4人分)

豚バラ薄切り肉…200g
じゃがいも…中6個
にんじん…1本
玉ねぎ…大1個
さやいんげん…10本
しらたき…200g

A ┌ 酒…100㎖
　└ 砂糖…大さじ5
B ┌ しょうゆ…大さじ5
　└ みりん…大さじ1
太白ごま油…大さじ1

おすすめ! 小さなおかず

そら豆チーズ春巻き
→P44

せりのおひたし
→P152

ほうれん草と
塩鮭の卵焼き
→P153

たことセロリの
レモンしょうゆ和え
→P154

定番の野菜おかず

• 作り方

1 材料を切る

じゃがいもは3等分に切り、水にさらす。にんじんは乱切りにし、玉ねぎは8等分のくし形切りにする。豚肉は3等分に切る。

5 材料を追加して煮る

玉ねぎ、にんじんを加えて透明感が出るまで炒め、**3**、残りの豚肉、**A**を入れ、落としぶたをし、弱めの中火で10分ほど煮る。

2 さやいんげんをゆでて切る

さやいんげんは筋を取って塩ゆでし、両端を切り落とし、2～3等分に切る。

6 さやいんげんを加える

じゃがいもに竹串がすっと通り、ホクホクになったら、**B**、**2**を加え、3分ほど煮込む。

3 しらたきを下ゆでする

しらたきは食べやすい長さに切り、熱湯で下ゆでし、水けをきる。

調理のコツ

豚肉は2回に分けて加える

先に半量の豚肉を加えて、脂を出すようにカリカリに炒めることで、旨味がアップします。残りの豚肉はしらたき、調味料と一緒に加えて煮ればOKです。

保存のコツ

じゃがいもは別で冷凍する

じゃがいもは冷凍すると食感が変わるので、じゃがいもだけ別にして、マッシュしてから冷凍用保存袋に入れて冷凍保存を。冷蔵庫に移して解凍し、コロッケなどに使って。

4 じゃがいもと半量の豚肉を炒める

厚手の鍋にごま油を熱し、じゃがいもを炒め、透明感が出てきたら半量の豚肉を加え、脂を出すようにカリカリに炒める。

肉じゃがバリエ&アレンジ

具材も味もいろいろ♪

冷凍 2〜3週間
じゃがいもは除いた状態で
＊アレンジは除く

バリエ トマトたこじゃが

仕上げにバジルをのせて、香りよく！

トマトとオリーブでイタリアンに

1人分 232 kcal
冷蔵 5日間

材料（4人分）
- ゆでだこ（足）…2本
- じゃがいも…大3個
- 玉ねぎ…½個
- オリーブ（ブラック/輪切り）…25g
- にんにく（つぶす）…1かけ分
- A【ホールトマト½缶、酒大さじ2、はちみつ小さじ1、塩小さじ¼】
- 粉チーズ…大さじ2
- こしょう…少々
- オリーブオイル…大さじ1
- バジル…8枚

作り方
1. たこはぶつ切りにする。じゃがいもは4等分に切り、玉ねぎは薄切りにする。
2. 厚手の鍋にオリーブオイル、にんにくを入れて弱火にかけ、ふつふつと香りが立ったら、玉ねぎを炒め、しんなりしてきたらじゃがいもを加えて炒める。じゃがいもに透明感が出てきたら、Aを加えてじゃがいもがやわらかくなるまで煮込む。
3. 2にたこ、オリーブを加えて5分ほど煮込み、粉チーズ、こしょうを加え、バジルをのせる。

ツナのコクが子どもにも人気！

1人分 283 kcal
冷蔵 1週間

バリエ ツナじゃが

ツナの風味でほっこり仕上がる！

材料（4人分）
- ツナ缶…大1缶
- じゃがいも…大2個
- 玉ねぎ…大½個
- にんじん…小1本
- さやいんげん…8本
- A【酒½カップ、砂糖大さじ2】
- B【しょうゆ大さじ4、みりん大さじ2】
- ごま油…小さじ2

作り方
1. じゃがいもは3等分に切り、水に5分ほどさらす。玉ねぎは1.5cm角に切り、にんじんは小さめの乱切りにする。いんげんは筋を取って塩ゆでし、2〜3等分に切る。
2. 厚手の鍋にごま油を熱し、じゃがいもを炒め、透明感が出てきたら玉ねぎ、にんじん、ツナを加えて炒め、野菜に透明感が出たら、Aを加えて落としぶたをし、弱めの中火で10分ほど煮込む。
3. じゃがいもに竹串がすっと通り、ホクホクになったら、B、いんげんを加え、3分ほど煮込む。

バリエ 塩肉じゃが

香味野菜をたっぷりのせて、さっぱりと

材料（4人分）
- 豚バラ薄切り肉…200g
- じゃがいも…3個
- 玉ねぎ…大1個
- 基本の香味野菜（P108）…適量
- 塩・こしょう…各適量
- A【水1カップ、酒50㎖、砂糖小さじ2、塩小さじ1】
- 好みの植物油…小さじ2

作り方
1. じゃがいもは4等分に切り、蒸気の上がった蒸し器で7分ほど蒸す。玉ねぎはくし形切りにする。豚肉は3等分に切り、塩、こしょう各少々をふって下味をつける。
2. フライパンに植物油を熱し、豚肉を1分ほど炒めたら、玉ねぎを加えて2分ほど炒める。じゃがいもを加え、塩、こしょう各少々をふって2分ほど炒めたら、落としぶたをして3分ほど煮る。
3. 2にAを加え、2分ほど煮込み、塩、こしょうで味をととのえる。食べるときに香味野菜をのせる。

香味野菜をのせてさっぱりいただく

1人分 331 kcal
冷蔵 1週間

煮物の定番といえば肉じゃが。作り方もワンパターンになりがちですが、洋風にもなる煮物です。
アレンジ次第でまったく別のおかずにも変身するから、たっぷり作っておいても◎。

肉じゃがチーズ春巻き
パリッ、ホクホク！の食感が楽しめる

材料（4人分）
- ホクホク肉じゃが（P30）…適量
- 春巻きの皮…4枚
- ピザ用チーズ…大さじ4
- 揚げ油…適量

作り方
1. 春巻きの皮に肉じゃが、チーズをのせて、巻く。
2. 1を180℃の揚げ油で、皮がきつね色になるまで揚げる。

1人分 271kcal　冷蔵5日間

サクッとした食感にチーズがとろ〜り

チーズの風味で冷めてもおいしい

定番の野菜おかず

肉じゃが和風カレー
しらたきの食感が楽しい！

材料（4人分）
- ホクホク肉じゃが（P30）…お玉3〜4杯分
- カレールウ…3〜4皿分
- 水…4カップ
- バター…25g
- ガラムマサラ…小さじ1
- ごはん…適量

作り方
1. 鍋に肉じゃが、水を入れて火にかけ、沸騰したら火を弱め、カレールウを加えて8分ほど弱火で煮込む。
2. 1にバター、ガラムマサラを加え、3分ほど煮込む。
3. 器にごはん、2を盛る。

しらたき入りで新鮮な口当たり

1人分 603kcal　冷蔵5日間

肉じゃがスコップコロッケ
パン粉をまぶして焼いたら、すくって食べて

材料（4人分）
- ホクホク肉じゃが（P30）…お玉3〜4杯分
- パン粉…1/2カップ
- 好みの植物油…小さじ2

作り方
1. 肉じゃがは軽くつぶす。パン粉は植物油をまぶす。
2. 耐熱容器に肉じゃがを入れ、1のパン粉をかける。
3. 2を200℃のオーブンで20分ほど焼く。

1人分 262kcal　冷蔵5日間

オーブンで焼く揚げないコロッケ

定番の野菜 おかず

お弁当にも♪ 定番の野菜おかずのおいしい作り方 ❷

ピーマンの肉詰め

合びき肉の肉だねをぎゅっと詰め込んだ、旨味が広がるおかずです。
薄力粉を薄くまぶせば、肉だねがピーマンからはがれにくくなりますよ。

1人分 **375 kcal**

  冷蔵 3〜4日間 冷凍 2〜3週間

肉だねを作っておけば
他の野菜でも使える！

ぎゅっと詰まった
お肉でボリューミー

• 材料 (4人分)

肉だね
- 合びき肉…500g
- 玉ねぎ…½個
- A
  - 卵…1個
  - パン粉…大さじ3
  - 牛乳…大さじ2
  - 塩・こしょう・ナツメグ…各少々

ピーマン…8個
薄力粉…適量
好みの植物油…小さじ1〜2
＊合びき肉は国産の牛ひき肉と豚ひき肉250gずつがおすすめ。

 保存のコツ

ピーマンに詰める前の状態で肉だねだけ保存すると便利

肉だねだけを冷凍用保存袋に入れて保存しておくと、ピーマンだけでなく、好きな野菜に詰められるので、とっても便利。冷凍した場合は、冷蔵庫に移して解凍してから使って。

定番の野菜おかず

• 作り方

1 肉だねを作る
ボウルにひき肉、みじん切りにした玉ねぎ、Aを加え、粘りが出るまでよく混ぜる。

5 肉だねを詰める
ピーマンに2をたっぷりめに、ぎゅっと指で押さえながら詰める。

2 肉だねを休ませる
1の肉だねに密着させるようにラップをかけ、30分以上休ませる。

6 フライパンで焼く
フライパンに植物油を熱し、5を肉だねを下にしてぎゅっとフライパンに押しつけながら入れ、強めの中火で焼く。

3 ピーマンを切る
ピーマンはへたを取らずに縦半分に切り、種を取る。

7 ふたをして蒸し焼きにする
肉だね側に焼き色がついたら弱火にし、ふたをして5分ほど焼く。

4 薄力粉をふる
バットにピーマンをのせ、ピーマンの内側に薄力粉を薄くふり、余分な粉ははたく。

8 ひっくり返してさらに焼く
7をひっくり返し、2〜3分焼く。

肉詰めバリエ&アレンジ

野菜を変えれば楽しい♪

冷凍 2〜3週間
＊アレンジは除く

バリエ トマトの肉詰め
じっくり焼いて、トマトと肉の旨味を閉じ込めて

焼いたトマトがとってもジューシー

材料（4人分）
- ピーマンの肉詰めの肉だね（P34）…¼量
- トマト…中4個
- 薄力粉…適量
- ピザ用チーズ…大さじ4
- ドライバジル…適量

作り方
1. トマトは安定するように下を薄く切り、上は¼〜⅓を切り落として中身をくり抜く。
2. 1の内側に薄力粉をはたき、肉だねを空気が入らないようにぎゅっと詰める。
3. 耐熱容器に2を並べ、上にチーズをのせる。
4. 3を220℃のオーブンで20分焼き、ドライバジルをふる。

1人分 144 kcal

冷蔵 2〜3日間

バリエ マッシュルームの松の実、レーズン入り肉詰め
松の実とレーズン入りで、噛めば噛むほどおいしい

ひと口サイズで食べやすい！

材料（4人分）
- ピーマンの肉詰めの肉だね（P34）…¼量
- 松の実…大さじ2
- レーズン…大さじ1
- マッシュルーム…8個
- 薄力粉…適量
- オリーブオイル…大さじ1
- ドライパセリ…適量

作り方
1. 肉だねに松の実、レーズンを加え、混ぜる。
2. マッシュルームは軸を取り、かさの内側に薄力粉を薄くはたき、1をこんもりのせ、ぎゅっと詰める。
3. 耐熱容器に2を並べ、オリーブオイルを回しかける。
4. 3を200℃のオーブンで15分焼き、ドライパセリをふる。

  1人分 164 kcal 冷蔵 2〜3日間

バリエ ズッキーニの肉詰め
ズッキーニを使えば、すっきりした白ワインと好相性

ボートのような形がかわいい！

材料（4人分）
- ピーマンの肉詰めの肉だね（P34）…¼量
- ズッキーニ…2本
- 薄力粉…適量
- オリーブオイル…小さじ2
- ドライパセリ…適量

作り方
1. ズッキーニは縦半分に切り、中身をくり抜く。内側に薄力粉を薄くはたき、肉だねをぎゅっと詰める。
2. フライパンにオリーブオイルを熱し、1を肉だねを下にしてぎゅっとフライパンに押しつけながら入れ、強めの中火で焼く。
3. 肉だね側に焼き色がついたら弱火にし、ふたをして5分ほど焼く。ひっくり返して2〜3分焼き、ドライパセリをふる。

1人分 120 kcal 冷蔵 2〜3日間

ピーマン以外でも、お肉を詰めておいしい野菜はたくさん。
飽きたら、煮たり揚げたり、アレンジ可能です。肉詰めパーティーはいかが？

ピーマンの肉詰めフライ

揚げることで、さらに旨味が閉じ込められる

材料（4人分）
ピーマンの肉詰め（P34）…12個
薄力粉・溶き卵・パン粉…各適量
揚げ油…適量

作り方
1 ピーマンの肉詰めに薄力粉、溶き卵、パン粉の順で衣をつける。
2 1を180℃の揚げ油で色よく揚げる。

1人分 559kcal
4〜5日間

揚げるとさらにボリューム満点！
お弁当箱に詰めやすい！

定番の野菜おかず

ピーマンの肉詰め
トマト煮込み

ほんのり甘いトマトソースでコトコト煮込んで

材料（4人分）
ピーマンの肉詰め（P34）…8個
にんにく（つぶす）…1かけ分
ローリエ…1枚
A【ホールトマト½缶、酒50㎖、塩小さじ½、こしょう少々、はちみつ小さじ1】
オリーブオイル…大さじ2
パルメザンチーズ…適量
ドライオレガノ…適量

作り方
1 鍋ににんにく、ローリエ、オリーブオイルを入れて弱火にかけ、ふつふつとしてきたら、Aを加え、15分ほど煮込む。
2 1にピーマンの肉詰めを加え、ふたをして20分ほど弱火でコトコト煮込む。
3 器に盛り、チーズ、ドライオレガノをかける。

くたっとしたピーマンが美味！
1人分 281kcal
4〜5日間

ピーマンの肉詰めピザ

チーズをのせて焼くだけの簡単ピザ

材料（4人分）
ピーマンの肉詰め（P34）…4個
ピザ用チーズ…大さじ4
トマトケチャップ…適量

作り方
1 フライパンに温めたピーマンの肉詰めを並べ、チーズをのせてふたをし、チーズが溶けるまで焼く。
2 器に盛り、トマトケチャップをかける。

チーズがとろ〜っととろける！

1人分 129kcal
4〜5日間

> 定番の野菜
> おかず

溢れる肉汁のコツ

定番の野菜おかずのおいしい作り方 ❸

玉ねぎしゅうまい

たっぷり入れた玉ねぎに片栗粉をまぶすことで、シャキシャキした食感を残して作ることができます。いっきにたくさん蒸し、保存しておくと便利。

1人分 **390** kcal

 冷蔵 4〜5日間

 冷凍 2〜3週間

肉としいたけの旨味が広がる！

・材料（4〜5人分）

豚ひき肉…300g
干ししいたけ…3枚
玉ねぎ…中1個
しょうが(すりおろし)…1かけ分
片栗粉…大さじ1
A ┌ 片栗粉…大さじ1½
  │ ごま油…大さじ2
  │ 砂糖…大さじ1
  │ しょうゆ…大さじ2
  └ 塩・こしょう…各少々
しゅうまいの皮…約30枚
からし・酢・しょうゆ…各適量

保存のコツ：冷凍用保存袋に肉だねを入れて保存してもOK

肉だねだけを冷凍用保存袋に入れて保存しておくのもおすすめです。P40のバリエのように、白菜やキャベツで包んでもおいしいです。冷凍した場合は、冷蔵庫に移して解凍しましょう。

・作り方

1 干ししいたけを水で戻し、切る

干ししいたけは水につけて戻す。上から皿をかぶせると戻しやすい。戻したらみじん切りにする。

2 玉ねぎに片栗粉をまぶす

玉ねぎはみじん切りにし、片栗粉をまぶす。

3 肉だねを作る

ボウルにひき肉、**1**、**2**、しょうがを入れて混ぜ、**A**を加えて粘りが出るまでよく混ぜる。

4 クッキングシートに穴をあける

クッキングシートに竹串で数カ所穴をあけ、蒸し器に敷く。

5 しゅうまいの皮で包む

しゅうまいの皮に**3**を大さじ1くらいのせて包む。

6 形を整える

安定するようにしゅうまいの底を手で平らにならし、蒸し器に並べる。

7 蒸し器で蒸す

ふたをし、**6**を10分〜15分蒸す。

8 蒸し上がったら食べる

蒸し上がったら、からし酢じょうゆで食べる。

定番の野菜おかず

しゅうまいバリエ&アレンジ

具材も味もいろいろ♪

冷凍 2〜3週間
＊アレンジは除く

バリエ コーンえびしゅうまい

はんぺんを加えることで、もっちり食感に！

1人分 194 kcal

冷蔵 4〜5日間

コーンの甘みが感じられる！

材料（4〜5人分）
- えび…大きめ10尾
- コーン…1カップ
- はんぺん…1枚
- しゅうまいの皮…約30枚
- 塩…小さじ¼
- こしょう…少々
- 酒…小さじ2
- ごま油…大さじ1

作り方
1. えびは殻と背わたを取り、たたいてペースト状にする。
2. ボウルに1、コーン、はんぺん、ごま油、塩、酒、こしょうを入れ、しっかり混ぜる。
3. しゅうまいの皮に2をティースプーン1杯分くらいのせ、包む。安定するようにしゅうまいの底を手で平らにならす。
4. 3を蒸気の上がった蒸し器に並べ、10分〜15分蒸す。

バリエ 白菜巻きしゅうまい

湯通しした白菜の葉で包んで、ぐっとヘルシー

1人分 159 kcal

冷蔵 3〜4日間

さっぱり食べられてお箸が進む！

材料（4人分）
- 玉ねぎしゅうまいの肉だね（P38）…半量
- 白菜…大6枚

作り方
1. 白菜は半分に切る。芯は取り除き、さっと湯通しして水けをきる。芯は刻んで肉だねに加えて混ぜてもよい。
2. 肉だねは12等分に丸め、白菜で包む。
3. 2を蒸気の上がった蒸し器に並べ、10〜15分ほど蒸す。

バリエ 細切りキャベツのしゅうまい

蒸すことでキャベツの甘みが増す！

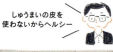
しゅうまいの皮を使わないからヘルシー

1人分 161 kcal

冷蔵 3〜4日間

材料（4人分）
- 玉ねぎしゅうまいの肉だね（P38）…半量
- キャベツ…やわらかい葉の部分3枚
- 片栗粉…適量

作り方
1. キャベツは3cm長さのせん切りにする。
2. 肉だねを食べやすい大きさに丸め、片栗粉を薄くまぶし、1を周りにつける。
3. 2を蒸気の上がった蒸し器に並べ、10〜15分蒸す。

たねに入れる具材を変える他、皮を野菜の葉に代えてヘルシーに仕上げても！
揚げたり、スープに入れたり、アレンジも多彩です。

豆腐枝豆しゅうまい

豆腐を加えて作ると、軽い食感のしゅうまいの完成

材料（4〜5人分）
- 鶏むねひき肉…250g
- えび…200g
- 木綿豆腐…1丁
- むき枝豆…1カップ
- A【しょうが（すりおろし）大さじ1、しょうゆ大さじ2、酒・片栗粉・ごま油各大さじ1、塩小さじ1〜2、こしょう少々、溶き卵1個分】
- しゅうまいの皮…約30枚
- 酢・しょうゆ…各適量

作り方
1. 豆腐はペーパータオルに包み、ラップをせずに電子レンジで2分加熱して水きりする。えびは殻と背わたを取り、粗みじん切りにする。
2. ボウルに手でつぶした木綿豆腐、えび、ひき肉、えだ豆、Aを入れ、よく混ぜる。
3. クッキングシートに竹串で数カ所穴をあけ、蒸し器に敷く。
4. しゅうまいの皮に2を適量のせて包み、3に並べる。
5. 4を6分ほど蒸し、酢じょうゆでいただく。

1人分 **378kcal** ／ 3〜4日間

やわらかくてふわっとした食感！

定番の野菜おかず

揚げしゅうまい
パリパリの皮がおいしい！

材料（4人分）
- 玉ねぎしゅうまい(P38)…12個
- 揚げ油…適量

作り方
しゅうまいを180℃の揚げ油で、カリッと色よく揚げる。

こんがり揚げて食感を楽しんで

1人分 **212kcal** ／ 4〜5日間

しゅうまいスープ

ごま油の香りが食欲をそそる、中華風スープ

材料（4人分）
- 玉ねぎしゅうまい(P38)…8個
- チンゲン菜…2株
- しめじ…1パック
- A【中華スープペースト小さじ1、水4カップ、ごま油小さじ2、しょうゆ大さじ1、塩・こしょう各少々】

作り方
1. チンゲン菜は下の軸を切り落とし、4等分に切る。しめじは石づきを取り、小房に分ける。
2. 鍋にAを入れて火にかけ、沸騰したら、しゅうまい、1を加え、火が通るまで煮る。

中華味のスープがよく合う！

1人分 **131kcal** ／ 3〜4日間

定番の野菜 おかず

パリパリの揚げ方

定番の野菜おかずのおいしい作り方 ❹

五目春巻き

とろみのついたあんを入れた、具だくさんの揚げ春巻きです。
野菜やきのこはしっかりと細切りに！　春雨や豚肉によく絡みます。

1人分 **383** kcal

 1週間
 2～3週間

じっくり低温から揚げて
パリッと仕上げ！

具だくさんのあんは
旨味たっぷり

材料（4人分）

- 豚バラ薄切り肉…100g
- にんじん…中1/3本
- たけのこ（水煮）…60g
- ピーマン…1個
- 干ししいたけ…3枚
- 春雨（乾燥）…25g（短くカットされているものが使いやすく便利）
- 春巻きの皮…10枚
- A　水…100ml
　　酒…50ml
　　しょうゆ…小さじ2
- 水溶き片栗粉…大さじ1（片栗粉と水を同量で溶いたもの）
- 水溶き小麦粉…適量（小麦粉と水を同量で溶いたもの）
- 太白ごま油…小さじ1
- 揚げ油…適量

保存のコツ：具はバットに移して粗熱をとる

炒めたばかりのあんは、熱々でとろっとやわらかく、春巻きの皮で巻きづらいので、一度バットに移して、冷ましましょう。あんが落ち着き、巻きやすくなり、きれいな形に作れます。

定番の野菜おかず

作り方

1 春雨を戻す
春雨は熱湯で戻し、10cm幅に切る。

2 具材を切る
豚肉は1cm幅に切る。にんじん、たけのこ、ピーマンは細切りにする。干ししいたけは水で戻し、細切りにする。

3 肉と野菜を炒める
フライパンにごま油を熱し、豚肉を炒め、にんじん、たけのこを炒め、火が通ったらピーマン、しいたけを加えて炒める。

4 春雨を炒め、味つけする
火が通ったら、1を加えてさっと炒め、Aを加えて炒める。水溶き片栗粉を加えてとろみをつけ、バットに移し、粗熱をとる。

5 春巻きの皮にのせる
春巻きの皮をひし形の向きにおき、4をのせ、手前側の皮を具にかぶせる。

6 くるくる巻いて包む
左右の皮を折りたたみ、きつめに巻いて包み、奥側の皮に水溶き小麦粉をつけ、巻き終わりを下にしておく。

7 揚げる
揚げ油を中火にかけ、油が温まる前に6を入れ、低温でじっくりと、ときどき返しながら160〜180℃で揚げる。

8 バットに立てかけて油をきる
揚がったら、バットに立てかけるようにおいて、油をきるとサクッと仕上がる。

43

春巻きバリエ&アレンジ

具材をいろいろ変えて

冷凍 2〜3週間
＊アレンジは除く

バリエ そら豆チーズ春巻き
キャンディ状のチーズがごろっと入ってる

1人分 186 kcal

冷蔵 4〜5日間

かわいいサイズでパクパク食べられる

ビールのお供にあるとうれしい！

材料（4人分）
- そら豆…16個
- プロセスチーズ(キャンディ状)…8個
- 春巻きの皮…2枚
- 水溶き小麦粉…適量
  （小麦粉と水を同量で溶いたもの）
- 揚げ油…適量

作り方
1. そら豆は鞘から出し、薄皮もむく。チーズは半分に切る。春巻きの皮は、十字に切って4等分にする。
2. 春巻きの皮をひし形の向きにおき、そら豆とチーズを2個ずつおく。手前側の皮を具にかぶせ、左右の皮を折りたたみ、きつめに巻いて包み、奥側の皮に水溶き小麦粉をつけ、巻き終わりを下にしておく。
3. 2を180℃の揚げ油で揚げる。

バリエ あんかけもやし春巻き
シャキシャキ、サクサク、2つの食感が楽しい

1人分 297 kcal
冷蔵 4〜5日間

皮はパリッ！中はやわらか！

材料（4人分）
- 豚こま切れ肉…3枚
- 玉ねぎ…1/2個
- にんじん…1/3本
- もやし…1/2袋
- 春巻きの皮…10枚
- 中華スープ…100mℓ
- 塩…少々
- 水溶き片栗粉…大さじ2
  （片栗粉と水を同量で溶いたもの）
- 水溶き小麦粉…適量
  （小麦粉と水を同量で溶いたもの）
- ごま油…小さじ1
- 揚げ油…適量

作り方
1. 豚肉は1cm幅に切る。玉ねぎは薄切りにし、にんじんは拍子木切りにする。
2. フライパンにごま油を熱し、豚肉を炒め、玉ねぎ、にんじんを加えて玉ねぎがしんなりするまで炒める。
3. 2に塩をふり、もやしを加えてさっと炒め、中華スープを加える。沸騰したら水溶き片栗粉を加えてとろみをつけ、バットに入れて粗熱をとる。
4. 春巻きの皮をひし形の向きにおき、3をのせる。手前側の皮を具にかぶせ、左右の皮を折りたたみ、きつめに巻いて包み、奥側の皮に水溶き小麦粉をつけ、巻き終わりを下にしておく。
5. 揚げ油を中火にかけ、油が温まる前に4を入れ、低温でじっくりと、ときどき返しながら160〜180℃で揚げる。

バリエ アスパラ肉巻き春巻き
塩とこしょうのみで仕上げて、素材の味を楽しんで

豚肉の旨味がよく合う！

1人分 326 kcal
冷蔵 4〜5日間

材料（4人分）
- 豚ロース薄切り肉…5枚
- グリーンアスパラガス…10本
- 春巻きの皮…10枚
- 塩・こしょう…各少々
- 水溶き小麦粉…適量
  （小麦粉と水を同量で溶いたもの）
- 揚げ油…適量

作り方
1. アスパラは根元のかたい部分を切り落とし、はかまを取り、半分に切る。豚肉は半分に切る。
2. 豚肉を広げて塩、こしょうをふり、アスパラをきつめに巻く。
3. 2を春巻きの皮で巻き、巻き終わりに水溶き小麦粉をつけ、180℃の揚げ油で揚げる。

五目春巻きは栄養満点ですが、野菜が苦手だと食べにくいことも。
具材を変えるだけで、みんなが喜ぶ主役級の1品に仕上がります。

バリエ レンジ蒸し春巻き
炒り卵とハム、三つ葉を入れて蒸す、簡単春巻き

材料（4人分）
- ロースハム…6枚
- 卵…3個
- 三つ葉…½束
- 春巻きの皮…4枚
- 好みの植物油…適量

作り方
1. ハムは3等分の長さに切り、3mm幅に切る。三つ葉はざく切りにする。卵は溶き、植物油を熱したフライパンで炒り卵にする。
2. 春巻きの皮をひし形の向きにおき、1をのせる。手前側の皮を具にかぶせ、左右の皮を折りたたみ、きつめに巻いて包み、巻き終わりを下にしておく。
3. 耐熱容器にクッキングシートを敷き、2をのせ、ラップをかけずに電子レンジで1～2分加熱する。

しっとり食感の皮が新鮮！

1人分 167 kcal

 4～5日間

 定番の野菜おかず

バリエ じゃがいもとディルの春巻き
マヨネーズ入りのポテトを包んでボリューム満点

材料（4人分）
- じゃがいも…2個
- 乾燥ディル…小さじ2（パセリでもOK）
- 生ハム…2½枚
- 春巻きの皮…5枚
- マヨネーズ…大さじ1
- 塩・こしょう…各少々
- 水溶き小麦粉…適量（小麦粉と水を同量で溶いたもの）
- 揚げ油…適量

作り方
1. じゃがいもは皮をむいて12等分に切り、耐熱ボウルに入れて電子レンジで3分加熱し、水けをきる。粗熱がとれたらマヨネーズ、塩、こしょう、ディルを加えて混ぜる。
2. 生ハムは4等分に切り、春巻きの皮は三角形になるように半分に切る。
3. 春巻きの皮の手前側に1、生ハムをのせ、左右の皮を折りたたみ、手前からくるくる巻き、巻き終わりに水溶き小麦粉をつける。
4. 3を180℃の揚げ油で揚げる。

生ハムの塩気が後を引く！

1人分 232 kcal

 4～5日間

アレンジ 春巻きのレタス巻き
葉野菜を巻いてさっぱり食べられる

材料（4人分）
- 五目春巻き（P42）…4本
- サラダ菜…4枚
- 貝割れ大根…適量
- マヨネーズ…適宜

作り方
サラダ菜を広げ、貝割れ大根、五目春巻きをのせ巻く。好みでマヨネーズをかけて巻いてもよい。

マヨネーズがアクセントに！

1人分 199 kcal

 NG

定番の野菜おかず

サクサクの衣が◎ 定番の野菜おかずのおいしい作り方 ❺

もずく、にんじん、ねぎのかき揚げ

ぬめりけのあるもずくと、シャキシャキの野菜を混ぜて揚げた、食感の楽しいかき揚げです。もずくは水けをよくきってから使って。

1人分 398kcal　冷蔵 3〜4日間　冷凍 2〜3週間

丼にしたりそばにのせても

• 材料 (4人分)

もずく…150g
にんじん…1本
万能ねぎ…⅓束
卵…1個
冷水…適量
薄力粉…1カップ
　（冷蔵庫で冷やしておく）
揚げ油…適量

おすすめ！小さなおかず

牛しゃぶとせりの
マスタードマリネ
→P120

ゆず大根
→P123

菜の花の昆布じめ
→P153

豆もやしときくらげ、
ハムのナムル
→P163

定番の野菜おかず

• 作り方

① もずくの下準備と野菜を切る

もずくは水けをきる。にんじんは3cm長さの細切りにし、万能ねぎは小口切りにする。

⑤ 具と衣と混ぜる

別のボウルに1を入れ、4の衣を適量加え、混ぜる。

② 卵と冷水を混ぜる

卵と冷水を合わせて1カップにし、ボウルに入れてよく混ぜる。

⑥ 木べらですくって揚げる

揚げ油を180℃に熱し、木べらを使って5を少しずつすくって形を整え、温度が下がりすぎないよう、3〜4個ずつ揚げる。

③ 薄力粉を加える

2に冷やしておいた薄力粉をふるいながら加える。

⑦ カリッと揚げる

ある程度固まってきたら、菜箸を刺して、油が中まで通るようにし、カリッと揚げる。

④ 混ぜ合わせて衣を作る

3をしっかりと混ぜ合わせる。菜箸を4本使うと混ぜやすい。

⑧ 油をきる

バットにおき、油をきる。

47

和風から洋風まで♪ かき揚げバリエ＆アレンジ

2〜3週間
＊アレンジは除く

バリエ 玉ねぎ、豚肉、にらのかき揚げ
独特の風味のにらは、豚肉と合わせると食べやすい

材料（4人分）
- 豚肩ロース薄切り肉…4枚
- 玉ねぎ…1個
- にら…4本
- 卵…1個
- 冷水…適量
- 薄力粉…1カップ（冷蔵庫で冷やしておく）
- 揚げ油…適量

作り方
1. 豚肉は1cm幅に切る。玉ねぎは半分に切って8mm幅に切り、にらは3cm幅に切る。
2. 卵と冷水を合わせて1カップにし、ボウルに入れてよく混ぜる。冷やしておいた薄力粉をふるいながら加え、しっかりと混ぜ合わせる。
3. 別のボウルに**1**を入れ、**2**を適量加えて混ぜる。
4. 揚げ油を180℃に熱し、木べらを使って**3**を少しずつすくって形を整えながら加え、揚げる。

1人分 339kcal
冷蔵 2〜3日間

定番のかき揚げに豚肉を入れて

バリエ みょうが、なす、じゃこのかき揚げ
サクサクの衣に包まれた具材の歯応えが楽しい

じゃこの旨味が程よく味わえる

1人分 358kcal
冷蔵 2〜3日間

材料（4人分）
- ちりめんじゃこ…大さじ4
- みょうが…4本
- なす…3本
- 卵…1個
- 冷水…適量
- 薄力粉…1カップ（冷蔵庫で冷やしておく）
- 揚げ油…適量

作り方
1. みょうがは薄切りにし、なすは縦半分に切って斜め薄切りにする。
2. 卵と冷水を合わせて1カップにし、ボウルに入れてよく混ぜる。冷やしておいた薄力粉をふるいながら加え、しっかりと混ぜ合わせる。
3. 別のボウルに**1**、ちりめんじゃこを入れ、**2**を適量加えて混ぜる。
4. 揚げ油を180℃に熱し、木べらを使って**3**を少しずつすくって形を整えながら加え、揚げる。

バリエ とうもろこし、ピーマン、ウインナーのかき揚げ
甘いコーンと苦いピーマンは、実は相性が抜群！

材料（4人分）
- ウインナー…8本
- とうもろこし…1本（缶詰めでもOK）
- ピーマン…3個
- 卵…1個
- 冷水…適量
- 薄力粉…1カップ（冷蔵庫で冷やしておく）
- 揚げ油…適量

作り方
1. ウインナーは5mm幅の輪切りにする。とうもろこしは包丁で実をこそげ取る。ピーマンは1cm角に切る。
2. 卵と冷水を合わせて1カップにし、ボウルに入れてよく混ぜる。冷やしておいた薄力粉をふるいながら加え、しっかりと混ぜ合わせる。
3. 別のボウルに**1**を入れ、**2**を適量加えて混ぜる。
4. 揚げ油を180℃に熱し、木べらを使って**3**を少しずつすくって形を整えながら加え、揚げる。

コーンとウインナーで子どももよろこぶ

1人分 483kcal
冷蔵 2〜3日間

具材によって和風にも洋風にもなる、アレンジ自在なかき揚げ。
お好みの具材を考案してみて。ごはんと合わせても、もちろん美味！

バリエ じゃがいも、青じそのかき揚げ
ポテト入りで一皿でも大満足のボリュームに

材料（4人分）
- じゃがいも…2個
- 青じそ…6枚
- 卵…1個
- 冷水…適量
- 薄力粉…1カップ（冷蔵庫で冷やしておく）
- 揚げ油…適量

作り方
1. じゃがいもは細切りにし、水に5分ほどさらして水けをきる。青じそは手で小さくちぎる。
2. 卵と冷水を合わせて1カップにし、ボウルに入れてよく混ぜる。冷やしておいた薄力粉をふるいながら加え、しっかりと混ぜ合わせる。
3. 別のボウルに1を入れ、2を適量加えて混ぜる。
4. 揚げ油を180℃に熱し、木べらを使って3を少しずつすくって形を整えながら加え、揚げる。

子どもにも大人にも人気のおかず

1人分 362kcal
2〜3日間

定番の野菜おかず

アレンジ 卵とじ天丼
お好みのかき揚げを卵でとじて召し上がれ

汁が染みたかき揚げが美味！

材料（1人分）
- 好みのかき揚げ…2個
- 卵…2個
- A【かつおだし汁100㎖、酒・砂糖・みりん各大さじ1、しょうゆ大さじ1½】
- ごはん…1人分
- 万能ねぎ（小口切り）…1本分

作り方
1. 卵は溶いておく。
2. 小さめのフライパンにAを入れて火にかけ煮立て、かき揚げを加え（かき揚げは冷めていてもOK）、弱火で煮込む。
3. かき揚げが温まったら1を加えてふたをし、卵が好みの固さになるまで加熱する。
4. 器にごはんを盛り、3をのせ、万能ねぎを散らす。

1人分 329kcal
2〜3日間

アレンジ 天むす
かき揚げをつぶさないよう、ふんわりとにぎって

材料（4人分）
- 好みのかき揚げ…2個
- ごはん…茶わん軽く4杯分
- 焼きのり…15cm角のもの4枚
- めんつゆ（好みの濃さに水で割ったもの）…大さじ3

作り方
1. かき揚げは半分に切り、めんつゆに軽くひたす。
2. 手に塩（分量外）をつけてごはんをのせ、1を入れたおにぎりを作り、のりを巻く。

ボリューム満点おにぎり！

1人分 400kcal
NG

定番の野菜おかず

ボリューム満点!

定番の野菜おかずのおいしい作り方 ❻

五目野菜の肉きんぴら

具だくさんで主菜になり、ごはんが進む、きんぴらのおかず。
材料は細くしすぎず、歯応えが残るように切ると食べ応えもバッチリ。

根菜とお肉で
ガッツリおかず

1人分
276
kcal

冷蔵
1週間

冷凍
2〜3週間

材料（4人分）

- 豚バラ薄切り肉…200g
- 大根…¼本
- にんじん…½本
- ピーマン…3個
- ごぼう…½本
- 干ししいたけ（水で戻す）…4枚
- だし汁…300㎖
- 砂糖…大さじ2
- みりん…大さじ2
- しょうゆ…大さじ3
- 白いりごま…大さじ2
- ごま油…適量

おすすめ！小さなおかず

みょうが、なす、じゃこのかき揚げ→P48

ミニトマトのジンジャーはちみつマリネ→P127

かぼちゃとゆで卵のサラダ→P134

きゅうりとささみのごまナムル→P144

定番の野菜おかず

作り方

1 具材を切る
豚肉は太めに切る。大根、にんじん、ごぼうは5cm長さの棒状に切り、ピーマンは細切りにする。ごぼうは酢水にさらす。干ししいたけは5mm幅に切る。

2 具材を炒める
鍋にごま油を熱し、1の肉を入れ、さらに野菜を加えて炒める。

3 半透明になるまで炒める
根菜が半透明なるまでしっかりと炒める。

4 だし汁と砂糖を加える
3にだし汁を入れてひと煮立ちさせ、アクが出たら取り除き、砂糖を加えて煮る。

5 みりんとしょうゆを加える
4にみりん、しょうゆを加えて煮る。

6 汁けがなくなるまで煮る
ときどき混ぜながら、汁けがほとんどなくなるまで煮る。

7 白いりごまを加える
白いりごまを加えてさっと混ぜる。

調理のコツ　しっかりと炒めてから味つけする

調味料を最初から入れてしまうと、食材から水分が出てきて、水っぽい仕上がりになるので、半透明になるまで炒めてから加えて。ある程度の水分を飛ばしてから味つけすることで、調味料の入れ過ぎも防げます。

野菜と具材を変えて♪ # きんぴらバリエ&アレンジ

2〜3週間
＊アレンジは除く

バリエ ブロッコリーとツナのきんぴら

ツナの旨味が、ブロッコリーによく絡む！

材料（4人分）
- ツナ缶…90g
- ブロッコリー…1個
- 塩…少々
- みりん…大さじ2
- しょうゆ…大さじ1
- ごま油…小さじ2

作り方
1. ブロッコリーは小房に分け、茎も小さめのひと口大に切る。
2. フライパンにごま油を熱し、1を入れて炒める。ブロッコリーがくったりしたら、塩をふり、油をきったツナを加えて炒め、みりん、しょうゆを加えて炒め絡める。

1人分 121kcal
冷蔵 4〜5日間

七味唐辛子をかけてピリ辛に

バリエ きのこのきんぴら

仕上げの七味唐辛子が味を引き締める

材料（4人分）
- 豚バラ薄切り肉…3枚
- しめじ…1パック
- まいたけ…1パック
- 塩…少々
- みりん・しょうゆ…各大さじ2
- 砂糖…小さじ½
- 七味唐辛子…適量
- ごま油…小さじ2

作り方
1. しめじは石づきを取り、ほぐす。まいたけは食べやすい大きさにほぐす。豚肉は1cm幅に切る。
2. フライパンにごま油を熱し、豚肉を炒め、塩をふる。しめじ、まいたけを加えて炒め、みりん、しょうゆ、砂糖を加え、炒め絡める。
3. 器に2を盛り、七味唐辛子をかける。

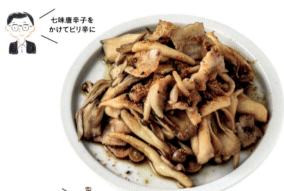

ピリ辛味でビールが進む！

1人分 116kcal
冷蔵 4〜5日間

バリエ なすとかつお節のきんぴら

かつお節で風味をプラス！

材料（4人分）
- なす…4本
- かつお節…5g
- 塩…少々
- みりん・しょうゆ…各大さじ1
- ごま油…大さじ2

作り方
1. なすは長さを半分に切り、4等分の十字に切る。
2. フライパンにごま油を熱し、1を炒め、塩をふる。なすがくたくたになったらみりん、しょうゆを加えて炒め、かつお節を加えてさっと炒める。

かつお節で風味がアップ！

1人分 89kcal
冷蔵 4〜5日間

根菜ばかりで作りがちなきんぴらですが、お好みの野菜に変えて作れば
バリエーションが広がります。材料を太めに切れば、ボリューム感もアップします。

🚩 バリエ 大根とごまのきんぴら
大根の葉も使えば、食感が変わって楽しい

材料（4人分）
- 大根…¼本
- 大根の葉…1本分
- 黒いりごま…大さじ1
- みりん…大さじ2
- 塩…小さじ¼
- ごま油…大さじ1

作り方
1. 大根は3cm長さの細切りにする。大根の葉はざく切りにし、かたい部分は8mm幅に切る。
2. フライパンにごま油を熱し、1を入れ、水分を飛ばすように炒める。水分が飛んできたら、みりん、塩を加えて、さらに水分を飛ばすように炒め、黒いりごまを加え、さっと炒める。

しんなり炒めた野菜がおいしい

1人分 76 kcal　4～5日間

定番の野菜おかず

🚩 アレンジ きんぴらマヨサラダ
マヨネーズのコクがマッチする

マヨネーズとレタスでサラダに変身

1人分 212 kcal　1～2日間

材料（4人分）
- 五目野菜の肉きんぴら（P50）…2カップ
- サニーレタス…4枚
- マヨネーズ…大さじ1½

作り方
1. サニーレタスは冷水につけてシャキッとさせ、食べやすい大きさにちぎる。
2. ボウルに1、五目野菜の肉きんぴら、マヨネーズを入れて和え、冷蔵庫で冷やしてから食べる。

🚩 アレンジ 肉きんぴらのおにぎらず
混ぜごはん風のおにぎらず！

材料（4人分）
- 五目野菜の肉きんぴら（P50）…1カップ
- ごはん…茶わん2杯分
- 焼きのり…2枚

作り方
1. 五目野菜の肉きんぴらは細かく刻み、熱々のごはんに加えて混ぜる。
2. 焼きのりをひし形の向きにおき、中央に1を正方形に広げ、焼きのりの四隅を中央で合わせるように折りたたんで包む。
3. 2を三角形になるように半分に切る。

ごはんに混ぜたらのりで包むだけ

1人分 217 kcal　NG

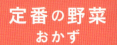

定番の野菜おかず

ふわふわ生地の

定番の野菜おかずのおいしい作り方 ❼

キャベツと山いもの豚玉お好み焼き

山いもはだし汁と卵と一緒に泡立つようにかき混ぜることで、ふわっと軽い食感に仕上がります。トッピングやソースはお好みで。

1人分 **360 kcal**

冷蔵 1週間

冷凍 2〜3週間

山いも入りでふんわりおいしい

• 材料（4人分）

豚バラ薄切り肉…4枚
キャベツ…小½個
揚げ玉…½カップ
塩…少々

生地
- 山いも…½本
- 卵…2個
- 和風だし汁…150㎖
- 薄力粉…½カップ

好みの植物油…適量
お好み焼きソース・青のり・
　かつお節・マヨネーズ・
　紅しょうが…各適量

盛りつけ例
ソースやマヨネーズなどをトッピング
お好み焼きソース、青のり、かつお節、マヨネーズ、紅しょうがをトッピングして食べる。

 保存のコツ

食べやすい大きさに切ってもOK
保存するときは、お好みの大きさに切ってから保存しておいても便利です。冷凍保存した場合は、食べたい量だけ解凍できるので、お弁当に入れたり、おやつにちょっとだけ食べたい！というときにおすすめです。

定番の野菜おかず

• 作り方

① 材料の下準備
豚肉は5等分の長さに切る。キャベツは細めにざく切りにする。山いももすりおろす。

② 卵、山いも、だし汁を混ぜる
ボウルに卵を溶き、山いも、だし汁を加えて泡立て器で混ぜる。

③ 薄力粉を加える
2に薄力粉をふるいながら加え、泡立て器で混ぜる。

④ 揚げ玉、キャベツを加える
3に揚げ玉、キャベツを加え、菜箸で混ぜる。

⑤ 生地を焼く
ホットプレートを温めて植物油をひき、4を¼量ずつのせ、丸く形を整える。

⑥ 豚肉をのせる
5の上に豚肉を¼量ずつのせ、その上に塩をふる。

⑦ ひっくり返す
生地の周りが白っぽくなり、底面に焼き色がついたらひっくり返して両面焼く。

⑧ もう一度ひっくり返し、トッピングする
底面に焼き色がついたら、もう一度ひっくり返し、トッピングをする。これを4枚焼く。

お好み焼きバリエ
いろんな具材を組み合わせて！
冷凍 2〜3週間

バリエ 白菜、明太チーズのお好み焼き
とろ〜りとろけるチーズをよく絡めていただこう

子どもや女性に人気の組み合わせ

材料（4人分）
- 白菜…1/8個
- 明太子…1/2腹
- A【明太子1/4腹、マヨネーズ大さじ4】
- ピザ用チーズ…50g
- 生地
  - 山いも…1/2本
  - 卵…2個
  - 和風だし汁…150mℓ
  - 薄力粉…1/2カップ
- 好みの植物油…適量

作り方
1. 白菜は細めのざく切りにする。明太子は身をこそげ取る。
2. ボウルに卵を溶き、すりおろした山いも、だし汁を加えて泡立て器で混ぜる。薄力粉をふるいながら加え、泡立て器で混ぜ、1を加え、菜箸で混ぜる。
3. P55の作り方5、7同様に2を焼く。
4. 底面に焼き色がついたらチーズをのせてふたをし、チーズが溶けるまで焼く。これを4枚焼く。
5. 器に盛り、混ぜ合わせたAをのせる。

1人分 315 kcal　冷蔵 3〜4日間

バリエ にらの和風しょうゆマヨお好み焼き
しょうゆとマヨネーズが、クセのあるにらに合う

ソースよりさっぱり！

材料（4人分）
- 豚バラ薄切り肉…5枚
- にら…1/2束
- 生地
  - 山いも…1/2本
  - 卵…2個
  - 和風だし汁…150mℓ
  - 薄力粉…1/2カップ
- 好みの植物油…適量
- しょうゆ・マヨネーズ…各適量

作り方
1. 豚肉は1cm幅に切る。にらは3cm長さに切る。
2. ボウルに卵を溶き、すりおろした山いも、だし汁を加えて泡立て器で混ぜる。薄力粉をふるいながら加え、泡立て器で混ぜ、1を加え、菜箸で混ぜる。
3. P55の作り方5、7同様に2を焼く。これを4枚焼く。
4. 3を器に盛り、しょうゆ、マヨネーズをかける。

1人分 311 kcal　冷蔵 4〜5日間

バリエ たっぷり青ねぎと甘辛牛肉のお好み焼き
こんにゃく入りで、ヘルシーだけど食べ応え満点

牛肉たっぷり大満足！

材料（4人分）
- 牛こま切れ肉…150g
- こんにゃく…1/2枚
- 九条ねぎ…1/3束
- A【酒50mℓ、砂糖・しょうゆ各大さじ2】
- 生地
  - 山いも…1/2本
  - 卵…2個
  - 和風だし汁…150mℓ
  - 薄力粉…1/2カップ
- 好みの植物油…適量
- お好み焼きソース・マヨネーズ…各適量

作り方
1. 牛肉は食べやすい大きさに切る。こんにゃくは3cm長さの細切りにする。九条ねぎは小口切りにする。
2. フライパンに植物油を熱し、牛肉を炒め、こんにゃくを加えて炒める。Aを加えて水分がなくなるまで煮絡めたら、冷ます。
3. ボウルに卵を溶き、すりおろした山いも、だし汁を加えて泡立て器で混ぜる。薄力粉をふるいながら加え、泡立て器で混ぜ、2、九条ねぎを加え、菜箸で混ぜる。
4. P55の作り方5、7同様に2を焼く。これを4枚焼く。
5. 4を器に盛り、お好み焼きソース、マヨネーズをかける。

1人分 354 kcal　冷蔵 4〜5日間

ガッツリ食べられるものから、ちょっとしたおつまみにもなりそうなものまで具材を変えるだけでさまざま。具材によって、たれも変えて楽しんで。

たこ焼き風キャベツ

たこ焼きの具材を使ったお好み焼きの完成！

1人分 **228kcal**

4〜5日間
鉄板で作るからたこ焼き風！

材料（4人分）
ゆでだこ(足)…3本
キャベツ…¼個
生地
　山いも…½本
　卵…2個
　和風だし汁…150㎖
　薄力粉…½カップ
好みの植物油…適量
お好み焼きソース・かつお節…各適量

作り方
1 たこは太い部分は半分の厚みに切り、1㎝幅に切る。キャベツは細めのざく切りにする。
2 ボウルに卵を溶き、すりおろした山いも、だし汁を加えて泡立て器で混ぜる。薄力粉をふるいながら加え、泡立て器で混ぜ、1を加え、菜箸で混ぜる。
3 P55の作り方5、7同様に2を焼く。これを4枚焼く。
4 器に盛り、お好み焼きソース、かつお節をかける。

焼きそば入りお好み焼き

ごま油で炒めることで、風味豊かに

材料（4人分）
豚バラ薄切り肉…4枚
キャベツ…¼個
卵…4個
焼きそば麺…2人前
生地
　山いも…½本
　卵…2個
　和風だし汁…150㎖
　薄力粉…½カップ
ごま油…小さじ2
塩…少々
好みの植物油…適量
お好み焼きソース・青のり…各適量

作り方
1 豚肉は5等分の長さに切る。キャベツは細めのざく切りにする。焼きそば麺は袋に数カ所穴をあけ、電子レンジで1分30秒加熱し、ごま油を熱したフライパンでさっと炒める。
2 ボウルに卵を溶き、すりおろした山いも、だし汁を加えて泡立て器で混ぜる。薄力粉をふるいながら加え、泡立て器で混ぜ、キャベツを加え、菜箸で混ぜる。
3 ホットプレートを温めて植物油をひき、2を¼量ずつのせ、丸く形を整える。上に豚肉を¼量ずつのせ、その上に塩をふる。
4 生地の周りが白っぽくなり、底面に焼き色がついたら、ひっくり返し1の焼きそば麺をのせる。横に卵を割り入れ、卵に箸を入れてさっと混ぜて火が少し入ったら、お好み焼きをひっくり返しながら卵にのせて焼く。これを4枚焼く。
5 4を卵が上になるように器に盛り、お好み焼きソース、青のりをかける。

1人分 **495kcal**

4〜5日間

麺と卵で食べ応えバッチリ

定番の野菜おかず

レタス、トマト、えびのお好み焼き

温かい生地にフレッシュな野菜が合う

材料（4人分）
豚バラ薄切り肉…4枚
むきえび…8尾
キャベツ…¼個
レタス…¼個
トマト…中2個
生地
　山いも…½本
　卵…2個
　和風だし汁…150㎖
　薄力粉…½カップ
塩…少々
好みの植物油…適量
お好み焼きソース・マヨネーズ…各適量

作り方
1 豚肉は5等分の長さに切る。えびは1㎝角に切る。キャベツは細めのざく切りにする。レタスは5㎜幅に切り、トマトは1㎝角に切る。
2 ボウルに卵を溶き、すりおろした山いも、だし汁を加えて泡立て器で混ぜる。薄力粉をふるいながら加え、泡立て器で混ぜ、えび、キャベツを加え、菜箸で混ぜる。
3 ホットプレートを温めて植物油をひき、2を¼量ずつのせ、丸く形を整える。上に豚肉を¼量ずつのせ、その上に塩をふる。
4 生地の周りが白っぽくなり、底面に焼き色がついたらひっくり返して両面焼く。もう一度ひっくり返し、お好み焼きソースを塗る。これを4枚焼く。
5 器に4を盛り、レタス、トマトをのせ、マヨネーズをかける。

トマトとレタスでさわやかに！

1人分 **349kcal**
2日間

定番の野菜おかず

シャキシャキ♪ 定番の野菜おかずのおいしい作り方 ⑧

豚肉の野菜炒め

キャベツとにんじん、にら、しめじと野菜がたっぷりで栄養満点。
野菜はお好みのものを追加して、アレンジしやすいメニューです。

1人分 **136 kcal**

 冷蔵 1週間

 冷凍 2〜3日間

お好みの野菜を追加してもOK

・材料（4人分）

豚バラ薄切り肉…4枚
キャベツ…¼個
にんじん…⅓本
にら…½束
しめじ…1パック
塩…適量
しょうゆ…大さじ1
酒…小さじ2
好みの植物油…小さじ2

おすすめ！小さなおかず

かぼちゃ甘煮
→P134

玉ねぎとじゃこの
酢の物
→P159

里いもツナサラダ
→P172

せりと白菜と
肉団子のスープ
→P193

定番の野菜おかず

・作り方

1 豚肉と野菜を切る

豚肉は2cm幅に切る。キャベツはざく切り、にんじんは拍子木切り、にらは3cm幅に切る。しめじは石づきを取り、ほぐす。

5 しめじを加えて炒める

しめじを加えて炒め、さっと炒める。

2 キャベツを炒めて取り出す

深く大きなフライパンに植物油小さじ1を熱し、キャベツをさっと炒め、一度取り出す。

6 キャベツとにらを加える

キャベツを戻し入れ、にらを加えて、混ぜ合わせるように炒める。

3 豚肉を炒める

2のフライパンに植物油小さじ1を熱し、豚肉を炒め、色が変わったら塩少々をふる。

7 味つけする

酒、しょうゆを加えて、味が足りなければ塩を加えて味をととのえる。

4 にんじんを加えて炒める

にんじんを加えて炒め、にんじんに透明感が出てきたら、塩少々をふる。

8 強火で炒める

水分を飛ばすように、強火で炒める。

モリモリ食べたい♪ 野菜炒めバリエ＆アレンジ

2～3週間
＊アレンジは除く

バリエ 豚肉とかまぼこと野菜のとろみ炒め
とろみのついた野菜炒めは、ごはんにかけても美味

1人分 155 kcal　冷蔵 1週間

なめらかな口当たり！

材料（4人分）
- 豚バラ薄切り肉…4枚
- かまぼこ（ピンク）…5cm分
- 玉ねぎ…½個
- にんじん…⅓本
- もやし…½袋
- しいたけ…2個
- 塩…少々
- A【中華スープ100㎖、塩・こしょう各少々、しょうゆ・酒各大さじ1】
- 水溶き片栗粉…小さじ2（片栗粉と水を同量で溶いたもの）
- ごま油…大さじ1

作り方
1. 豚肉は1cm幅に切る。かまぼこは3cm幅に切り、細切りにする。玉ねぎは薄切りにし、にんじんは拍子木切りにする。しいたけは軸を取り、薄切りにする。
2. 深めのフライパンにごま油を熱し、豚肉、にんじん、玉ねぎを入れて炒め、豚肉の色が変わってきたら塩をふり、炒める。
3. 2にもやし、しいたけ、かまぼこを加えてさっと炒め、Aを加えて沸騰したら、水溶き片栗粉を加えてとろみをつける。

卵は一度取り出してふんわり仕上げる

バリエ ピーマン、きくらげ、卵、豚肉炒め
コリコリした食感のきくらげがアクセントに

材料（4人分）
- 豚こま切れ肉…120g
- きくらげ（乾燥）…6g
- にんじん…⅓本
- 長ねぎ…½本
- ピーマン…1個
- 卵…4個
- 塩・こしょう…各少々
- 酒…大さじ1½
- しょうゆ…大さじ2
- ごま油…大さじ1+小さじ2

1人分 213 kcal　冷蔵 1週間

作り方
1. きくらげはぬるま湯で戻す。豚肉は食べやすい大きさに切り、卵は溶く。にんじんは細切りにし、長ねぎは斜め薄切りにする。ピーマンは半分の長さに切り、細切りにする。
2. フライパンにごま油大さじ1を熱し、卵をふんわり炒め、一度取り出す。
3. 2のフライパンにごま油小さじ2を熱し、豚肉、にんじん、塩、こしょうを入れて炒め、豚肉の色が変わったら水けをきったきくらげを加え、長ねぎ、ピーマンも加え、炒める。
4. 3に酒、しょうゆを加えて炒め、卵を戻し入れ、さっと混ぜるように炒める。

バリエ レバにら炒め
レバーとにらを、濃い味つけで食べやすく

材料（4人分）
- 豚レバー肉…300g
- にら…1束
- にんじん…大½本
- もやし…½袋
- A【しょうゆ・酒・しょうがの搾り汁各小さじ2、塩・こしょう各少々、ごま油小さじ1】
- 片栗粉…大さじ1½
- 塩…1つまみ
- こしょう…少々
- B【しょうゆ大さじ1、オイスターソース小さじ2、酒大さじ2、片栗粉小さじ½】
- ごま油…大さじ3

1人分 248 kcal　冷蔵 3～4日間

作り方
1. レバーは半分に切り、塩少々（分量外）を加えた氷水に10分ほどつけて血抜きし、水が汚れるようなら何度か氷水を替える。
2. にらは3cm幅に切り、にんじんは拍子木切りにする。
3. 1の水けをきり、Aをもみ込む。汁けを拭き、片栗粉をまぶしたら、ごま油大さじ2を熱したフライパンでレバーを両面焼きつけるように焼き、一度取り出す。
4. 3のフライパンの内側を拭き、ごま油を大さじ1を熱し、にんじんを炒め、全体に油が回ったら、にら、もやしを加え、塩、こしょうをふる。
5. 4にレバーを戻し入れ、Bを加えて汁を飛ばすように炒め、味を絡める。

ごはんが進む！人気の炒め物

キーンと冷えたビールに合う！

お好みの野菜や肉を入れれば、バリエーションが広がる野菜炒め。
麺だけでなく、もちろんごはんとの相性も抜群！ 栄養バランスもバッチリです。

野菜焼うどん

うどんを加えて炒めるだけで別料理に

ランチにも
おすすめ！

材料（2人分）
ピーマン、きくらげ、卵、豚肉炒め(P60)…お玉3杯分
冷凍うどん…2人前
塩・こしょう…各少々
しょうゆ…小さじ1〜2
好みの植物油…小さじ1

作り方
1 うどんは袋の表示通りにゆで、水けをきる。
2 フライパンに植物油を熱し、うどんを加えさっと炒め、塩、こしょうをふる。ピーマン、きくらげ、卵、豚肉炒めを加えて混ぜ、好みでしょうゆを加えて味をととのえる。

1人分 789kcal

冷蔵 1週間

定番の野菜おかず

半熟加減は
お好みで！

野菜炒めの半熟卵のせ

卵の黄身がとろけて、まろやかな味わいに

材料（1〜2人分）
豚肉の野菜炒め(P58)…¼量
半熟卵…1個

作り方
豚肉の野菜炒めを器に盛り、手で半分に切った半熟卵をのせる。混ぜて食べるとおいしい。

1人分 101kcal

冷蔵 1週間

野菜タンメン

とろみがおいしい、簡単タンメン

とろみのあんで
ほっと温まる！

1人分 652kcal

NG

材料（1人分）
豚肉とかまぼこと野菜のとろみ炒め(P60)…お玉1杯分
即席の塩ラーメン…1人分

作り方
1 ラーメンを袋の表示通りに作る。
2 最後に豚肉とかまぼこと野菜のとろみ炒めをのせる。

定番の野菜
おかず

サクッ&
ホクホク♪ 定番の野菜おかずのおいしい作り方 ⑨

ポテトコロッケ

ホクホクのじゃがいもだけを使ったシンプルなコロッケ。形を変えて作っておくと
お弁当に入れたり、子どものおかずにしたりと、いろいろな用途で使えます。

1人分
456 kcal

冷蔵 4〜5日間

冷凍 2〜3週間

好きな形に
作って楽しく！

62

• 材料 (4人分)

じゃがいも（キタアカリなど）…5個
バター…15g
塩…小さじ¼
生クリーム…大さじ5
こしょう…少々
薄力粉・溶き卵・パン粉…各適量
揚げ油…適量

保存のコツ

衣をつけた状態で冷凍保存しても

冷凍保存するときは、揚げる前の状態で冷凍用保存袋に入れて保存するのがおすすめ。揚げてから冷凍保存してもOKですが、自然解凍してから揚げれば、サクサクの食感で食べられます。

定番の野菜おかず

• 作り方

① じゃがいもを水にさらす

じゃがいもは皮をむいて4等分に切り、耐熱容器に入れ、5分ほど水にさらす。

⑤ 成形する

4を8等分くらいに分け、小判形やひと口大に丸める。

② じゃがいもを電子レンジで加熱

1の水を捨て、ふんわりとラップをし、電子レンジで10分ほど、竹串がすっと通るくらいやわらかくなるまで加熱する。

⑥ 薄力粉、溶き卵をつける

薄力粉をしっかりとつけて余分な粉をはたいたら、溶き卵をまんべんなくつける。

③ じゃがいもをつぶす

2をマッシャーやフォークなどでしっかりとつぶす。

⑦ パン粉をつける

パン粉を全体にまぶしたら、押さえるようにつけ、余分なパン粉をはたく。

④ 調味料を加えて混ぜる

熱いうちにバター、塩、生クリームを加えてよく混ぜ、こしょうをふって混ぜ、粗熱をとる。

⑧ 揚げて油をきる

7を180℃の揚げ油に入れ、カリッと色よく揚げる。揚がったらバットにのせ、油をきる。

コロッケバリエ＆アレンジ

アツアツを食べたい♪

冷凍 2〜3週間
＊アレンジは除く

バリエ たらこチーズコロッケ
たらことチーズの風味で子どもから大人まで人気の味

お好みのチーズを使っても！

1人分 455kcal
冷蔵 4〜5日間

材料（4人分）
- じゃがいも（キタアカリなど）…4個
- たらこ（身をこそげ取る）…1腹分
- バター…10g
- 塩・こしょう…各少々
- 生クリーム…大さじ3
- 粉チーズ…大さじ3
- 薄力粉・溶き卵・パン粉…各適量
- 揚げ油…適量

作り方
1. じゃがいもはP63の作り方**1**〜**2**同様に加熱する。
2. **1**をマッシャーやフォークなどでしっかりとつぶし、熱いうちにバター、塩、生クリームを加えてよく混ぜ、こしょうをふって混ぜ、粗熱をとる。
3. **2**にたらこ、粉チーズを加えて混ぜて、12等分にし、丸く形を整える。
4. **3**に薄力粉、溶き卵、パン粉の順に衣をつけ、180℃の揚げ油でカリッと揚げる。

バリエ かぼちゃのミートコロッケ
甘みのあるかぼちゃにひき肉の旨味がマッチ！

カレーの風味でやみつきに！

材料（4人分）
- 豚ひき肉…200g
- かぼちゃ…½個
- 玉ねぎ…1個
- バター…15g
- 塩…小さじ¼
- こしょう…少々
- 生クリーム…大さじ4
- 薄力粉・卵・パン粉…各適量
- 揚げ油…適量

作り方
1. かぼちゃは皮をむき、ワタと種を取り、ひと口大に切る。玉ねぎはみじん切りにする。
2. 耐熱容器にかぼちゃを入れてふんわりとラップをし、電子レンジで7〜8分、竹串がすっと通るくらいやわらかくなるまで加熱する。
3. フライパンにバターを熱し、ひき肉、玉ねぎを炒め、塩、こしょうをし、玉ねぎがとろとろになるまで炒める。
4. **2**が温かいうちにマッシャーやフォークなどでしっかりとつぶし、**3**を加えて混ぜ、生クリームを加えてさらに混ぜ、粗熱をとる。
5. **4**を12等分にして俵形に丸め、薄力粉、溶き卵、パン粉の順に衣をつける。
6. **5**を180℃の揚げ油でカリッと揚げる。

かぼちゃの甘みが広がる

1人分 454kcal
冷蔵 4〜5日間

1人分 643kcal
冷蔵 4〜5日間

バリエ カレーコロッケ
ミックスベジタブルで簡単調理！

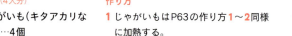

材料（4人分）
- じゃがいも（キタアカリなど）…4個
- ミックスベジタブル…1½カップ（解凍しておく）
- バター…15g
- 塩・こしょう…各少々
- 生クリーム…大さじ5
- カレー粉…大さじ1
- 薄力粉・溶き卵・パン粉…各適量
- 揚げ油…適量

作り方
1. じゃがいもはP63の作り方**1**〜**2**同様に加熱する。
2. **1**をマッシャーやフォークなどでしっかりとつぶし、熱いうちにバター、塩、生クリーム、カレー粉、ミックスベジタブルを加えてよく混ぜ、こしょうをふって混ぜ、粗熱をとる。
3. **2**を8等分にし、小判形に丸め、薄力粉、溶き卵、パン粉の順に衣をつける。
4. **3**を180℃の揚げ油でカリッと揚げる。

じゃがいもやかぼちゃ、さつまいもは電子レンジ加熱でいいから作りやすい！
ホクホクのコロッケはそのままでも、パンや麺と合わせてもおいしく食べられます。

[バリエ] さつまいものハーブチーズコロッケ
ハーブクリームチーズがまろやかで美味！

材料（4人分）
- さつまいも…2本
- ハーブクリームチーズ…80g
- 塩…小さじ¼
- こしょう…少々
- バター…15g
- 生クリーム…大さじ4
- 薄力粉・溶き卵・パン粉…各適量
- 揚げ油…適量

作り方
1. さついまもは皮を厚めにむいて2cm幅に切り、耐熱容器に入れ、1時間ほど水にさらす。水を捨て、ふんわりとラップをし、電子レンジで10分ほど、竹串がすっと通るくらいやわらかくなるまで加熱する。
2. 1をマッシャーやフォークなどでしっかりとつぶし、熱いうちにバター、塩、生クリームを加えてよく混ぜ、こしょうをふって混ぜ、粗熱をとる。
3. チーズを12等分の正方形に切る。
4. 2を12等分にし、真ん中に3を入れて丸く形を整える。
5. 4に薄力粉、溶き卵、パン粉の順に衣をつけ、180℃の揚げ油でカリッと揚げる。

ハーブのチーズで風味が豊かに

1人分 558 kcal

冷蔵 4〜5日間

定番の野菜おかず

1人分 428 kcal
冷蔵 NG

[アレンジ] コロッケサンド
朝食やランチにぴったりのおそうざいパン

材料（2人分）
- カレーコロッケ(P64)…2個
- ホットドッグ用パン…2個
- サラダ菜…2〜4枚
- ソース…適量

作り方
1. パンは包丁で縦に切り込みを入れる。カレーコロッケは縦半分に切る。
2. パンにサラダ菜を挟み、コロッケを並べてのせ、ソースをかける。

ポテトコロッケで作っても！

[アレンジ] コロッケねぎわかめそば
隠れファンの多いコロッケそばを自宅で！

材料（2人分）
- ポテトコロッケ(P62)…2個
- ゆでそば…2人分
- 長ねぎ…½本分
- わかめ（水で戻したもの）…20g
- めんつゆ（そば用に希釈したもの）…800㎖

作り方
1. 長ねぎは小口切りにする。
2. 鍋にめんつゆを入れて温め、そばも加えて温める。
3. 器に2をよそい、わかめ、1、ポテトコロッケをのせる。

つゆに浸かったコロッケが美味！

1人分 652 kcal
冷蔵 NG

65

定番の野菜おかず

肉汁たっぷり♪ 定番の野菜おかずのおいしい作り方 ⑩

白菜とにらの餃子

粗みじん切りにした白菜を混ぜることで、歯応えが加わり、満足度がアップ！
ごま油を使って、風味豊かに焼き上げましょう。

 1人分 **291 kcal**

 冷蔵 2〜3日間　冷凍 2〜3週間

 白菜入りでジューシーに！

 ごはんにもお酒にも！みんなに人気のおかず

• 材料（4人分）

肉だね
- 豚ひき肉…250g
- 白菜…1/8個
- にら…1/2束
- しょうが・にんにく　…各1かけ
- しょうゆ…大さじ2
- 塩…小さじ1/4
- こしょう…少々

餃子の皮…約35枚
ごま油…大さじ2+小さじ2
好みの植物油…大さじ1

たれ
- しょうゆ…大さじ4
- 酢…小さじ2

＊たれは好みでラー油やXO醤を混ぜてもよい。

> 調理のコツ
> **包んだら薄力粉をふったバットにおく**
>
> 餃子の皮で肉だねを包んだら、そのままバットにおかないこと。皮がバットにくっついてしまい、取り出すときに破れてしまわないように、薄力粉をふったバットにおきましょう。

定番の野菜おかず

• 作り方

1　野菜を切る

白菜は粗みじん切りにし、にら、しょうが、にんにくはみじん切りにする。

5　包む

餃子の皮をたたみ、ひだを寄せながら包んだら、閉じた皮の部分を押さえて密着させ、薄力粉をふったバットにおく。

2　ひき肉と調味料を混ぜる

ボウルにひき肉、しょうゆ、塩、こしょうを入れ、混ぜる。

6　焼く

フライパンに植物油を中火で熱し、**5**を並べて1分〜1分30秒ほど、餃子の底に焼き色がつくまで焼く。

3　野菜とごま油を混ぜる

2にしょうが、にんにくを加えて混ぜ、白菜、にらを加えて粘りが出るまでよく混ぜたらごま油大さじ2を加えて混ぜる。

7　蒸し焼きにする

餃子の1/3の高さまで熱湯を注ぎ、ふたをしてそのまま中火で4〜5分、水分がほとんどなくなるまで蒸し焼きにする。

4　餃子の皮に肉だねをのせる

餃子の皮の中央に**3**をのせ、皮の端に水をつける。

8　仕上げる

強火にして水分を飛ばして焼き、ごま油小さじ2を回し入れて、カリッと焼き、たれをつけて食べる。

餃子バリエ&アレンジ

肉だねや皮でいろいろ楽しむ♪

冷凍 2〜3週間
＊アレンジは除く

バリエ えびと三つ葉の餃子
プリッとしたえびをたっぷり入れて豪華な一品に

材料（4人分）
- 豚ひき肉…100g
- えび…200g
- 三つ葉…1束
- A【卵1個（選べるなら小さめ）、ごま油・しょうゆ各大さじ2、塩小さじ¼、こしょう少々】
- 餃子の皮…約35枚
- 好みの植物油…大さじ1
- ごま油…小さじ2

作り方
1 えびは殻と背わたを取り除き、細かく切る。三つ葉はみじん切りにする。
2 ボウルにひき肉、えび、Aを入れて粘りが出るまでよく混ぜ、三つ葉を加え、さっと混ぜる。
3 P67の作り方4〜8同様に包み、焼く。

1人分 382kcal
冷蔵 2〜3日間

さっぱりといただける！

春菊の苦味とたこの食感が◎

バリエ 春菊とたこの餃子
独特の苦みと香りの春菊が全体の味を引き締める

材料（4人分）
- 豚ひき肉…250g
- ゆでだこ（足）…3本
- 春菊…½束
- A【卵1個（選べるなら小さめ）、ごま油・しょうゆ各大さじ2、塩小さじ¼、こしょう少々】
- 餃子の皮…約35枚
- 好みの植物油…大さじ1
- ごま油…小さじ2

作り方
1 たこは5mm角に切る。春菊はみじん切りにする。
2 ボウルにたこ、ひき肉、Aを入れて粘りが出るまでよく混ぜ、春菊を加え、さっと混ぜる。
3 P67の作り方4〜8同様に包み、焼く。

1人分 469kcal
冷蔵 2〜3日間

バリエ 糖質オフ肉巻き餃子
餃子の皮の代わりに薄切り肉を使って低糖質に！

材料（4人分）
- 豚しゃぶしゃぶ用肉…10枚
- 豚ひき肉…250g
- にら…½束
- 長ねぎ…1本
- しょうが（みじん切り）…1かけ分
- にんにく（すりおろし）…小さじ1
- A【卵1個（選べるなら小さめ）、ごま油・しょうゆ各大さじ2、塩小さじ¼、こしょう少々】
- 好みの植物油…大さじ1
- 青じそ…10枚

作り方
1 にらはみじん切りにし、長ねぎは薄い輪切りにする。
2 ボウルにひき肉、しょうが、にんにく、Aを入れて粘りが出るまでよく混ぜ、1を加えてさっと混ぜる。
3 2を10等分にして丸め、豚肉で巻く。
4 フライパンに植物油を中火で熱し、3を並べ入れ、強火で焼く。肉の表面に焼き色がついたら弱火にし、ふたをして4〜5分焼く。
5 4に青じそを巻いて食べる。

1人分 362kcal
冷蔵 3〜4日間
青じそは食べるときに

糖質の低い肉を巻いて糖質カット

68

家庭でも作りやすい餃子は、ともすれば定番の味に落ち着いて、マンネリになりがち。
新しい具材や皮の組み合わせを試してみて！

揚げチーズ餃子
チーズを加えるだけで、ぐっとコクがアップ

 パリパリの食感が楽しめる！

材料（4人分）
- 白菜とにらの餃子の肉だね（P66）…⅓量
- ピザ用チーズ…大さじ4〜5
- 餃子の皮…12枚

1人分 91 kcal　冷蔵 3〜4日間

作り方
1. P67の作り方1〜3同様に肉だねを作る。
2. 餃子の皮に1、チーズをのせ、皮の端に水をつける。餃子の皮をたたみ、ひだを寄せながら包んだら、閉じた皮の部分を押さえて密着させ、薄力粉をふったバットにおく。
3. 2を160℃の揚げ油でじっくり揚げる。

定番の野菜おかず

餃子ミルクスープ
コーンと生クリームで煮込んだ、優しい味

 小腹が空いたときにぴったり！

1人分 182 kcal　冷蔵 3〜4日間

材料（4人分）
- 好みの餃子（焼く前のもの）…8個
- にんじん…⅓本
- ほうれん草…½束
- コーン…½カップ
- 中華スープ…4カップ
- 生クリーム…100㎖
- 塩・こしょう…各少々

作り方
1. にんじんは細切りにする。ほうれん草はゆで、にんじんと同じくらいの幅に切る。
2. 鍋に中華スープを入れて火にかけ、煮立ったらにんじん、餃子を入れる。火が通ったら、生クリーム、コーン、ほうれん草を加え、塩、こしょうで味をととのえる。

水餃子
自家製「ごまラー油だれ」をかけて召し上がれ

 お好みの餃子で作ってもOK！

材料（4人分）
- 白菜とにらの餃子（P66/焼く前のもの）…20個
- 万能ねぎ（小口切り）…適量

ごまラー油だれ
- にんにく（すりおろし）…½かけ分
- しょうゆ…大さじ4
- 砂糖…小さじ2
- 白ごまペースト・ごま油…各大さじ1
- 酢…小さじ1½
- ラー油…適量

作り方
1. 鍋にたっぷりの湯を沸かし、白菜とにらの餃子を入れる。餃子が浮かんできたら2〜3分ゆでる。
2. 器に1を盛り、混ぜ合わせたごまラー油だれをかけ、万能ねぎを散らす。

1人分 179 kcal　 NG

column

旨味たっぷり干し野菜レシピ

野菜をざるにのせて天日で干した野菜は、旨味も栄養もぎゅっと凝縮。
作りおきおかずに活用すると、違ったおいしさが楽しめます。

甘みと酸味と旨味が広がる

切り干し大根じゃこサラダ
さわやかな酸味と歯応えがおいしい！

材料（4人分）
- 切り干し大根…120g
- ちりめんじゃこ…50g
- 白いりごま…大さじ3
- 米酢…大さじ2
- 塩…3つまみ
- 砂糖…小さじ½
- オリーブオイル…大さじ3

作り方
1. 切り干し大根は水に10分ほど浸けて戻して水けをきり、食べやすい長さに切る。
2. ボウルにオリーブオイル、米酢、塩、砂糖の順に入れ、よく混ぜる。
3. 2に1、ちりめんじゃこ、白いりごまを加え、和える。

1人分 244 kcal

ドライトマトとドライポルチーニ、あさりの炊き込みごはん
ドライトマトとポルチーニの旨味と香りが◎

材料（3合分）
- ドライトマト…4個
- ドライポルチーニ…15g
- あさり…600g
- 米…3合
- にんにく（みじん切り）…1かけ分
- 酒…50ml
- ローリエ…1枚
- しょうゆ…大さじ1½
- バター…15g
- オリーブオイル…大さじ2
- ドライパセリ…適量

作り方
1. あさりは砂抜きし、貝と貝をこすり合わせて洗う。
2. ボウルにドライトマト、ドライポルチーニ、水2カップを入れ、30分ほどおいて戻す。
3. 米はとぎ、15分ほど浸水させたら、15分ほどざるにあげる。
4. 深めのフライパンにオリーブオイル、にんにくを入れて弱火にかけ、ふつふつと香りが出てきたら、1を加えさっと炒める。酒、2の戻し汁を加えてふたをし、沸騰させる。あさりの口が開いたら火を止めて、スープとあさりに分け、あさりは殻から外す。
5. 炊飯釜に3、4のスープを入れて水が3合の目盛りに足りなかったら、その分水を加える。ローリエ、食べやすい大きさに切った2のドライトマトとポルチーニを加え、しょうゆ、バターを加えて炊飯器で炊く。
6. 炊きあがったら、あさりを加えて混ぜ、食べるときにドライパセリをふる。

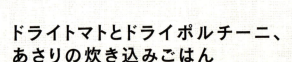
全量 620 kcal

ごはんにかけても混ぜてもおいしい

干し大根葉のふりかけ
葉つきの大根が手に入ったら作っておきたい

材料（作りやすい分量）
- 大根の葉…1本分
- ちりめんじゃこ…50g
- 鮭フレーク…50g
- 白いりごま…大さじ3
- 酒…小さじ2
- ごま油…大さじ2

作り方
1. 大根の葉は天気がよい日に4時間ほど天日干しする。
2. 1を細かく刻む。
3. フライパンにごま油を熱し、2をカラカラになるまで炒める。ちりめんじゃこ、鮭フレーク、白いりごま、酒を加えて炒め、カラカラになるまで炒める。粗熱をとってから保存する。

干ししいたけと野菜煮
旨味が染み出た煮物は混ぜごはんにも

噛むたびに旨味が広がる

材料（4人分）
- 干ししいたけ…4枚
- にんじん…小1本
- こんにゃく…1枚
- 油揚げ…2枚
- A【だし汁1カップ、しょうゆ大さじ3、みりん大さじ2、砂糖大さじ1】

作り方
1. 干ししいたけは水で戻し、半分に切って薄切りにする。にんじんは3～4cm長さのせん切りにする。こんにゃく、油揚げは湯通しし、にんじんの長さにそろえて細切りにする。
2. 鍋にAを入れて火にかけ、煮立ったら、1を加えて煮汁が大さじ2ほど残るまで煮含める。

1人分 378 kcal
旨味たっぷり洋風炊き込みごはん

1人分 124 kcal

70

PART 3

\ 野菜＋たんぱく質で /

野菜のメインおかず

いつものメインおかずは、肉、魚介類、卵、豆・豆腐のたんぱく質がメインで野菜が少なめ。
野菜の作りおきおかずだからこそ、たんぱく質も野菜もたっぷり使って作りましょう。

作りおきおかずで簡単ちらし寿司！

作りおき 野菜 おかずでラクうま弁当 ❶

キャベツカツとちらし寿司のお弁当

総エネルギー
560 kcal

キャベツカツの作りおきがあれば、朝にトースターで温めて詰めるだけ！
干ししいたけと野菜煮は、寿司酢と一緒にごはんに混ぜるだけでちらし寿司に変身します。

memo
ちらし寿司も作りおきで簡単

キャベツカツでボリューム感を出したお弁当です。錦糸卵を冷凍しておいたり、しいたけの煮物を常備しておくと、簡単に野菜ちらし寿司が作れます。紅しょうがを添えれば、彩りも明るく！ お弁当でなければ、お刺身などをトッピングすれば豪華になりますよ。

青じそ
茶色いお弁当には仕切りに青じそを使って。彩りがよくなる。　**0 kcal**

キャベツカツ ▶▶ P83
アルミホイルに包み、トースターで温めてから詰めること。　**217 kcal**

野菜ちらし寿司 recipe
〈1人分〉炊き立てのごはん1膳に寿司酢大さじ1½を混ぜ、干ししいたけと野菜煮（P70）大さじ3を加えて混ぜる。錦糸卵適量をのせ、紅しょうが適量を添える。　**343 kcal**

72

作りおき **野菜** おかずでラクうま **弁当 ❷**

牛肉ときのこのトマトクリーム煮と
サフランライスのお弁当

牛肉ときのこのトマトクリーム煮は、とろみがあるからお弁当にもぴったり。
サフランライスを炊いて詰め合わせるだけ。ブロッコリーを色のアクセントにするのがコツ。

総エネルギー
561
kcal

食欲旺盛！
がっつり食べたい日に

ゆでブロッコリー
黄色のターメリックライスにブロッコリーの鮮やかな緑色が映える。
5 kcal

牛肉ときのこの
トマトクリーム煮▶▶P84
詰めるときは、下にオーブンシートを敷いて汁もれを防止して。
294 kcal

サフランライスrecipe
〈3合分〉炊飯釜に米3合、サフラン0.5g、オリーブオイル大さじ1、塩小さじ1、酒大さじ1を入れ、3合の目盛りまでの水とローリエ1枚を加え、少しかために炊く。冷凍保存しておいてもOK。
262 kcal

memo
彩りのきれいなごはんを盛って
サフランライスの代わりに豆ごはんやターメリイクライス、とうもろこしごはんでも合います！トマトクリーム煮の汁けが漏れないように、クッキングペーパーやワックスペーパーを敷いてから詰めましょう。ブロッコリーの代わりにミニトマトでもOK。野菜をプラスして。

作りおき 野菜 おかずでラクうま弁当 ❸

牛肉の野菜ロールと煮卵のお弁当

総エネルギー
532 kcal

グリンピースが旬な春になったら作りたい

旬のグリーンピースが手に入ったら豆ごはんを炊いてお弁当箱に詰めましょう。
野菜の肉巻きと煮卵、柴漬けを詰め合わせた、ボリューム満点の春を感じるお弁当です。

グリーンピースごはんrecipe
〈2合分〉グリーンピースは鞘から豆を出した状態で1カップ用意する。米2合はとぎ、炊飯釜に入れ、水2カップ、塩小さじ1、酒大さじ1を加えてさっと混ぜ、炊く。蒸らし（炊きあがる10分くらい前）に入ったら、グリーンピースを加えてそのまま最後まで10分ほど蒸らす。　**227 kcal**

牛肉の野菜ロール
▶▶P85
切り口の断面がきれいなので、上に見せながら詰めるのがコツ。　**190 kcal**

青じそ
緑のきれいな青じそは彩りもよく、さっぱりと食べられる。　**0 kcal**

memo
旬の野菜を加えたごはんを
グリーンピースごはんでさわやかな春を感じさせるお弁当です。ごはんには、旬の野菜を加えて炊くと、彩りもよくなり、お弁当から四季を感じることができるのでおすすめです。牛肉の野菜ロールは、高さをそろえて切るときれいに見えます。煮卵を加えればほっこり落ち着くお弁当に。

柴漬け
あっさりとしたグリーンピースごはんにのせて味に変化を。　**6 kcal**

鶏肉の野菜巻き照り焼きの煮卵 ▶▶P81
照り焼きと一緒に作った煮卵も単体でお弁当のおかずにできる。　**109 kcal**

作りおき **野菜** おかずでラクうま **弁当 ❹**

かじきの野菜煮込みのお弁当

夏野菜たっぷりのかじきの煮込みをメインに、食べ応えのあるれんこんのはさみ揚げを添えて。メインの2品は作りおきだから、ちょっとおしゃれな混ぜごはんを作って詰めましょう。

かじきの夏野菜煮込み
▶▶ P89
煮込みのおかずを詰めるときは、紙カップやシリコンカップに入れて。
80 kcal

夏に食べたいエスニック弁当！

総エネルギー
450 kcal

サニーレタス
サニーレタスを下に敷いて揚げ物を詰めると、彩りも、食べやすさも◎。
2 kcal

れんこんのえび挟み揚げ
▶▶ P91
詰めるときは、軽くトースターで温めて。食べやすく切ってから詰める。
68 kcal

桜えび、コーン、パクチー混ぜごはんrecipe
〈1人分〉ごはん1膳に桜えび、コーン、パクチー炒め（P90）大さじ3を混ぜる。
300 kcal

memo
夏はエスニック風のお弁当
かじきの夏野菜煮込みと、桜えび、コーン、パクチー混ぜごはんで、ふたを開けたら、ぱっと明るい気持ちになれるような、彩りのよいお弁当。ナンプラーで味つけしたエスニック風のごはんが、食欲をかき立てます。れんこんに挟まれたプリプリのえびの旨味が満足感をアップします。

肉+野菜の おかず

型がなくても焼ける！

肉汁たっぷりのおいしい肉料理の作り方

ミートローフ

粘りが出るまで、しっかりと混ぜるのがポイント！
40分焼いたあと、余熱で火を通すことで肉汁が落ち着き、さらにジューシーに。

1人分 444kcal

 冷蔵 4～5日間
 冷凍 2～3週間

食べ応え満点！おもてなしにも◎

・材料（4人分）

合びき肉…500g
玉ねぎ…½個
セロリ…½本
にんじん…大½本
A 【卵1個、食パン（細かくちぎる）1枚分（パン粉大さじ3でもOK）、塩小さじ1½、こしょう少々、ナツメグ小さじ¼】
オリーブオイル…大さじ2

・作り方

 下準備

玉ねぎ、セロリ、にんじんはみじん切りにし、ボウルに入れる。オーブンは210℃に予熱する。

② 肉だねを作る

1にひき肉、Aを加えて粘りが出るまでしっかりと混ぜ、クッキングシートを敷いた天板にのせる。

③ だ円に成形する

高さを出すようにだ円に成形し、表面にオリーブオイルを手で塗りながら、中央に1本くぼみを作る。

④ オリーブオイルをかける

くぼみにもオリーブオイルをかけて、しっかりと塗る。

⑤ オーブンで焼く

オーブンを200℃に下げ、焼き色がつくまで40分ほど焼き、アルミホイルをかぶせて5分ほどおき、切り分ける。

 食べ方のコツ

フレンチマスタード大さじ2とマヨネーズ大さじ4を混ぜたものや、トマトケチャップをつけて食べる。

野菜煮込みハンバーグ
野菜がたっぷり入った、栄養満点の定番おかず

材料（4人分）
A【合びき肉500g、玉ねぎ（みじん切り）½個分、卵1個、パン粉・牛乳各大さじ3、塩・こしょう・ナツメグ各少々】
B【玉ねぎ（粗みじん切り）½個分、ズッキーニ（1cm幅の輪切り）1本分、パプリカ（乱切り）1個分】
マッシュルーム…1パック
コーン…1カップ
にんにく（つぶす）…1かけ分
ローリエ…1枚
C【ホールトマト1缶、はちみつ小さじ1、酒50㎖、水100㎖】
塩…小さじ½
オリーブオイル…大さじ2
粉チーズ・ドライパセリ…各適量

作り方
1 ボウルにAを入れ、粘りが出るまでよく混ぜ、8等分にして空気を抜きながら小判形に丸める。フライパンに好みの植物油適量（分量外）を熱し、両面を色よく焼く。
2 大きめの鍋ににんにく、ローリエ、オリーブオイルを入れて弱火にかけ、ふつふつと香りが出てきたら、B、軸を取ったマッシュルームを入れて炒める。しんなりしてきたら、塩少々（分量外）をふって炒める。
3 2にCを加え、沸騰したら弱火で15分ほど煮込む。塩を加え、1、コーンを加え、15分ほど弱火で煮込む。食べるときに粉チーズ、ドライパセリをかける。

1人分 537kcal／冷蔵 4〜5日間／冷凍 2〜3週間

野菜の肉みそ炒め
甜麺醤入りのとろみのある肉みそだれが美味！

材料（4人分）
豚ひき肉…200g
にら…½束
にんじん…½本
なす…3本
にんにく（みじん切り）…1かけ分
塩・こしょう…各少々
甜麺醤…大さじ1½
しょうゆ…小さじ2
酒…大さじ1
水溶き片栗粉…小さじ2（片栗粉と水を同量で溶いたもの）
ごま油…大さじ1

作り方
1 にらは3cm幅に切り、にんじんは3cm長さ、8mm幅の拍子木切りにする。なすは半分の長さに切り、縦4等分に切る。
2 フライパンにごま油、にんにくを入れて弱火にかけ、香りが出てきたら、なす、にんじんを加えて炒める。なすに火が通ったら、塩、こしょう、ひき肉を加えて炒める。
3 ひき肉に火が通ったら、甜麺醤、しょうゆ、酒を加えて汁けがなくなるまで炒める。にらを加えてさっと炒め、水溶き片栗粉を加えてとろみをつける。

1人分 200kcal／冷蔵 4〜5日間／冷凍 2〜3週間

肉＋野菜のおかず

ディルやハーブを添えてもおいしい

1人分 548 kcal
冷蔵 4〜5日間
冷凍 2〜3週間

クリームロールキャベツ
生クリームを入れた、コクのある味わいが後を引く

材料（4人分）
- A【合びき肉500g、玉ねぎ（みじん切り）½個分、卵1個、パン粉・牛乳各大さじ3、塩・こしょう・ナツメグ各少々】
- ベーコン…4枚
- キャベツ…大きめの葉8枚
- B【チキンブイヨン2個、水300㎖、酒50㎖、ローリエ1枚】
- 生クリーム…100㎖
- こしょう…適量

作り方
1 キャベツは芯を取り、さっとゆでる。芯はみじん切りにしてAに加えるとよい。ベーコンは4等分の長さに切る。
2 ボウルにAを入れ、粘りが出るまでよく混ぜ、8等分にする。
3 キャベツを広げて2をおき、左右を折り、くるくる包む。
4 鍋に3、B、ベーコンを加えて火にかけ、沸騰したら弱火で30分ほど煮込み、生クリームを加え、こしょうをふる。

熱々のうちに食べたい！

1人分 421 kcal
冷蔵 4〜5日間
冷凍 2〜3週間

なすとかぼちゃのミートグラタン
2種類のチーズを入れて、濃厚な味わいに

材料（4人分）
- 合びき肉…150g
- なす…中4本
- かぼちゃ…小¼個
- 玉ねぎ…½個
- にんじん・セロリ…各½本
- にんにく（つぶす）…1かけ分
- モッツアレラチーズ…1個
- A【ホールトマト（手でつぶす）1缶分、赤ワイン150㎖、ローリエ1枚】
- 生クリーム…50㎖
- ピザ用チーズ…1つかみ
- 塩…適量
- オリーブオイル…大さじ2
- ドライパセリ…適量

作り方
1 なすは半分の長さに切り、縦に8mm幅に切る。かぼちゃは皮と種とワタを取り除いてひと口大に切り、電子レンジで3分加熱する。玉ねぎ、にんじんはみじん切りにし、セロリの茎は薄切り、葉はざく切りにする。
2 鍋にオリーブオイル、にんにくを入れて弱火にかけ、玉ねぎ、セロリの茎、にんじんを加えて少ししんなりするまで炒め、塩2つまみを加えてさらに炒める。
3 2にひき肉を加えて肉に火が通ったら、塩2つまみを加えてさっと炒め、A、セロリの葉を加えて⅓の量になるまで、ときどき混ぜながら煮詰める。ローリエを取り出し、鍋の中で3等分くらいに分けておく。
4 フライパンにオリーブオイル適量（分量外）を熱し、なすに塩少々をふって焼く。
5 耐熱容器にオリーブオイル適量（分量外）を塗り、⅓量の3、半量の4とかぼちゃ、手でひと口大にちぎったモッツアレラチーズ、⅓量の3、残りの4とかぼちゃ、残りの3、生クリームを順に入れ、ピザ用チーズをかける。200℃に予熱したオーブンで15分焼き、ドライパセリをかける。

野菜つくね

青じその風味がよく合う！

お好みで卵黄を絡めて食べてもおいしい！

材料（4人分）
- 鶏ひき肉…400g
- 青じそ…6枚
- 玉ねぎ…½個
- にんじん…½本
- しいたけ…3枚
- A【卵1個、しょうゆ・酒各大さじ1、塩少々、片栗粉大さじ1】
- B【しょうゆ大さじ2強、酒・みりん各大さじ2、砂糖大さじ1½】
- ごま油…大さじ1

作り方
1. 青じそはせん切りにする。玉ねぎ、にんじんはみじん切りにし、しいたけは粗みじん切りにする。
2. ボウルにひき肉、Aを入れ、白っぽく粘りが出るまでよく混ぜたら、1を加えてさっと混ぜる。18個くらいに小さく丸める。
3. フライパンにごま油を熱し、2をじっくりと中弱火で、中まで火が通るようにこんがりと焼く。
4. 3を一度取り出し、Bを加えて煮立ったら、つくねを戻し入れてたれに絡める。

＊おすすめの組み合わせ！＊

ひじきとれんこんのサラダ →P116

アスパラとコーンのチーズ和え →P149

1人分 317kcal ／ 冷蔵 4〜5日間 ／ 冷凍 2〜3週間

肉＋野菜のおかず

アッシェパルマンティエ

じゃがいもをたっぷり入れた、フランスの家庭料理

バゲットなどを添えても

材料（4人分）
- 牛ひき肉…300g
- じゃがいも…大3個
- 玉ねぎ（みじん切り）…1個分
- A【バター30g、牛乳100㎖、卵黄1個分、塩・こしょう各少々】
- 薄力粉…大さじ2
- B【トマトケチャップ大さじ3、中濃ソース大さじ1、赤ワイン100㎖、塩・こしょう各少々、ローリエ1枚】
- バター…20g

作り方
1. じゃがいもは皮をむいてひと口大に切り、水にさらす。耐熱ボウルに入れてラップをし、電子レンジで8分、竹串がすっと通るまで加熱する。熱いうちにフォークなどでなめらかになるまでつぶし、Aを加えて混ぜる。
2. フライパンにバターを入れて熱し、玉ねぎを炒めてしんなりしたら、ひき肉を加えて炒め、肉の色が変わったら薄力粉を加えて炒める。Bを加え、水分がなくなるまで煮る。
3. 耐熱容器にオリーブオイル適量（分量外）を塗り、2を入れ、その上に1をのせて表面を平らにする。
4. 3を200℃に予熱したオーブンで20分焼く。

1人分 487kcal ／ 冷蔵 4〜5日間 ／ 冷凍 2〜3週間

残ったから揚げはそのまま食べても

1人分 331 kcal
冷蔵 3〜4日間
冷凍 2〜3週間

揚げ鶏と野菜の南蛮漬け
鶏肉はしょうがとにんにく入りのたれで下味を

材料（4人分）
＜から揚げ/作りやすい分量＞
＊今回使うのは半量
鶏もも肉…大3枚
A【にんにく（つぶす）大1かけ分、しょうが（薄切り）1かけ分、長ねぎ（青い部分）1本分、しょうゆ・酒各大さじ2、きび砂糖小さじ1½、塩小さじ½、こしょう少々】
卵…大1個
薄力粉・片栗粉…各山盛り大さじ3

揚げ油…適量
ズッキーニ…1本
パプリカ…1個
なす…3本
青じそ…6枚
B【しょうゆ100㎖、酢50㎖、砂糖大さじ2、白いりごま小さじ2】

作り方
1 から揚げを作る。鶏肉はひと口大に切り、ボウルに入れ、Aを加えてよくもみ込むように混ぜ、卵を加えてさらにもみ込む。冷蔵庫に30分〜半日おいたら、薄力粉、片栗粉を加えて混ぜ、170℃の揚げ油で途中で空気に触れさせながら、きつね色になるまで揚げる。
2 ズッキーニは1cm幅に切り、パプリカ、なすは乱切りにし、それぞれ素揚げする。青じそは手でちぎる。
3 ボウルにBを入れて混ぜ、半量のから揚げ、2を加えて混ぜる。

ピザ生地より断然ヘルシー!

鶏ピザ
開いた鶏むね肉を生地代わりにした、おかずピザ

材料（4人分）
鶏むね肉…1枚
ミニトマト…2個
ピーマン…¼個
ピザ用チーズ…1つかみ
塩…小さじ2
こしょう…少々
オリーブオイル…大さじ1

作り方
1 鶏肉は包丁で開き、半分に切る。塩、こしょう、オリーブオイルをまぶす。
2 ミニトマトは横に4等分に切り、ピーマンは輪切りにする。
3 アルミホイルに1をのせチーズ、ピーマン、ミニトマトをバランスよくのせる。
4 魚焼きグリルに3を入れ、強火でチーズがとろけてこんがりするまで4〜5分焼く。

1人分 147 kcal
冷蔵 4〜5日間
冷凍 2〜3週間

＊おすすめの組み合わせ！＊

ポテトサラダ →P116

紫キャベツのはちみつサラダ →P133

80

鶏肉と野菜とカシューナッツ炒め

にんにく風味でバクバク食べられる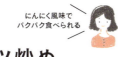

ほっくりとした歯応えのナッツで食べ応え満点

材料（4人分）
- 鶏もも肉…1枚
- ピーマン…2個
- パプリカ…½個
- カシューナッツ…1カップ
- にんにく（みじん切り）…1かけ分
- A【塩・こしょう各少々、酒小さじ2】
- B【しょうゆ・酒各大さじ2】
- 塩…少々
- 水溶き片栗粉…小さじ2（片栗粉と水を同量で溶いたもの）
- ごま油…大さじ1½

作り方
1. 鶏肉は小さめのひと口大に切り、Aをもみ込む。ピーマン、パプリカは小さめのひと口大に切る。カシューナッツは炒る。
2. 深めのフライパンににんにく、ごま油を入れて弱火にかけ、ふつふつと香りが出てきたら鶏肉を加えて炒める。火が通ったら、ピーマン、パプリカ、カシューナッツを加えて炒め、塩をふる。
3. ピーマンとパプリカに火が通ったら、Bを加えて炒め、水溶き片栗粉を加えて、水分を飛ばすように炒める。

肉＋野菜のおかず

1人分 388kcal ／ 冷蔵 4〜5日間 ／ 冷凍 2〜3週間

鶏肉の野菜巻き照り焼き

甘いしょうゆだれが染み込んで、後を引くおいしさ

材料（4人分）
- 鶏もも肉…2枚
- にんじん…½本
- さやいんげん…6本
- ゆで卵…2個
- A【しょうゆ大さじ4、砂糖大さじ1、みりん・酒各大さじ3】
- 好みの植物油…小さじ2

作り方
1. 鶏肉は皮の面をフォークで刺し、余分な脂肪は切り落とす。身の厚いところはそぐようにして開き、全体の厚さをそろえる。にんじんは細切りにし、いんげんは筋を取り、それぞれ電子レンジで1分ほど加熱する。
2. 鶏肉を広げ、にんじんといんげんをおいて巻き、タコ糸でしばる。
3. フライパンに植物油を熱し、2を入れて中火で転がしながら全体に焼き色をつけ、余分な油を捨てる。混ぜ合わせたA、ゆで卵を加えてふたをし、弱火で7〜8分蒸し焼きにする。
4. 3のふたを取って火を強め、照りをつけるように焼く。食べやすい大きさに切る。

味が染みた卵もおいしい！

1人分 419kcal ／ 冷蔵 4〜5日間 ／ 冷凍 2〜3週間

ごはんが進む
中華おかず

回鍋肉(ホイコウロウ)
ごま油と白すりごまの風味が食欲をそそる

材料（4人分）
豚バラかたまり肉…160g
キャベツ…¼個
ピーマン…2個
塩・こしょう…各少々
片栗粉…大さじ1〜2
A【甜麺醤・紹興酒各大さじ1、みそ・しょうゆ・にんにく（すりおろし）各小さじ1、赤唐辛子（小口切り）少々】
白すりごま…大さじ2
太白ごま油…小さじ2

作り方
1 豚肉は薄く切り、塩、こしょう、片栗粉をまぶす。キャベツはざく切りにしてさっとゆで（熱湯をかけるくらいでよい）、水けをしっかりきる。ピーマンはひと口大に切る。
2 フライパンにごま油を熱し、豚肉を炒め、肉の色が変わったら、キャベツ、ピーマンを加えて炒める。Aを加えて水分を飛ばすように炒め、白すりごまを加え、さっと混ぜる。

> 調理のコツ
> キャベツはさっとゆでることで、素揚げをしなくてもシャキッとした仕上がりに。時間がなければ、ゆでずに作ってもOKです。

1人分 253kcal ／ 冷蔵 3〜4日間 ／ 冷凍 2〜3週間

噛むたびに肉の旨味を感じる

酢豚
味がよく絡んでごはんが進む！中華の定番おかず

材料（4人分）
豚肩ロース肉…500g
しし唐辛子…8個
パプリカ…1個
玉ねぎ…½個
A【酒大さじ1、塩2つまみ、こしょう少々】
片栗粉…適量
B【黒酢50㎖、砂糖大さじ3、紹興酒大さじ2、しょうゆ大さじ1】
ごま油…適量

作り方
1 豚肉はひと口大に切り、筋を切り、Aをもみ込んで30分ほどおく。しし唐辛子は穴をあける。パプリカは乱切りにし、玉ねぎは1.5cm角に切る。
2 豚肉に片栗粉をまぶし、180℃の揚げ油で色よく揚げる。
3 しし唐辛子、パプリカ、玉ねぎは素揚げする。
4 フライパンにBを入れて火にかけ、2、3を加えて10分ほど煮絡める。

＊おすすめの組み合わせ！＊

春雨ごまサラダ
→P116

みょうがとキャベツの浅漬け
→P132

1人分 419kcal ／ 冷蔵 4〜5日間 ／ 冷凍 2〜3週間

豚肉と野菜カレー

夏野菜たっぷり大満足カレー！

ルウを2〜3種類混ぜると、味わい深くなる！

材料（作りやすい分量）
豚カレー用肉…300g
玉ねぎ…2個
パプリカ（赤・黄）…各1個
なす…3本
ズッキーニ…2本
じゃがいも…大2個
ローリエ…1枚
水…1.2ℓ
カレールウ…12皿分
A【ガラムマサラ大さじ1、バター20g】
好みの植物油…大さじ1
揚げ油…適量

作り方
1 豚肉はひと口大に切る。玉ねぎは薄切りにし、パプリカはひと口大に切る。なすは乱切りにし、ズッキーニは1cm幅の輪切りにする。じゃがいもは小さめのひと口大に切る。
2 パプリカ、なす、ズッキーニは素揚げか揚げ焼きにする。
3 厚手の鍋に植物油を熱し、玉ねぎ、ローリエを炒める。玉ねぎがしんなりしたら豚肉、じゃがいもを加えて炒め、肉の色が変わったら水を加える。沸騰したら、アクをしっかり取る（この時点ではまだスープにだしが出ていないので、スープごと取ってOK）。水分が減ったら、減った分の水を足し、弱火でじゃがいもに竹串がすっと通るまで煮る。
4 一度火を止め、カレールウを混ぜ、混ざったら2を加え、火をつけて弱火で10分ほど、ルウを溶かすようにときどき混ぜながら煮込む。仕上げにAを加える。

1人分 254kcal
冷蔵 3〜4日間
冷凍 2〜3週間
じゃがいもの食感は変わる

肉＋野菜のおかず

キャベツカツ

チーズと梅が絶妙なおいしさ

さわやかな梅ペーストの風味がアクセントに！

材料（4人分）
豚しょうが焼き用肉…16枚
キャベツ…1/6個
スライスチーズ…8枚
梅ペースト…適量
塩・こしょう…各少々
薄力粉・溶き卵・パン粉…各適量
揚げ油…適量

作り方
1 キャベツはせん切りにし、8等分にする。チーズは半分に切って2枚ずつ重ね、8セットにする。
2 豚肉1枚を広げ、塩、こしょうをふる。チーズ1セットをのせ、キャベツ、梅ペーストを順にのせ、豚肉1枚をのせる。これを8個作る。
3 2に薄力粉、溶き卵、パン粉の順に衣をつけ、180℃の揚げ油で揚げる。

1人分 434kcal
冷蔵 3〜4日間
冷凍 2〜3週間

1人分 294 kcal
冷蔵 4〜5日間
冷凍 2〜3週間
じゃがいもの食感は変わる

牛肉ときのこのトマトクリーム煮

3種のきのこの旨味がたっぷり！

バターライスやサフランライス、パスタなどにも合う！

材料（4人分）
牛薄切り肉（脂肪が少ないもの）…200g
じゃがいも…中2個
マッシュルーム・しめじ・エリンギ…各1パック
にんにく（みじん切り）…1かけ分
A【ビーフコンソメ1½個、パプリカパウダー大さじ1、トマトピューレ1瓶（120g）】
生クリーム…100㎖
塩・こしょう…各適量
バター…15g
パセリ（みじん切り）…少々

作り方
1 牛肉は2㎝幅に切り、塩、こしょう少々をまぶす。じゃがいもは小さめの乱切りにし、水にさらす。マッシュルームは4等分に切る。しめじは石づきを取り、小房に分ける。エリンギは3㎝長さに切り、縦4等分に切る。
2 フライパンを熱してバターを溶かし、にんにくを加えて炒める。香りが出てきたらじゃがいも、マッシュルーム、エリンギ、しめじ、牛肉を順に加えて炒める。Aを加え、トマトピューレの瓶1杯分の水を瓶に残ったトマトピューレを全て出し切るように加え（瓶入りでなければ水200㎖）、弱めの中火で煮込む。
3 じゃがいもがやわらかくなったら、塩、こしょうで味をととのえ、生クリームを加え、沸騰させないように弱火で5分ほど煮込む。食べるときにパセリを散らす。

ごはんに合う韓国の定番おかず

1人分 397 kcal
冷蔵 4〜5日間
冷凍 2〜3週間

プルコギ

牛肉とたっぷりの野菜を甘辛く炒め煮にして

材料（4人分）
牛こま切れ肉…250g
玉ねぎ…大½個
パプリカ…½個
万能ねぎ…⅓束
干ししいたけ…3枚
春雨（乾燥）…100g
A【しょうゆ・酒各大さじ3、砂糖・白いりごま各大さじ2、ごま油大さじ1、にんにく・しょうが（すりおろし）各1かけ分、コチュジャン小さじ1】
ごま油…小さじ2

作り方
1 牛肉はひと口大に切り、Aをよくもみ込み、10分ほどおく。玉ねぎは縦半分に切り、1㎝幅に切る。パプリカは半分の長さに切り、5㎜幅に切る。万能ねぎは3㎝幅に切る。干ししいたけは水で戻し、薄切りにする。春雨は熱湯で戻し、食べやすい長さに切る。
2 フライパンにごま油を熱し、玉ねぎ、しいたけ、パプリカを炒め、春雨、牛肉を加えて炒め煮にする。火が通ったら、万能ねぎを加えて炒める。

84

牛肉の野菜ロール

三つ葉とみょうがを加えた和風仕上げ

みょうがの風味がアクセント

材料（4人分）
- 牛薄切り肉…16枚
- にんじん…½本
- みょうが…4個
- 三つ葉…1束
- 塩・こしょう…各少々
- A【しょうゆ大さじ3、砂糖・みりん各大さじ1】
- 好みの植物油…小さじ½

作り方
1. にんじんは細切りにし、耐熱容器に入れて電子レンジで1分加熱する。みょうがはせん切りにし、三つ葉は3等分の長さに切る。
2. 牛肉を2枚重ねて広げ、塩、こしょうをふり、1をのせてきゅっときつめにくるくる巻く。
3. フライパンを熱し、2の巻き終わりを下にして焼く。全面焼けたらAを加え、煮絡める。

断面の彩りがきれい！

肉＋野菜のおかず

1人分 253 kcal ／ 冷蔵 2〜3日間 ／ 冷凍 NG

牛肉と野菜の赤ワインシチュー

デミグラスとシチュールウ、2種類のソースが決め手

材料（直径26cm鍋で作りやすい分量）
- 牛シチュー用肉…600g
- 玉ねぎ…1個
- セロリ…1本
- にんじん…2本
- ブロッコリー…1株
- さやいんげん…10本
- じゃがいも…4個
- マッシュルーム…1パック
- A【塩小さじ½、こしょう少々】
- ローリエ…1〜2枚
- 水…1ℓ
- B【赤ワイン3カップ（別鍋で半量になるまで煮詰める）、デミグラスソース1缶、カシスリキュール50㎖、ビーフシチュールウ1箱】
- バター…20g

作り方
1. 牛肉はAをもみ込む。玉ねぎは1cm幅に切り、セロリは斜め切りにする。にんじんは大きめの乱切りにする。ブロッコリーは小房に分けて塩ゆでする。いんげんは筋を取って塩ゆでし、3等分の長さに切る。じゃがいもは2〜3等分に切り、マッシュルームは縦半分に切る。
2. 鍋にバターを熱し、牛肉をこんがりと焼く。玉ねぎ、セロリ、ローリエを加えてしんなりするまで炒め、にんじん、じゃがいもを加えて透明感が出るまで炒める。マッシュルームを加えてさっと炒め、水を加えて沸騰したら、アクを取りながら弱火で1時間ほど込む（じゃがいもがとろけそうだったら途中で一度取り出しておくとよい）。
3. 2にBを加えて10分ほど煮込み、ブロッコリー、いんげんを加える。

深い味わいでリッチなおかず

1人分 285 kcal ／ 冷蔵 4〜5日間 ／ 冷凍 2〜3週間

じゃがいもの食感は変わる

85

魚介＋野菜のおかず

アツアツ＆クリーミー！
ふんわりやわらか！おいしい魚料理の作り方

サーモンとじゃがいも、ほうれん草のグラタン

ホクホクのじゃがいもとやわらかいサーモンがクリーミーなソースとよく合うグラタン。
魚焼きグリルの代わりに、オーブンやオーブントースターで焼いてもOK！

1人分 328kcal
冷蔵 3〜4日間
冷凍 2〜3週間
じゃがいもの食感は変わる

肉厚のサーモンがふっくらおいしい

● 材料（4人分）

鮭（切り身/アトランティックサーモンなど）…2切れ
玉ねぎ…¼個
じゃがいも…中2個
ほうれん草…⅔束
生クリーム…100㎖
塩…適量
バター…15g
ピザ用チーズ…50g

● 作り方

1 鮭の下準備

鮭は塩少々をふり、ラップをして冷蔵庫で15分ほどおき、表面の水分をペーパータオルで拭く。

2 材料を切る

鮭は5等分に切る。玉ねぎは薄切りにし、ほうれん草は塩ゆでして3cm幅に切る。じゃがいもは輪切りにし、水にさらす。

3 鮭を焼く

深めのフライパンにバターを熱して、鮭を両面焼き、一度取り出す。

4 野菜を炒める

3のフライパンに玉ねぎを加えて炒め、しんなりしたらじゃがいもを加えて炒め、塩少々をふる。

5 残りの具材を煮、鮭を加える

ほうれん草、生クリームを加え、じゃがいもに竹串がすっと通るまで煮たら、鮭を加えてさっと混ぜる。

6 耐熱容器に入れて焼く

耐熱容器にバター適量（分量外）を塗り、5を入れて、チーズをのせる。魚焼きグリルで8〜10分焼く。

あじとすだちの南蛮漬け

さわやかなすだちの酸味を効かせた、大人味のおかず

材料（4人分）
- あじ…4尾
- 玉ねぎ…½個
- にんじん…⅓個
- ピーマン…2個
- みょうが…2個
- すだち…2個
- A【酢50㎖、しょうゆ100㎖、砂糖大さじ1】
- 塩・こしょう…各少々
- 薄力粉…適量
- 揚げ油…適量

作り方
1. あじは3枚におろし、ぜいごを取り除き、半分にそぎ切りにする。玉ねぎは薄切りにし、にんじん、ピーマンは細切りにする。みょうがは縦半分に切って薄切りにする。すだちは輪切りにする。
2. ボウルにAを入れて混ぜ、玉ねぎ、にんじん、ピーマン、みょうが、すだちを加えて和える。
3. あじに塩、こしょうをまぶして、薄力粉をはたいたら、180℃の揚げ油でカリッと揚げる。
4. 3が揚げたてのうちに、2に加え、さっと和える。

＊おすすめの組み合わせ！＊

 アスパラとウインナーの粒マスタード炒め →P149

 カリフラワーとじゃがいものスパイス炒め →P162

すだちの風味がとってもさわやか

1人分 188kcal　冷蔵3〜4日間　冷凍2週間

魚介＋野菜のおかず

金目鯛とごぼうの煮物

甘いたれを具材にしっかり染み込ませて

材料（4人分）
- 金目鯛…4切れ
- ごぼう…1½本
- 小松菜…½束
- 焼き豆腐…1丁
- A【酒・みりん各50㎖、しょうゆ80㎖、砂糖大さじ2】

作り方
1. ごぼうは皮をこそげ取り、4㎝の長さに切る。小松菜は塩ゆでし、冷水にさらして水けをきり、3㎝長さに切る。焼き豆腐は8等分に切る。
2. 鍋にAを入れて熱し、ふつふつしてきたら、金目鯛、ごぼう、焼き豆腐を加え、落としぶたをして弱火でごぼうがやわらかくなるまで煮る。
3. 小松菜は、食べるときに加える。

＊おすすめの組み合わせ！＊

 にんじんナムル →P128

 きゅうりの梅和え →P144

普段のおかずにもお祝い事にも◎

1人分 305kcal　冷蔵3〜4日間　冷凍2〜3週間　豆腐は除いて

1人分 274 kcal／冷蔵 2〜3日間／冷凍 NG

トマトの酸味と魚介の旨味が合う

たら、トマト、じゃがいも煮込み

あさりのだしをたっぷり加えて、旨味抜群

材料（4人分）
真だら…4切れ
あさり…500g
ホールトマト…½缶
じゃがいも…4個
玉ねぎ…½個
グリーンアスパラガス…4本
にんにく（つぶす）…1かけ分
ローリエ…1枚
塩…小さじ¼
こしょう…少々
酒…大さじ2
オリーブオイル…大さじ1

作り方
1 たらは半分に切り、塩適量（分量外）をふって冷蔵庫に15分ほどおき、表面の水分を拭く。あさりは砂抜きし、殻をこすり合わせて洗う。じゃがいもは3等分に切って水にさらし、電子レンジで5分加熱する。玉ねぎは薄切りにする。アスパラは根元のかたい部分を切り落とし、はかまを取り、3等分に切る。
2 鍋にオリーブオイル、にんにく、ローリエを入れて弱火にかけ、ふつふつとしてきたら、玉ねぎを加えて透明感が出るまで炒め、塩をふる。
3 2にあさり、酒を加えてふたをし、あさりの口が開いたら、ホールトマト、じゃがいも、たら、アスパラを加えてふたをして、弱火で7〜8分煮込み、こしょうをふる。

ほっと落ち着く和のおかず

1人分 233 kcal／冷蔵 3〜4日間／冷凍 NG

まぐろ、ねぎ、にんじんの煮物

野菜はくたっとするまでやわらかく煮込んで

材料（4人分）
まぐろ（ぶつ切り）…500g
長ねぎ…1本
にんじん…1本
A【だし汁½カップ、しょうゆ大さじ3、みりん・砂糖 各大さじ2】

作り方
1 まぐろは、熱湯にくぐらせ、湯通しする。長ねぎは1cm幅の輪切りにし、にんじんは小さめの乱切りにする。
2 鍋にA、にんじんを入れて火にかけ、にんじんに竹串が通るくらいまでやわらかくなったら、まぐろ、半量の長ねぎを加えて5分ほど煮込む。
3 2に残りの長ねぎを加え、長ねぎがとろとろになるまで煮込む。

調理のコツ　魚の作りおきおかずは、日が経つにつれてどうしても生臭くなりがちです。さっと湯通ししてから煮込むなどの一手間をかけると、生臭くなりにくいです。

かじきの夏野菜煮込み
色鮮やかな夏野菜が満載で、おもてなしにも

材料(4人分)
- かじき…3切れ
- 玉ねぎ…½個
- ズッキーニ…1本
- パプリカ(赤・黄)…各½個
- ホールトマト…½缶
- にんにく(すりおろし)…小さじ½
- ローリエ…1枚
- 酒…大さじ2
- 塩…小さじ¼
- こしょう…少々
- オリーブオイル…大さじ1½

作り方
1. かじきは塩適量(分量外)をふって冷蔵庫に15分ほどおき、表面の水分を拭き、ひと口大に切る。玉ねぎは粗みじん切りにし、ズッキーニ、パプリカは1cm角に切る。
2. 鍋にオリーブオイルを熱し、かじきを焼き、一度取り出す。
3. 2の鍋に玉ねぎを入れて炒め、しんなりしてきたら、にんにく、ローリエ、ズッキーニ、パプリカを加えて炒める。
4. 3にホールトマト、酒、塩を加え、かじきを戻し入れて、ふたをして弱火で15分ほど煮込み、こしょうをふる。

＊おすすめの組み合わせ！＊

みょうがとチーズの肉巻き →P132

イタリアン粉ふきいも →P170

1人分 159kcal / 冷蔵 3〜4日間 / 冷凍 2〜3週間

彩り野菜で食卓が華やか！

魚介＋野菜のおかず

いかのねぎポン酢
ごま油も加えて和えて、深い味わいをプラス

材料(4人分)
- するめいか…2杯
- 万能ねぎ…3本
- にんじん…⅓本
- ポン酢しょうゆ…50㎖
- ごま油…小さじ2

作り方
1. いかは内蔵を取り除き、魚焼きグリルで7分ほど焼き、8mm幅の輪切りにする。
2. 万能ねぎは小口切りにし、にんじんはマッチ棒大の細切りにする。
3. ボウルに1、2、ポン酢しょうゆ、ごま油を入れ、和える。

調理のコツ：いかの粗熱をとってから野菜、ポン酢しょうゆと和えると、水っぽくならずにおいしく食べられます。

味つけ簡単！お酒のお供にも

＊おすすめの組み合わせ！＊

れんこんのもちもち揚げ →P165

ごぼうのから揚げ →P173

1人分 112kcal / 冷蔵 3〜4日間 / 冷凍 NG

さっぱり味でやみつきに!

えび、スナップエンドウのねぎだれ和え

白ごまとごま油の風味が食欲をそそる

材料（4人分）
えび…10尾　　　　塩…3つまみ
スナップエンドウ…10本　　こしょう…少々
長ねぎ…½本　　　ごま油…大さじ1½
白すりごま…大さじ2

作り方
1 えびは殻と背わたを取り除き、酒適量（分量外）を加えた熱湯でゆで、半分の厚みに切る。スナップエンドウは筋を取り除き、ゆでる。長ねぎはみじん切りにする。
2 ボウルに1、白すりごま、塩、こしょう、ごま油を入れ、混ぜる。

調理のコツ　えびとスナップエンドウの水けをよくきってから和えましょう。そら豆、アスパラガスなどで代用しても◎。

＊おすすめの組み合わせ！＊

ヤングコーンの肉巻きフライ →P139

しめじのグラタン →P167

1人分 103kcal　冷蔵3〜4日間　冷凍NG

桜えび、コーン、パクチー炒め

ナンプラーでエスニックに!

パクチーとナンプラーでアジアンテイストに

材料（4人分）
桜えび…30g　　　ナンプラー…大さじ1
コーン…1カップ　　好みの植物油…小さじ1
パクチー…1束

作り方
1 パクチーはみじん切りにする。
2 フライパンに植物油を熱し、桜えび、コーン、1を炒め、ナンプラーを加えて味をつける。

食べ方のコツ　炊きたてのごはんに混ぜて、混ぜごはんにして食べてもおいしいです。

＊おすすめの組み合わせ！＊

ミニトマトの肉巻き →P127

なすとトマトのチーズ焼き →P169

1人分 80kcal　冷蔵3〜4日間　冷凍NG

れんこんのえび挟み揚げ

えびの味つけには、薄口しょうゆを使ってすっきりと

材料（4人分）
- えび…10尾
- れんこん…中2節
- 三つ葉…½束
- A【酒大さじ1、塩・こしょう各少々、薄口しょうゆ・片栗粉各大さじ2】
- 片栗粉…適量
- 揚げ油…適量

作り方
1. れんこんは皮をむいて2〜3cm幅の輪切りにし、酢水（分量外）にさらす。三つ葉は5mm幅に切る。えびは殻を取り除いて包丁でたたく。
2. ボウルにえび、Aを入れてよく混ぜ、三つ葉を加えて混ぜる。
3. しっかりと水けをきったれんこん2枚で、2を挟み、片栗粉を全体にはたく。
4. 180℃の揚げ油で3を揚げる。

食べ方のコツ　挟んだえびペーストは、しいたけのかさに入れて、焼いて食べてもおいしいです。

＊おすすめの組み合わせ！＊

ヤングコーンといんげんのアジアン炒め →P139

おかかピーマン →P148

えびの食感がたまらない！　冷めてもおいしい！

1人分 169kcal　冷蔵 4〜5日間　冷凍 2〜3週間

魚介＋野菜のおかず

セビーチェ

ペルーやメキシコで愛されている、魚介のマリネ

材料（4人分）
- ゆでえび…10尾
- ほたて（刺身用）…小10個
- ゆでだこ（足）…1本
- 紫玉ねぎ…¼個
- トマト…1個
- ピーマン…2個
- きゅうり…1本
- スイートチリソース…大さじ3
- ライムの搾り汁…½個分
- オリーブオイル…大さじ2

作り方
1. たこは小さめのぶつ切りにする。紫玉ねぎは粗みじん切りにし、水に5分ほどさらし、水けをきる。トマトは粗みじん切りにし、ピーマン、きゅうりは5mm角に切る。
2. ボウルにえび、ほたて、1、スイートチリソース、オリーブオイル、ライムの搾り汁を入れ、混ぜる。

＊おすすめの組み合わせ！＊

ゴーヤとチーズの肉巻きフリット →P151

マッシュルームのバイキッシュ →P166

ライムをキュッと搾ってどうぞ！

1人分 183kcal　冷蔵 3〜4日間　冷凍 NG

卵＋野菜のおかず

野菜たっぷり！ ふわふわでおいしい卵料理の作り方

野菜オムレツ

卵液に生クリームを混ぜることで、ふんわり仕上がり、コクのある味わいに。野菜は季節に合わせ、なすやかぼちゃなどを加えても。

1人分 257 kcal

 冷蔵 3〜4日間
 冷凍 2〜3週間

 野菜たっぷり！栄養バランスも◎

●材料（4人分）

- 卵…6個
- 玉ねぎ…¼個
- ピーマン（赤・緑）…各1個
  （どちらか2個でもOK）
- しいたけ…1個
- コーン…50g
- 生クリーム…大さじ2
- 塩・こしょう…各少々
- バター…50g

●作り方

1 材料を切る

玉ねぎは薄切りにする。ピーマンは8mm角に切る。しいたけは半分に切って薄切りにする。

2 卵液を作る

ボウルに卵を溶き、生クリーム、塩、こしょうを加えて混ぜる。

3 1を炒める

フライパンにバター10gを熱し、玉ねぎ、ピーマン、しいたけを炒める。

4 卵液に具材を混ぜる

3を2に加え、コーンも加えて混ぜる。

5 フライパンで焼く

フライパンを熱してバター20gを加え、半量の4を流し入れて強火にし、10秒おいてからゆっくり混ぜる。

6 形を整える

弱火にして加熱し、オムレツの形に整え、器にのせる。5、6を再度繰り返して2個作る。

にらとトマトとえびの卵炒め

にらの独特の風味が、全体の味を引き締める

材料（4人分）
- 卵…5個
- にら…½束
- トマト…1個
- えび…5尾
- 酒…小さじ2
- 塩・こしょう…各少々
- しょうゆ…お好み量
- ごま油…大さじ2

作り方
1. ボウルに卵を溶き、塩、こしょうをふる。
2. にらは2cm幅に切り、トマトは1cm角に切る。えびは殻と背わたを取り、半分の厚みに切り、長さも半分に切る。
3. フライパンにごま油大さじ1を熱し、えび、トマトを炒め、塩、こしょう、酒、にらを加えてさっと炒める。
4. 3にごま油大さじ1を加え、さらに1を加える。10秒ほどそのままおいてから、ゆっくりゆっくりかき混ぜて火を通し、仕上げにしょうゆを加える。

調理のコツ: 卵を別でふんわりと炒めてから、最後に加えるとやわらかな食感が残っておいしいです。

1人分 **182 kcal** ／ 冷蔵 3〜4日間 ／ 冷凍 2〜3週間

卵＋野菜のおかず

にんじん、ねぎ、しらすの卵焼き

赤、緑、黄色で彩りがきれい！

カルシウムが豊富なしらすをたっぷり入れて

材料（4人分）
- 卵…5個
- にんじん…小½本
- 万能ねぎ…3本
- しらす…大さじ2
- A【酒小さじ2、だしじょうゆ大さじ1、塩少々】
- ごま油…適量

作り方
1. にんじんは3等分の長さに切って細切りにし、耐熱皿に入れてラップをし、電子レンジで1分30秒加熱する。万能ねぎは小口切りにする。
2. ボウルに卵を溶き、1、しらす、Aを加えて混ぜる。
3. 卵焼き用のフライパンにごま油を熱し、1を4回くらいに分けて入れ、卵焼きを作る。

＊おすすめの組み合わせ！＊

 湯引きまぐろ、くるみ、ねぎ、にんじんのサラダ →P115

 チンゲン菜と厚揚げ、豚肉のしょうゆ煮 →P153

1人分 **120 kcal** ／ 冷蔵 4〜5日間 ／ 冷凍 2〜3週間

93

じゃがいも、玉ねぎのスペイン風オムレツ

ゆっくりと蒸し焼きにした、ふんわりオムレツ

材料（4人分）
- 卵…6個
- じゃがいも…小1個
- 玉ねぎ…¼個
- パプリカ…½個
- ハム…3枚
- 生クリーム…大さじ2
- オリーブオイル…大さじ2
- 塩・こしょう…各少々
- 好みの植物油…大さじ2

作り方
1. じゃがいもはいちょう切りにし、耐熱皿に入れてラップをし、電子レンジで1分30秒加熱する。玉ねぎは半分の長さに切り、薄切りにする。パプリカは1cm角に切る。ハムは3等分の長さに切り、5mm幅に切る。
2. 直径18cmのフライパンを熱し、植物油大さじ1を加え、**1**を炒める。しんなりしたら、塩、こしょうをふって炒める。
3. ボウルに卵を溶き、**2**を加えて混ぜる。
4. 直径18cmくらいのフライパンを熱し、植物油大さじ1を加え、**3**を流し入れ、強火で10秒ほどそのままおいてから、ゆっくりゆっくりかき混ぜる。ふたをして弱火にかけ、上のほうが少し固まるくらいまで加熱する。
5. **4**をひっくり返して焼き、食べやすい大きさに切る。

1人分 319 kcal　冷蔵 3〜4日間　冷凍 2〜3週間

アスパラ、まいたけ、ベーコンのスクランブルエッグ

きのことベーコンの旨味で、食べ応えアップ

材料（4人分）
- 卵…5個
- ベーコン…4枚
- グリーンアスパラガス…8本
- まいたけ…1袋
- 塩・こしょう…各適量
- オリーブオイル…大さじ2

作り方
1. ベーコンは1.5cm幅に切る。アスパラは下のかたい部分を切り落とし、袴を取って、4等分の斜め切りにする。まいたけは石づきを取り、小房に分ける。
2. ボウルに卵を溶き、塩、こしょう各少々をふる。
3. フライパンにオリーブオイルを熱し、アスパラ、まいたけ、ベーコンを加えて炒める。アスパラに火が通ったら、塩、こしょう各少々をふり、**2**を流し入れ、ゆっくりかき混ぜて火を通す。

1人分 225 kcal　冷蔵 2〜3日間　冷凍 2〜3週間

＊おすすめの組み合わせ！＊

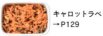
キャロットラペ →P129

トマトミートボールスープ →P190

にらと赤ピーマンのチヂミ
油を回しかけながら、カリカリに仕上げて

材料（4人分）
- A【卵1個、薄力粉80g、上新粉30g、片栗粉大さじ1、塩小さじ1、きび砂糖2つまみ、かつおだし汁150mℓ】
- むきえび…10尾
- ピーマン(赤)…1個
- にら…8本
- 塩・こしょう…各適量
- ごま油…大さじ1+小さじ1
- たれ
- しょうゆ・酢・白いりごま…各大さじ1
- きび砂糖…小さじ¼
- ごま油…小さじ1
- 粉唐辛子…少々

作り方
1. ピーマンは輪切りにし、にらは4cm幅に切る。えびは1cm幅に切り、塩1つまみ、こしょう少々をもみ込む。
2. ボウルにAを入れよく混ぜ、1を加えて混ぜる。
3. フライパンにごま油大さじ1を熱し、2を入れて薄く広げる。おいしそうな焼き色がつくまで4分ほど焼いてから裏返し、ごま油小さじ1を鍋肌に回しかけて、周りがカリカリになるよう2〜3分こんがりと焼く。
4. 3を食べやすい大きさに切り、混ぜ合わせたたれをつけて食べる。

調理のコツ 数枚に分けて焼いて薄く作っても、いっきに1枚を厚く焼いて作ってもOK。お好みでどうぞ。

卵＋野菜のおかず

1人分 226 kcal ／ 冷蔵3〜4日間 ／ 冷凍2〜3週間

ほうれん草、コーン、玉ねぎの卵炒め
細切りベーコンから出る脂がコクをプラス！

コーンの甘みが広がる！

材料（4人分）
- 卵…5個
- ベーコン…4枚
- ほうれん草…1束
- コーン…140g
- 生クリーム…大さじ1
- 塩・こしょう…各適量
- オリーブオイル…大さじ2

作り方
1. ベーコンは8mm幅に切る。ほうれん草は塩ゆでして水けをきり、ざく切りにする。
2. ボウルに卵を溶き、生クリーム、塩、こしょう各少々を加える。
3. フライパンにオリーブオイル大さじ1を熱し、1、コーンを炒め、塩、こしょう各少々をふる。
4. 3にオリーブオイルを大さじ1を加え、2を流し入れ、ゆっくりかき混ぜて火を通す。

1人分 267 kcal ／ 冷蔵3〜4日間 ／ 冷凍2〜3週間

豆腐＋野菜のおかず

旨味たっぷりの豆腐料理の作り方

水っぽくない！

豆腐のちゃんぷるー

豆腐は手でざっくりとちぎることで、食べ応えがアップ！
仕上げにしょうゆとかつお節を加えて、すっきりと風味豊かに。

1人分 298kcal
冷蔵 3〜4日間
冷凍 2〜3週間

おうちで手軽に沖縄気分！

● 材料（4人分）

- 島豆腐…1丁（木綿でもOK）
- 豚バラ薄切り肉…4枚
- にら…½束
- にんじん…½本
- 長ねぎ…1本
- 卵…3個
- かつお節…4.5g
- 塩…少々
- 酒…大さじ1
- しょうゆ…大さじ1½
- ごま油…大さじ1

● 作り方

1 豆腐の水きりをする

豆腐はペーパータオルに包み、ラップをせずに電子レンジで2分加熱して水きりする。

2 材料を切る

豚肉は2cm幅に切る。にらは3cm長さに切り、にんじんは拍子木切りにする、長ねぎは斜め切りにする。

3 豆腐を焼いて取り出す

フライパンにごま油を入れて火にかけ、1を手でちぎりながら入れて、両面焼き、一度取り出す。

4 肉、長ねぎ、にんじんを炒める

3のフライパンに肉を入れて炒め、塩をふり、肉の色が変わったら、長ねぎ、にんじん、酒を入れて炒める。

5 残りの具材、卵を加える

豆腐を戻し入れ、にらを加えて炒め、溶いた卵を加えてゆっくり混ぜる。

6 味を整える

しょうゆを加えてさっと炒め、仕上げにかつお節を加える。

豆腐の野菜あんかけ

細かく刻んだ野菜たっぷりのあんが、とろ～り

材料(4人分)
- 絹ごし豆腐…1丁
- 長ねぎ…1本
- にんじん…½本
- ピーマン…2本
- しいたけ…2個
- A【かつおだし汁400㎖、酒大さじ2、しょうゆ大さじ2、塩少々】
- 水溶き片栗粉…大さじ1½（片栗粉と水を同量で溶いたもの）
- ごま油…大さじ1

作り方
1. 豆腐はペーパータオルに包み、ラップをせずに電子レンジで2分加熱して水きりする。長ねぎは斜め薄切りにし、にんじんは3㎝長さの細切りにする。ピーマンは細切り、しいたけは薄切りにする。
2. 鍋にごま油を入れて火にかけ、豆腐以外の1を炒め、Aを加えて煮立てる。
3. 2に豆腐を手でちぎりながら加え、煮込む。仕上げに水溶き片栗粉を加え、とろみをつける。

＊おすすめの組み合わせ！＊

かぼちゃのみたらしチーズ焼き →P135

いんげんのごま和え →P150

1人分 108kcal
冷蔵 3～4日間
冷凍 2～3週間

豆腐+野菜のおかず

野菜たっぷり麻婆豆腐

ねぎやにんじん、にら、しいたけ入りでヘルシーに

材料(4人分)
- 絹ごし豆腐…1丁
- 豚ひき肉…150g
- 長ねぎ…1本
- にんじん…小1本
- にら…½束
- しいたけ…3個
- にんにく(すりおろし)…小さじ1
- 塩…少々
- 豆板醤…小さじ2～3
- A【しょうゆ大さじ2、水200㎖、中華スープペースト小さじ1、酒50㎖、塩少々】
- 水溶き片栗粉…大さじ1½（片栗粉と水を同量で溶いたもの）
- ごま油…大さじ1
- ラー油…適量

作り方
1. 豆腐はペーパータオルに包み、ラップをせずに電子レンジで2分加熱して水きりし、2㎝角に切る。長ねぎは小口切りにし、にんじんはいちょう切りにする。にらは1㎝幅に切り、しいたけは軸を取って半分に切り、薄切りにする。
2. 深めのフライパンにごま油、にんにく、豆板醤を入れて火にかけ、ふつふつしてきたら、長ねぎ、しいたけ、にんじん、ひき肉を加えて炒め、塩をふる。
3. 2にAを加えて煮立ったら、豆腐、にらを加えて煮込む。仕上げに水溶き片栗粉を加えてとろみをつけ、ラー油をかける。

1人分 223kcal
冷蔵 3～4日間
冷凍 2～3週間

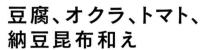

豆腐、オクラ、トマト、納豆昆布和え

ねばねば食材入りで、ごはんにかけても美味

材料（4人分）
島豆腐…1丁
オクラ…8本
トマト…1個
きゅうり…1本
A【納豆昆布10g、白いりごま小さじ2、だしじょうゆ大さじ1、塩少々、オリーブオイル大さじ3】

作り方
1 豆腐は手で小さめのひと口大にちぎる。オクラは板ずりし、さっとゆでて1cm幅に切る。トマトは1.5cm角に切り、きゅうりは輪切りにして塩もみし、水けをしっかりと絞る。
2 ボウルに1、Aを入れて和える。

調理のコツ 沖縄の島豆腐は、水っぽくなりにくいのでサラダや和え物におすすめ。見つけたらぜひ試してみて。

＊おすすめの組み合わせ！＊

 さつまいもと牛肉の煮物 →P137

 黄パプリカと豚肉のしょうが焼き →P140

1人分 **221kcal** 　冷蔵3〜4日間　冷凍NG

ごぼうと豆腐の炒め煮

すき焼きのたれの甘みをよく染み込ませて

食物繊維豊富なごぼうがたっぷり

材料（4人分）
焼き豆腐…1丁
牛こま切れ肉…200g
ごぼう…1本
すき焼きのたれ…大さじ4
酒…小さじ2
ごま油…大さじ1
山椒…適宜

作り方
1 ごぼうはたわしなどでよく洗い、斜め薄切りにし、酢水に5分ほどさらして水けをきる。
2 フライパンにごま油を熱し、ごぼうを炒め、ごぼうに透明感が出てきたら牛肉を加えて炒め、塩をふる。
3 牛肉の色が変わったら、豆腐を崩しながら入れて炒め、すき焼きのたれ、酒を加えて水分を飛ばすように炒め煮にする。好みで山椒をかける。

＊おすすめの組み合わせ！＊

 ほうれん草と塩鮭の卵焼き →P153

 揚げなすとチーズ、トマトのサラダ →P169

1人分 **276kcal** 　冷蔵3〜4日間　冷凍NG

野菜がんも

口に入れると、具材の旨味がふわっと広がる！

ひき肉入りで食べ応え◎

材料（4人分）
- 絹ごし豆腐…1丁
- 鶏ももひき肉…250g
- さやいんげん…6本
- にんじん…⅓本
- ひじき…大さじ2
- A【塩小さじ½、砂糖1つまみ、片栗粉大さじ2】
- しょうが（すりおろし）・しょうゆ…各適宜
- 揚げ油…適量

作り方
1. ひじきは水で戻す。豆腐はペーパータオルに包み、ラップをせずに電子レンジで2分加熱して水きりする。いんげんはさっと塩ゆでし、5mm幅に切る。にんじんは2cm長さの細切りにする。
2. ボウルに1、ひき肉、Aを入れて粘りが出るまでしっかり混ぜる。
3. 180℃に熱した揚げ油に、2をスプーンですくって落とし、カリッと色よく揚げる。
4. 好みでしょうがとしょうゆを混ぜたたれにつけていただく。

調理のコツ：にんじんやれんこん、枝豆などを入れても◎。ケチャップをつけて食べると、子どもも食べやすいと思います。

しっかり味で冷めても美味

豆腐＋野菜のおかず

1人分 297kcal ／ 4〜5日間 ／ 2〜3週間

野菜と厚揚げ炒め

とろみをつけて仕上げた、食べ応え満点おかず

厚揚げが満足感をアップ！

材料（4人分）
- 厚揚げ…1丁
- 豚バラ薄切り肉…3枚
- 白菜…⅛個
- にんじん…½本
- 長ねぎ…1本
- しめじ…1パック
- 塩…少々
- A【かつおだし汁100㎖、酒大さじ2、しょうゆ大さじ1½、塩少々】
- 水溶き片栗粉…小さじ4（片栗粉と水を同量で溶いたもの）
- ごま油…大さじ1

作り方
1. 厚揚げは半分に切り、1cm幅に切る。豚肉は1cm幅に切る。白菜は2cm幅に切り、長ねぎは斜め薄切りにする。にんじんは3cm長さの拍子木切りにし、しめじは石づきを取り、小房に分ける。
2. フライパンにごま油を熱し、豚肉を入れて炒める。塩をふり、にんじん、白菜、しめじを加えて炒め、長ねぎも加えてさらに炒める。
3. 2に厚揚げを加えて炒め、Aを加えて煮込み、水溶き片栗粉を加えてとろみをつける。

1人分 215kcal ／ 3〜4日間 ／ 冷凍NG

豆+野菜のおかず

しみじみおいしい豆料理の作り方

食感が楽しい！

青大豆の明太サラダ

甘みのあるホクホクの青大豆に、ピリ辛の明太子が絡むと絶妙な味わいに。
れんこんの歯応えも楽しく、おかずにもおつまみにも。

1人分 168kcal ／ 冷蔵 4〜5日間 ／ 冷凍 NG

明太マヨしょうゆの味つけがおいしい！

• 材料（4人分）

青大豆…100g
れんこん…小1節
えび…5尾
明太子(ほぐし身)…½腹分
A【マヨネーズ大さじ4、薄口しょうゆ小さじ1】

• 作り方

1 青大豆を水で戻す
青大豆はさっと洗い、たっぷりの水につけて6〜8時間常温におく。

2 青大豆をゆでる
鍋に1を浸け汁ごと入れて強火にかけ、沸騰したら弱火にし、アクをしっかり取りながら30分ほど加熱し、そのまま粗熱をとる。

3 れんこんをゆでる
れんこんは皮をむいていちょう切りにし、酢水に5分ほどさらしてから、酢適量（分量外）を入れた熱湯でゆで、水けをきる。

4 えびをゆでる
えびは殻と背わたを取り除き、半分の厚みに切り、酒適量（分量外）を加えた熱湯でゆでて冷ます。

5 和える
ボウルに2、3、4、明太子、Aを入れ、和える。

保存のコツ
青大豆は多めにゆでて、ジッパーつき保存袋に入れて保存しておくと、毎回戻す手間が省けて便利。

チリコンカン

自宅にいながらメキシコ料理！

豆とお肉たっぷり！ 豊富な調味料でスパイシーに

材料（8人分）
- キドニービーンズ…中1缶
- 合びき肉…150g
- ベーコン…4枚
- 玉ねぎ…1個
- にんじん…1本
- ピーマン(赤・緑・黄)…各1個
- にんにく(すりおろし)…小さじ1
- A【赤ワイン50ml、ホールトマト1缶】
- B【トマトケチャップ大さじ3、クミンシード小さじ1、チリパウダー小さじ½、カイエンヌペッパー小さじ¼】
- 塩・こしょう…各少々
- オリーブオイル…大さじ1

作り方
1. ベーコンは細切りにする。玉ねぎは粗みじん切りにする。にんじん、ピーマンは8mm角に切る。
2. フライパンにオリーブオイル、にんにく、ベーコン、玉ねぎ、にんじんを入れて熱し、じっくり炒める。
3. 2にひき肉を加えて炒め、肉の色が変わったらAを加えて煮る。キドニービーンズ、B、ピーマンを入れて10分ほど煮込み、塩、こしょうで味をととのえる。

調理のコツ: ゆでたじゃがいもにのせ、さらに上からチーズをかけて焼いてもおいしいです。

豆＋野菜のおかず

1人分 206kcal ／ 冷蔵 4〜5日間 ／ 冷凍 2〜3週間

ポークビーンズ

ケチャップの風味が合う！

玉ねぎやピーマン、マッシュルームなど、野菜も豊富

材料（4人分）
- ゆで大豆…1カップ
- 豚バラかたまり肉…200g
- 玉ねぎ…½個
- ピーマン…3個
- マッシュルーム…8個
- コーン…100g
- にんにく(すりおろし)…小さじ1
- 塩・こしょう…各少々
- A【トマトケチャップ大さじ4、しょうゆ・酒各大さじ1、塩・こしょう各少々】
- オリーブオイル…大さじ1

作り方
1. 玉ねぎは粗みじん切りにし、ピーマンは1cm角に切る。マッシュルームは4等分に切る。豚肉は小さめのひと口大に切り、塩、こしょうをもみ込む。
2. 鍋にオリーブオイルを熱し、豚肉を炒め、両面おいしそうな焼き色になったら、にんにく、玉ねぎ、マッシュルームを加えて炒める。
3. マッシュルームに火が通ったら、ピーマン、コーン、大豆を加えて炒め、Aを加え、水分がなくなるまでじっくり炒め煮にする。

1人分 357kcal ／ 冷蔵 4〜5日間 ／ 冷凍 2〜3週間

大豆が入って
食べ応えアップ

大豆入りひじき煮

甘いだし汁で煮詰めて、しっかり味つけを

材料（4人分）
ゆで大豆…1カップ
ひじき(乾燥)…20g
油揚げ…2枚
にんじん…小1本
れんこん…小1串
絹さや…18枚
A【だし汁¼カップ、しょうゆ大さじ3、砂糖大さじ2½、酒50㎖、みりん大さじ2】

作り方
1 ひじきはきれいに洗ってから、15分ほど水につけて戻し、水の色がすむまでよく洗う。油揚げは熱湯をかけて油抜きし、短冊切りにする。
2 にんじんは3㎝長さの細切りにする。れんこんはいちょう切りにし、酢水に5分さらして水けをきる。絹さやは筋を取り、さっと塩ゆでして斜め切りにする。
3 鍋にAを入れて火にかけ、煮立ったら、ひじき、油揚げ、にんじん、れんこん、大豆を加え、ときどき混ぜながら汁けがなくなるまで煮詰める。絹さやを加え、混ぜる。

食べ方のコツ ごはんに混ぜても◎。私はひじきの混ぜごはんのとき、玄米や雑穀米を合わせています。おすすめです。

1人分 246 kcal ／ 冷蔵 5日間 ／ 冷凍 2〜3週間

野菜を切って
和えるだけ！

白いんげん豆と
トマトの和え物

酸味のある味わいで、濃厚な料理に合わせても

材料（4人分）
ゆで白いんげん豆…160g
ツナ缶…小1缶
トマト…1個
ピーマン…1個
紫玉ねぎ…¼個
オリーブ(輪切り)…25g
米酢…大さじ1½
塩・こしょう…各少々
オリーブオイル…大さじ3

作り方
1 トマトは1㎝角に切る。ピーマンは粗みじん切りにする。紫玉ねぎはみじん切りにし、水にさらして水けをきる。
2 ボウルに全ての材料を入れ、和える。

調理のコツ 白いんげん豆はまとめてゆで、ゆで汁ごと小分けにして冷凍すると便利。洋風のスープに入れて使っても。

＊おすすめの組み合わせ！＊

牛肉とブロッコリーの
オイスター炒め
→P146

まいたけ肉巻き
→P167

1人分 211 kcal ／ 冷蔵 3〜4日間 ／ 冷凍 NG

ひよこ豆のサラダ
ホクホクした食感の豆で、一皿でも大満足！

材料（4人分）
ゆでひよこ豆…200g
生ハム…4枚
トマト…中1個
きゅうり…1本
紫玉ねぎ…¼個
米酢…大さじ1½
塩…2つまみ
こしょう…少々
オリーブオイル…大さじ3

作り方
1 トマト、きゅうりは8mm角に切る。紫玉ねぎは粗みじん切りにする。生ハムは小さく切る。
2 ボウルに全ての材料を入れ、和える。

調理のコツ よく冷やしてから食べるとおいしいです。ひよこ豆がたっぷり入っているので、満足感のあるサラダです。

＊おすすめの組み合わせ！＊

 かぼちゃとえびのグラタン →P134

 ほうれん草とえびのカレークリーム煮込み →P152

お酢が入ってさっぱり味！
生ハム入りでワインにも合う

豆＋野菜のおかず

1人分 200kcal　冷蔵3〜4日間　冷凍NG

ミックスビーンズとツナのマスタードサラダ
紫玉ねぎとマスタードの辛みが全体のアクセントに

粒マスタードが後引くおいしさ

材料（4人分）
ミックスビーンズ…200g
ツナ缶…90g
きゅうり…1本
紫玉ねぎ…¼個
オリーブオイル…大さじ2½
粒マスタード…大さじ2
塩・こしょう…各少々

作り方
1 きゅうりは輪切りにし、塩少々（分量外）をふって10分ほどおき、水けを絞る。紫玉ねぎは半分の長さに切って薄切りにし、冷水に5分ほどさらして水けを絞る。
2 ボウルにオリーブオイル、粒マスタード、塩、こしょうを入れて混ぜ、ミックスビーンズ、油または水をきったツナ、1を加え、和える。

＊おすすめの組み合わせ！＊

 トマトとたことオリーブの煮込み →P126

 マッシュルームのバイキッシュ →P166

1人分 236kcal　冷蔵3〜4日間　冷凍NG

column
野菜たっぷりごはんレシピ

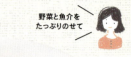

1人分 **631 kcal**

タコライス
タコスミートは多めに作りおきしても

材料（4人分）
タコスミート
- 牛ひき肉…200g
- A【チリパウダー小さじ1、ソース・トマトケチャップ各大さじ1½、しょうゆ小さじ2、塩・こしょう各少々】
- 好みの植物油…小さじ2

トマト…1個
アボカド…1個
レタス…¼個
コーン…⅔カップ
シュレッドチーズ…50g
タコスチップス…適量
ごはん…4膳
マヨネーズ…適量

作り方
1 タコスミートを作る。フライパンに植物油を熱し、ひき肉を炒め、Aを加え、汁けがなくなるまで炒める。
2 トマト、アボカドは1cm角に切り、レタスは太めのせん切りにする。
3 器にごはん、2、1、チーズ、タコスチップスを順にのせ、マヨネーズをかけ、さらにコーンをのせる。

1人分 **252 kcal**

野菜サラダ寿司
寿司めしに刺身と野菜をたっぷりのせて

材料（4人分）
トマト…½個
サーモン（刺身）…1さく
ゆでえび…12尾
ベビーリーフ…2袋
A【卵2個、砂糖小さじ1、塩2つまみ】
ごはん…2合分
寿司酢…大さじ4
焼きのり…½枚
オリーブオイル・しょうゆ…各適量

作り方
1 トマトは1cm角に切る。サーモンはそぎ切りにする。
2 Aは混ぜ合わせ、炒り卵を作っておく。
3 ごはんに寿司酢を混ぜる。
4 器に3を盛り、焼きのりをちぎってのせ、1、えび、ベビーリーフ、2をのせる。仕上げに、オリーブオイル、しょうゆをかける。

おすすめ！ごはんにのせて食べてもおいしいおかず

 野菜の肉みそ炒め →P77

 玉ねぎと豚肉のしょうゆ炒め →P159

 レンジ麻婆なす →P169

 トマトとえびのココナッツカレー煮込み →P198

ワンプレートのごはん料理も、野菜をたっぷり使えば、それだけで栄養満点の一皿に。
彩り豊かなごはん料理なら、お友達が来たときのランチやおもてなしにも。

お好きなきのこで作ってみて

1人分 396kcal

きのこトマトリゾット
きのこがたっぷり入った旨味の濃い一品

材料（4人分）
- きのこ（エリンギ、まいたけ、しめじ、しいたけなど）…合わせて約200g
- ベーコン…4枚
- にんにく（みじん切り）…1かけ分
- A【塩適宜、こしょう少々、トマトジュース380ml、水300ml】
- ごはん…4膳
- オリーブオイル…大さじ1½
- パルメザンチーズ（すりおろし）…適量
- 粗びき黒こしょう・パセリ（みじん切り）…各適量

作り方
1 きのこは粗みじん切りにし、ベーコンはせん切りにする。
2 鍋にオリーブオイル、にんにくを入れて弱火にかけ、香りが立ってきたらベーコン、きのこの順に加えて炒め、Aを加える。沸騰したらごはんを加え、ごはんが水分を吸うまで中火にかける。
3 器に2を盛り、チーズをたっぷりとかけ、こしょうをひき、オリーブオイル少量（分量外）を回しかけ、パセリを散らす。

具だくさんで満足の一品

1人分 488kcal

中華丼
野菜と魚介たっぷりのとろみあんをかけて

材料（4人分）
- 白菜…⅙個
- 小松菜…½束
- にんじん…⅓本
- しめじ…½袋
- ヤングコーン…6本
- 豚バラ薄切り肉…4枚
- むきえび…8尾
- するめいか…小1杯
- うずらの卵（水煮）…8個
- A【水100ml、酒50ml、しょうゆ大さじ1、砂糖2つまみ、塩小さじ¼】
- 水溶き片栗粉…片栗粉大さじ½＋水大さじ½
- ごま油…小さじ1
- ごはん…4膳

作り方
1 白菜はやわらかい部分とかたい部分に分け、食べやすい大きさに切る。小松菜は4cm幅に切り、にんじんは短冊切りにする。ヤングコーンは半分に切り、しめじは石づきを取り、小房に分ける。豚肉は2cm幅に切り、えびは背わたを取り除く。するめいかは皮をむいて内臓を取り除き、輪切りにする。
2 フライパンにごま油を熱し、豚肉を炒め、余分な脂をペーパータオルなどで取り除く。白菜、小松菜のかたい部分、にんじんを加えて炒め、しめじ、えび、いか、うずらの卵、ヤングコーンを加えて炒める。Aを加えて煮込み、最後に白菜、小松菜のやわらかい部分を加え、水溶き片栗粉でとろみをつける。
3 器にごはんを盛り、2をかける。

105

column

野菜たっぷりサンドイッチレシピ

マヨネーズが
アクセントに！

クリームチーズで
まろやか！

1人分
382 kcal

きんぴらごぼうドッグ
豚肉入りのきんぴらだから、旨味＆ボリューム満点！

材料（4人分）
- ごぼう…½本
- にんじん…½本
- 豚バラ薄切り肉…3枚
- 塩…少々
- A【みりん大さじ2、しょうゆ大さじ1、砂糖小さじ1、塩少々】
- ごま油…大さじ1
- ホットドッグ用パン…4個
- サラダ菜・マヨネーズ・白いりごま…各適量

作り方
1 ごぼう、にんじんは細切りにする。豚肉は2cm幅に切る。
2 フライパンにごま油を熱し、ごぼう、にんじんを加えて炒める。透明感が出てきたら塩をふって炒め、豚肉を加えて炒める。にんじんがやわらかくなったら、Aを加えて汁けがなくなるまで強火で炒め絡める。
3 パンに縦に切り目を入れ、サラダ菜、2を順に挟む。マヨネーズをかけ、白いりごまを散らす。

きんぴらごぼう以外にも、チリコンカン（P101）を挟んでピザ用チーズをのせて焼いて食べてもおいしい！

1人分
376 kcal

にんじんツナクリームチーズサンド
にんじんときゅうり各1本を使いきってサンドイッチに

材料（4人分）
- にんじん…1本
- 紫玉ねぎ…⅙個
- ツナ…小1缶
- クリームチーズ（常温に戻す）…200g
- きゅうり…1本
- 塩・こしょう…各少々
- 食パン（8枚切り）…4枚

作り方
1 にんじんは3cm長さのせん切りにする。紫玉ねぎは細切りにし、冷水にさらして水けをきる。きゅうりは輪切りにし、塩もみして水けをきる。
2 ボウルに1、油をきったツナ、クリームチーズ、塩、こしょうを入れ、混ぜる。
3 食パンに2をのせて挟み、ラップで包む。冷蔵庫に15分ほどおき、食べやすい大きさに切る。

紫キャベツとあんぽ柿、りんごのサラダ（P133）や、焼き野菜のマリネ（P121）をサンドしても◎。

いつものサンドイッチは野菜が足りず、栄養も偏りがち。
野菜をたっぷり挟んだサンドイッチなら、一皿で食べ応えもあり、野菜不足も解消できます。

オムレツの彩りがきれい！

1人分 360 kcal

野菜オムレツサンド
野菜をたっぷり使ったオムレツを挟んで食べ応えも◎

材料（4人分）
- 小松菜…4株
- トマト…中1個
- 卵…5個
- 粉チーズ…20g
- 牛乳…大さじ2
- コーン…1カップ
- 食パン（8枚切り）…4枚
- バター…20g（オムレツ用）
- バター…適量（パンにぬる用）

作り方
1. 小松菜は1cm幅に切り、トマトは種とゼリー状の部分を取り除き、1cm角に切る。
2. ボウルに卵を溶き、チーズ、牛乳を加えて混ぜ、1、コーンを加えてさらに混ぜる。
3. フライパンにバター半量を熱し、2を半量流し入れ、オムレツを作る。同様にしてオムレツを2個作る。
4. パンにバターを塗り、3をのせて挟み、ラップで包む。冷蔵庫に15分ほどおき、食べやすい大きさに切る。

> 青大豆の明太サラダ（P100）やキャロットラペ（P129）、かぼちゃとゆで卵のサラダ（P134）を挟んでも！

満足感のあるベーグルサンド

1人分 341 kcal

ごぼうサラダベーグル
ごぼうサラダをはみ出すぐらいたっぷり挟んで

材料（4人分）
- ごぼう…½本
- ハム…4枚
- 塩…少々
- 酒…小さじ2
- A【しょうゆ小さじ2、マヨネーズ大さじ1½、こしょう少々、パセリ（みじん切り）適量】
- ベーグル…4個
- オリーブオイル…小さじ2
- サラダ菜…適量

作り方
1. ごぼうは3cm長さの細切りにし、酢水に5分ほどつける。ハムは半分に切り、細切りにする。
2. フライパンにオリーブオイルを熱し、ごぼうを入れて炒める。塩、酒を加えて汁けがなくなるまで炒め、そのまま冷ます。
3. 2にA、ハムを加え、和える。
4. ベーグルを半分の厚さに切り、サラダ菜、3をのせて挟む。

> ケチャップをぬったズッキーニのオムレツ（P155）や、玉ねぎとサーモンのレモンマリネ（P159）を挟んで食べても。

column

香味野菜のストックで簡単レシピ

味や食感にアクセントを出してくれるうえに、さっぱりと食べられる香味野菜。
数種類の香味野菜をまとめて切って、ストックしておけば、気軽に使えて便利です。

基本の香味野菜
冷水につけてシャキッとさせればよりおいしい！

材料と作り方（作りやすい分量）
1 万能ねぎ1束は小口切りにし、みょうが6個は薄切りにする。青じそ20枚は縦半分に切り、細切りにする。
2 1を冷水に5分ほどつけ、水けをきる。
3 保存容器にペーパータオルを敷き、2を入れて保存する。

香味野菜しゃぶしゃぶ

ポン酢しょうゆで簡単味つけ！

豚肉もたっぷりの香味野菜でさっぱりいただける

材料（4人分）
基本の香味野菜…2つかみ
豚しゃぶしゃぶ用肉…400g
酒…50㎖
ポン酢しょうゆ…50㎖

作り方
1 鍋に湯を沸かし、酒を入れ、豚肉をしゃぶしゃぶして火を通し、水けをきる。
2 1をポン酢しょうゆ、香味野菜と和える。

1人分 **205 kcal**

香味野菜とたことれんこん

冷やしてから食べても◎

たことれんこんの食感が楽しめる！

材料（4人分）
基本の香味野菜…1つかみ
ゆでたこ（足）…2本
れんこん…1節
オリーブオイル…大さじ2
しょうゆ…小さじ2
塩・こしょう…各少々

作り方
1 れんこんは乱切りにし、酢適量（分量外）を入れた熱湯でゆで、冷ます。たこは1cm幅に切る。
2 ボウルに全ての材料を入れ、和える。

1人分 **108 kcal**

香味野菜とツナ卵サラダ

香味野菜が味のアクセントに

卵とツナのコクに、香味野菜が引き立つ！

材料（4人分）
基本の香味野菜…2つかみ
ゆで卵…3個
ツナ缶…小1缶
マヨネーズ…大さじ4
塩・こしょう…各少々

作り方
1 ボウルにゆで卵を手で4等分に割って入れ、残りの材料も加え、和える。

1人分 **190 kcal**

香味野菜とじゃこ、カリカリ油揚げ

厚めの油揚げを使うのがおすすめ

ごまと香味野菜で風味豊かな一品！

材料（4人分）
基本の香味野菜…2つかみ
ちりめんじゃこ…大さじ3
油揚げ…2枚
A【白いりごま大さじ2、しょうゆ大さじ1、オリーブオイル大さじ2½】

作り方
1 じゃこはごま油を熱したフライパンでカリカリに炒める。油揚げはオーブントースターできつね色に焼き、短冊切りにする。
2 ボウルに1、香味野菜を入れて混ぜ、Aを加えてさっと和える。

1人分 **143 kcal**

PART 4

\ 何品も作って栄養満点! /

野菜のサブおかず

色別の野菜を使ったシンプルなサブおかずをたくさん作りおきしておけば、
彩りのいい献立も簡単です。サラダ、マリネ、漬物などのおかずも
たくさん作って、食卓をにぎやかに!

作りおき **野菜** おかずでラクうま ランチ ①

野菜煮込みハンバーグ
パスタランチ

総エネルギー **812 kcal**

一皿で華やか!
急な来客にも◎

ボリューム満点の野菜煮込みハンバーグを作りおきしておけば、ゆでてオリーブオイルで和えたパスタを添えるだけで、立派なおしゃれランチに。お友達が来たときにも重宝します。

野菜煮込みハンバーグ ▶▶ P77
パスタrecipe
〈1人分〉スパゲッティ60gを袋の表示通りにゆで、オリーブオイル小さじ2、塩・こしょう少々で和える。器に盛り、野菜煮込みハンバーグ1人分をのせ、バジル適量を添え、パルメザンチーズ適量をかける。

812 kcal

memo　いろいろなシーンにおすすめ!
1人のときや簡単にすませたいときはもちろん、野菜煮込みハンバーグはこれだけで豪華なおかずになるので、ゲストがいるときにもおすすめのパスタランチです。パルメザンチーズをかけてバジルをのせれば、お店のような雰囲気に! パスタはショートパスタなどお好みのものでどうぞ。

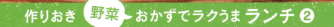
作りおき 野菜 おかずでラクうま ランチ❷

そばサラダとかき揚げランチ

葉野菜などたっぷり盛り合わせたそばサラダには、作りおきのかき揚げを添えて。
かき揚げは数種類作りおきしておくと、いろいろな味が楽しめるのでおすすめです。

総エネルギー
934 kcal

・みょうが、なす、じゃこのかき揚げ ▶▶P48
・とうもろこし、ピーマン、ウインナーのかき揚げ ▶▶P48
・玉ねぎ、豚肉、にらのかき揚げ ▶▶P48
もずく、にんじん、ねぎのかき揚げ(P46)や、じゃがいも、青じそのかき揚げ(P49)などお好みのかき揚げでOK。 **608 kcal**

そばとかき揚げの
間違いない組み合わせ

そばサラダ ▶▶P177
ここでは白いりごまは入れずに。もちろん入れて作ってもおいしい！ **326 kcal**

memo
暑い夏におすすめのそばサラダ
野菜をたっぷり入れた冷たいそばサラダは、夏など食欲のないときでも、するすると食べられる一品です。お好みの野菜のかき揚げを何個か合わせると、ボリュームアップします。寒い季節には、温かいおそばにかき揚げをのせて食べてもいいですね。

111

作りおき **野菜** おかずでラクうま ランチ ❸

サンラータン麺と
コロッケランチ

総エネルギー **757** kcal

作りおきのサンラータンスープがあれば、中華麺と合わせて、即席ランチも簡単！
辛めのスープなので、ちょっと甘いかぼちゃのコロッケを添えるとおいしい。

ガッツリ食べたい日の
ランチにぴったり

サンラータン麺recipe
〈1人分〉鍋にサンラータン（P188）2カップ、ゆでた中華麺1人分を入れ、火にかけて温める。　**543 kcal**

かぼちゃのミートコロッケ
▶▶P64
ボリューム満点のサンラータン麺には、ひと口サイズのコロッケを。　**214 kcal**

memo
添えるおかずはお好みのもので
酸味がクセになるサンラータンに中華麺を加えれば、ガッツリ食べられるランチに。これだけでも満足ですが、麺だけでなくちょこっとおそうざいを添えられるのは、作りおきならではですね。コロッケに限らず、お好みのおかずを添えて楽しめます。

作りおき **野菜** おかずでラクうま **ランチ 4**

アッシェパルマンティエの パンランチ

総エネルギー **581 kcal**

ひき肉とマッシュポテトをオーブンで焼き上げたアッシェパルマンティエがあれば
こんがりバゲットとグリーンサラダを添えるだけで、ボリューム満点ランチも簡単です。

野菜をこんもりのせて
バランスよく!

バゲット
お好みの厚さに切ったバゲットは、そのままでもオーブントースターで焼いて食べても。
50 kcal

memo
たっぷりの野菜を添えた一皿に

濃厚なアッシェパルマンティエには、たっぷりのベビーリーフのサラダを盛りつけてバランスのよいワンプレートに仕上げました。サラダにはお好みでミニトマトなどを入れてもさらに彩りがよくなります。温めてカリッと焼いたバゲットにアッシェパルマンティエをのせて召し上がれ。

アシェパルマンティエ ▶ P79
1人分を取り出してアルミホイルで包み、トースターで温めるのが◎。
487 kcal

グリーンサラダrecipe
〈1人分〉ベビーリーフ1袋を冷水に20分ほどつけてシャキッとさせ、水けをきる。オリーブオイル小さじ1、塩・こしょう各少々で和える。
44 kcal

113

サラダ

おもてなしに！
彩り豊かなサラダのおいしい作り方

パプリカとカッテージチーズとオリーブのサラダ

パラパラと崩れるカッテージチーズが全体に絡んで、まろやかな味わいをプラス！
パプリカとれんこんの歯応えで、食べ応え満点。

1人分 172kcal
冷蔵 3日間
冷凍 NG

彩りがいいから
おもてなしにも！

• 材料（4人分）

ベビーリーフ…1袋
ミニトマト…1パック
パプリカ（黄）…1個
れんこん…細め1節
オリーブ（輪切り）…25g
オリーブオイル…小さじ1～2
A【オリーブオイル…大さじ1
　バルサミコ酢…大さじ1½
　塩…2つまみ】
B【オリーブオイル…大さじ2～3
　バルサミコ酢…大さじ1
　塩…2つまみ
　こしょう…少々】
カッテージチーズ…大さじ4

• 作り方

1 ベビーリーフを冷水につける
ベビーリーフは冷水につけてシャキッとさせる。

2 野菜を切る
ミニトマトは横半分に切り、パプリカは1.5cm角に切る。

3 れんこんをゆでる
れんこんは乱切りにし、酢適量（分量外）を入れた熱湯でゆでる。

4 パプリカを炒める
フライパンにオリーブオイルを熱し、パプリカをさっと炒める。

5 和える
ボウルに3、4、A、を入れ、和える。

6 残りの具材を和える
5に1、ミニトマト、B、オリーブを加えて和え、仕上げにカッテージチーズをのせる。

湯引きまぐろ、くるみ、ねぎ、にんじんのサラダ

酢としょうゆを加えたドレッシングでさっぱりと

しょうゆ味でごはんに合うサラダ

材料（4人分）
- まぐろ…1さく
- にんじん…½本
- 万能ねぎ（小口切り）…2本分
- ベビーリーフ…1袋
- くるみ（炒る）…大さじ3
- A【オリーブオイル大さじ2、しょうゆ大さじ1、粒マスタード・酢各小さじ2、塩・こしょう各少々】

作り方
1. まぐろは熱湯にかけて表面の色が白っぽくなったら、氷水にさらし、水けをきって1.5cm角に切る。にんじんは細切りにする。
2. ボウルにAを入れてよく混ぜ、1、くるみ、万能ねぎを加えてさっと和え、ベビーリーフを加えてさっと混ぜる。

1人分 209 kcal／3日間／冷凍NG

ヤムウンセン

スイートチリにナンプラーを加えてさらにおいしく

エスニック好きはたまらない一品

材料（4人分）
- 春雨（乾燥）…80g
- 豚バラ薄切り肉…120g
- ゆでえび…4尾
- 紫玉ねぎ…½個
- きゅうり…1本
- パクチー…ひとつかみ
- さやいんげん…8本
- 塩・酒…各適量
- A【スイートチリソース大さじ3、ナンプラー小さじ2、オリーブオイル大さじ1】

作り方
1. 春雨は熱湯に5分つけて戻し、食べやすい長さに切り、水けをよくきる。豚肉は食べやすい大きさに切り、酒と塩を加えた熱湯でゆで、冷ます。
2. 紫玉ねぎはみじん切りにし、きゅうりは小口切りにする。パクチーは粗く刻む。いんげんは筋を取って塩ゆでし、斜め薄切りにする。
3. ボウルに1、2、Aを入れ、和える。

1人分 264 kcal／3日間／冷凍NG

たことじゃがいものサラダ

ホクホクした食感で、これ一皿でも大満足！

ごろっと入った具材で満足感◎

材料（4人分）
- ゆでだこ（足）…2本
- じゃがいも…2個
- 紫玉ねぎ…¼個
- バジル…10枚
- A【オリーブオイル大さじ3、塩・こしょう各少々、レモンの搾り汁大さじ1】

作り方
1. たこは薄切りにする。じゃがいもは熱湯で竹串がすっと通るまでゆで、皮をむき、ひと口大に切る。紫玉ねぎは薄切りにする。
2. ボウルにAを入れて混ぜ、1、バジルを加えてさっと和える。

1人分 204 kcal／3〜4日間／冷凍NG

サラダ

ひじきとれんこんのサラダ
和風食材をオリーブオイルで和えてコクをプラス

和食にも洋食にも合うサラダ！

1人分 180 kcal　冷蔵 5日間　冷凍 NG

材料（4人分）
- ゆでえび…10尾
- 芽ひじき（乾燥）…10g
- 発芽大豆…100g（むき枝豆やゆで大豆でもOK）
- れんこん…150g
- A【しょうゆ小さじ1、レモンの搾り汁小さじ2、塩・こしょう各少々、オリーブオイル大さじ3】

作り方
1. ひじきはさっと洗い、5分ほど水につけて戻してからさっとゆでる。発芽大豆は1分ほどゆでて粗熱をとる。れんこんはいちょう切りにし、酢水（分量外）に5分ほどさらしてから、2分ほどゆでる。
2. 1はそれぞれ水けをしっかりきってボウルに入れ、えび、Aを加えて和える。

春雨ごまサラダ
ふわりと香るごまの風味が食欲をそそる

2種類のごまでコクのあるサラダ

1人分 127 kcal　冷蔵 3〜4日間　冷凍 NG

材料（4人分）
- 春雨（乾燥）…50g
- にんじん…大1/3本
- セロリ…1/3本
- きゅうり…1/2本
- 紫玉ねぎ…1/4個
- A【白すりごま大さじ2、白練りごま大さじ1、しょうゆ大さじ2、酢大さじ1、ごま油小さじ1】

作り方
1. 春雨は熱湯に5分つけて戻し、食べやすい長さに切り、水けをよくきる。にんじん、セロリ、きゅうりはせん切りにする。紫玉ねぎは薄切りにする。
2. ボウルに1、Aを入れ、混ぜる。

調理のコツ：春雨は戻し過ぎないようにしましょう。そうすることで、保存している間に余分な水分を吸ってくれるので、あまり水っぽくならずに食べられます。

ポテトサラダ
電子レンジで蒸せるから、手軽に作れる！

じゃがいもはレンジで簡単加熱

1人分 353 kcal　冷蔵 4〜5日間　冷凍 NG

材料（4人分）
- じゃがいも…4個
- 玉ねぎ…1/4個
- きゅうり…中1本
- ハム…4枚
- ゆで卵…3個
- マヨネーズ…大さじ山盛り7
- 塩…小さじ1/2
- こしょう…少々

作り方
1. じゃがいもはラップをして電子レンジで6〜8分、竹串がすっと通るまで加熱する。玉ねぎは薄切りにし、冷水につけて水けをきる。きゅうりは輪切りにし、塩もみしてから水けをきる。ハムは短冊切りにする。ゆで卵は手でざくざく割る。
2. じゃがいもは熱いうちに皮をむき、ボウルに入れて粗くつぶし、粗熱をとる。
3. 2にマヨネーズを加えて混ぜ、残りの1を加え、塩、こしょうも加えてざっくりと混ぜる。

チョップドサラダ

トレンドの刻みサラダは食材の歯応えが重要！

レモンを搾ってさわやかな一品！

材料（4人分）
- ゆでだこ（足）…1本
- きゅうり…1本
- トマト…大1個
- 紫玉ねぎ…¼個
- 塩・こしょう…各少々
- レモンの搾り汁…大さじ1
- オリーブオイル…大さじ1½

作り方
1. たこは小さめのひと口大に切る。きゅうりは1cm幅の半月切りにし、トマト、紫玉ねぎは1cm角に切る。
2. ボウルに塩、こしょう、レモンの搾り汁を入れ、1を加えてさっと和える。仕上げにオリーブオイルを加えて絡める。

調理のコツ　野菜は小さく切り過ぎないほうが、長く保存するときに水っぽくならずに食べられます。また、辛味が苦手な人は、紫玉ねぎなどを冷水にさらしてから調理することで、辛味がやわらぎ食べやすくなります。

1人分 93kcal / 冷蔵 2～3日間 / 冷凍 NG

レタスとカリカリじゃこのサラダ

レモンの酸味が効いた、さわやかな一品

じゃこの塩けが後を引く！

材料（4人分）
- レタス…1個
- ちりめんじゃこ…30g
- オリーブオイル…小さじ1＋大さじ1～2
- レモンの搾り汁…½個分
- 塩・こしょう…各少々

作り方
1. レタスは芯をくり抜き、冷水に20分ほどつけてシャキッとさせてから水けをきり、手で4等分にちぎる。
2. フライパンにオリーブオイル小さじ1を熱し、ちりめんじゃこをカリカリに炒める。
3. 保存容器にレタスを入れ、オリーブオイル大さじ1～2、レモンの搾り汁、塩、こしょう、ちりめんじゃこをかける。

1人分 64kcal / 冷蔵 2日間 / 冷凍 NG

シーザーサラダ

大きめに割ったゆで卵で、食べ応えアップ

手作りのドレッシングが美味

材料（4人分）
- ベーコン…4枚
- サニーレタス…⅓束
- ゆで卵…3個
- バゲット…約5cm
- A【アンチョビ（みじん切り）1枚分、にんにく（すりおろし）小さじ¼、ヨーグルト大さじ2、マヨネーズ大さじ4、パルミジャーノチーズ（すりおろし）大さじ3、塩1つまみ】
- 粗びき黒こしょう…適量

作り方
1. ベーコンは1cm幅に切り、フライパンでカリカリに炒める。サニーレタスは氷水につけてシャキッとさせ、サラダスピナーで水けをしっかりときり、手で食べやすい大きさにちぎる。ゆで卵は手で4等分に割る。
2. バゲットは1.5cm角にちぎり、多めのオリーブオイル（分量外）で揚げ焼きにする。
3. ボウルに1、2を入れてさっと和え、食べるときに混ぜ合わせたAと、好みで粗びき黒こしょうを多めにかける。

1人分 338kcal / 冷蔵 2日間 / 冷凍 NG

サラダ

マリネ

旬のそら豆で！ **コクありマリネのおいしい作り方**

えびとそら豆のマリネ

赤唐辛子とにんにくの風味がアクセントとなった、ちょっとピリ辛なマリネの完成。
少量でも食べ応えがあり、主役にもなる一品です。

1人分 209 kcal　 冷蔵 1週間　 冷凍 2週間

 タイムが入ったさわやかなマリネ

白ワインにもよく合う！

• 材料（4人分）

えび…20尾
そら豆…1袋
にんにく（粗みじん切り）
　…½かけ分
赤唐辛子（種を取る）…1本分
タイム…2本
塩・こしょう…各少々
オリーブオイル…大さじ5

• 作り方

1 そら豆をゆでる
そら豆は鞘から出してゆで、薄皮をむく。

4 にんにくの香りを出す
フライパンにオリーブオイル、にんにく、赤唐辛子を入れて弱火にかけ、にんにくの香りが立ち、ふつふつするまで加熱する。

2 えびの下準備
えびは殻をむき、背わたを取り除く。

5 えび、タイムを炒める
えび、タイムを加えて、えびに火が通るまで炒める。

3 えびに塩、こしょうをもむ
2の上下を少し切って形をそろえ、水けをきり、塩、こしょうをもみ込む。

6 そら豆を加える
そら豆を加えてさっと和え、火を止めてそのまま粗熱をとる。

きのこのマリネ
お好みのきのこを数種類混ぜて作ってみよう

材料（4人分）
- しめじ・マッシュルーム・エリンギ…各1パック
- A【にんにく（みじん切り）1かけ分、赤唐辛子（種を取る）1本分、ローリエ1枚、オリーブオイル50ml】
- 塩…2つまみ
- 米酢…大さじ2
- しょうゆ・みりん…各小さじ2

作り方
1. しめじは石づきを取り、半分に切る。マッシュルームは軸を取り、半分に切る。エリンギは4cm長さに切り、縦3〜4等分に切る。
2. フライパンにAを入れて火にかけ、にんにくがふつふつとしてきたら、1を加えて炒める。油が回りしんなりしたら、塩、米酢、しょうゆ、みりんを加えて炒める。

1人分 130kcal　冷蔵1週間　冷凍2週間

セロリ、チーズ、マッシュルームのマリネ
チーズのコクで、セロリが苦手でも食べやすい

材料（4人分）
- セロリ…1本
- マッシュルーム…1パック
- プロセスチーズ…30g
- 塩・こしょう…各少々
- 酢…大さじ1
- オリーブオイル…大さじ3

作り方
1. セロリは薄切りにし、マッシュルームは軸を取り、薄切りにする。チーズは細切りにする。
2. ボウルに全ての材料を入れ、和える。

調理のコツ：かたまりのパルメザンチーズが手に入れば、削るか包丁で切って入れると、チーズが主役のマリネに！ チーズはラップできゅっと包んでからアルミホイルで覆い、野菜室で保管すると1カ月はおいしく食べられます。

1人分 115kcal　冷蔵1週間　冷凍NG

とうもろこしと紫玉ねぎのマリネ
甘いコーンと辛みのある玉ねぎの味わいは相性抜群

材料（4人分）
- とうもろこし…2本（缶詰め1½カップでもOK）
- 紫玉ねぎ…½個
- 青じそ…4枚
- オリーブオイル…大さじ3
- 塩…小さじ¼
- こしょう…少々

作り方
1. とうもろこしはゆで、実をこそげ取る。紫玉ねぎはみじん切りにする。青じそは縦半分に切り、横にせん切りにする。
2. ボウルに全ての材料を入れて和え、冷蔵庫でよく冷やしてから食べる。

1人分 162kcal　冷蔵3日間　冷凍NG

焼きなすとたこのマリネ
グリルしてから冷やした焼きなすは、甘みたっぷり

にんにくじょうゆで
ごはんに合う

材料（4人分）
- なす…中4本
- ゆでだこ（足）…1本（約200g）
- 万能ねぎ…3本
- A【ごま油大さじ3、しょうゆ大さじ1、塩少々、にんにく（すりおろし）少量、白いりごま大さじ1、レモンの搾り汁小さじ2】

作り方
1. なすは魚焼きグリルなどで皮ごと焼いて皮をむき、食べやすく切り、冷蔵庫で冷やす。
2. たこは1cm角に切り、万能ねぎは小口切りにする。
3. ボウルに1、2、混ぜ合わせたAを入れて和え、冷蔵庫で冷やす。

1人分 167 kcal / 冷蔵 3〜4日間 / 冷凍 NG

いかと野菜のマリネ
白ワインビネガーの優しい酸味でスッキリと

食欲のない夏でも食べやすい

材料（4人分）
- トマト…1個
- 紫玉ねぎ…1/4個
- ピーマン…1個
- するめいか…小2杯
- A【オリーブオイル1/2カップ、レモンの搾り汁1/2個分、白ワインビネガー（米酢でもOK）大さじ1 1/2、塩2つまみ、ローリエ1枚、こしょう少々】

作り方
1. トマトは種を取り、粗みじん切りにする。紫玉ねぎはみじん切りにし、冷水に5分ほどさらして水けをよくきる。ピーマンはみじん切りにする。
2. 保存容器に1、Aを入れて混ぜる。
3. するめいかは皮をむいて内臓と目玉を取り除き、げその先を切り落とし、胴は輪切りにする。酒を入れた熱湯でさっとゆでる。
4. 3を2に加え、冷蔵庫で冷やす。

1人分 286 kcal / 冷蔵 3〜4日間 / 冷凍 NG

牛しゃぶとせりのマスタードマリネ
しょうゆとマスタードを加えたコクありマリネ

マスタードが効いておいしい！

材料（4人分）
- 牛しゃぶしゃぶ用肉…250g
- せり…1束
- A【オリーブオイル大さじ2〜3、粒マスタード大さじ1 1/2、しょうゆ小さじ2、塩・こしょう各少々、酢大さじ1】

作り方
1. 鍋に湯を沸かし、牛肉をしゃぶしゃぶして冷ます。
2. せりはさっと塩ゆでして水けをきり、2cm幅に切る。
3. ボウルにAを入れて混ぜ、1、2を加えて和える。冷蔵庫でよく冷やしてから食べる。

調理のコツ せりが手に入らなければ、ざく切りにした三つ葉や、小口切りにした万能ねぎを代わりに使ってもおいしいです。

1人分 209 kcal / 冷蔵 3〜4日間 / 冷凍 NG

かぶと生ハムのマリネ

生ハムの塩けがかぶの甘みを引き出す！

おもてなしにもおすすめ！

材料（4人分）
- かぶ…大3個
- かぶの葉…あれば1個分
- 生ハム…4枚
- オリーブオイル…大さじ3
- 酢…大さじ1
- 塩・こしょう…各少々

作り方
1. かぶは皮をむいてくし形切りにする。塩もみし、水けをきる。葉はざく切りにする。生ハムは食べやすい大きさに切る。
2. ボウルに全ての材料を入れ、和える。冷蔵庫でよく冷やしてから食べる。

調理のコツ　かぶは薄く切り過ぎずに、ある程度食べ応えあるように少しだけ厚みがあるように切ってから、塩もみをしてしんなりさせ、食べやすくするのがおすすめです。

1人分 120kcal　冷蔵2〜3日間　冷凍NG

ほたてとみょうがときくらげのマリネ

歯応えのある具材で、食べ応え十分！

材料（4人分）
- ほたて（刺身用）…16個
- みょうが…2個
- きくらげ…5個
- 塩…小さじ¼
- 薄口しょうゆ…大さじ1
- ごま油…大さじ2

作り方
1. みょうがは縦半分に切って斜め薄切りにし、冷水にさらして水けをきる。きくらげは水で戻し、せん切りにする。
2. ボウルに全ての材料を入れ、和える。冷蔵庫でよく冷やしてから食べる。

調理のコツ　みょうがの風味でさっぱりいただけます。ほたてがなければ、たこやえびを代用してもおいしいです。その日の気分でアレンジしてみるのもおすすめです。

1人分 165kcal　冷蔵3〜4日間　冷凍NG

焼き野菜のマリネ

野菜はじっくり焼いて、旨味をぎゅっと閉じ込めて

彩りと焼き目でテーブルが明るく！

材料（4人分）
- パプリカ（赤・黄）…各½個
- なす…15cmくらいのもの3本（長いなすなら半分の長さに切る）
- ズッキーニ…1本
- オリーブオイル…大さじ3
- 塩…3つまみ
- A【オリーブオイル大さじ2、酢大さじ1、塩・こしょう各少々】

作り方
1. パプリカは4等分に切る。なすは縦3等分に切る。ズッキーニは半分の長さに切り、縦3等分に切る。
2. ボウルに1、オリーブオイル、塩を入れて混ぜ、グリルパンまたはフライパンで焼く。
3. 2をバットなどに入れ、Aを加えてラップをし、冷蔵庫で冷やしてから食べる。

1人分 168kcal　冷蔵3〜4日間　冷凍NG

マリネ

生ハムがお酒との相性◎

しょうゆとごま油で和風マリネ！

ピクルス・漬物

シャキシャキ漬物のおいしい作り方

水キムチ

唐辛子を使わずに作っているから辛くない水キムチ。発酵食品なので健康にもうれしいおかずです。食べるときは汁を飲むのも忘れずに。

1人分 54kcal / 冷蔵 1〜2週間 / 冷凍 NG

漬け加減はお好みでどうぞ!

• 材料（4人分）

A【水400㎖、塩小さじ2、上新粉小さじ1】
りんご…½個
レモンの搾り汁…⅓個分
B【大根（拍子木切り）⅛個分、白菜（ざく切り）4枚分、にんじん（拍子木切り）½本、きゅうり（縦半分に切り、斜め切り）2本分】
塩…小さじ1弱
C【酢大さじ4、にんにく・しょうが（薄切り）各½かけ分】

• 作り方

1 漬け汁を作る

鍋にAを入れて火にかける。煮立ったら火を止め、冷ます。上新粉を入れずに米のとぎ汁を400㎖でもOK。

2 材料を切る

りんごは皮ごとよく洗い、ヘタを取り、薄切りにし、レモンの搾り汁を和える。Bの野菜も切っておく。

3 Bを塩でもむ

Bを合わせて450gほど、ボウルに入れ、塩を加えてもみ、30分ほど常温におく。

4 水けを絞る

3の野菜の水けをしっかりと絞る。

5 漬け汁を加える

密閉袋にりんご、4を入れ、C、1を加える。空気を抜いてジッパーを閉じる。

6 もんで常温におく

袋の上からしっかりともみ、夏は半日ほど、冬は2〜3日ほど、酸味が出るまで常温におく。

きゅうり、ミニトマト、うずらの卵のピクルス

まろやかな味のうずらの卵が加わり、食べやすい

材料（4人分）
- きゅうり…2本
- ミニトマト…8個
- うずらの卵（水煮）…8個
- A【寿司酢100㎖、米酢50㎖、水50㎖、ローリエ1枚】

作り方
1. きゅうりは縦半分に切り、乱切りにする。
2. 保存容器に1、ミニトマト、うずらの卵、Aを入れ、冷蔵庫で冷やす。

調理のコツ　Aのピクルス液を使えば、他の野菜を使ってもおいしいピクルスが作れるので、覚えておくととっても便利です。大根やかぶ、みょうがなど、いろいろと試してみて！

1人分 65kcal／冷蔵1週間／冷凍NG

ゆず大根

ゆずの香りとほのかに甘い酢の味わいがさわやか

材料（4人分）
- 大根…¼本
- 塩…3つまみ
- ゆず…½個
- A【米酢大さじ2、砂糖大さじ1½】

作り方
1. 大根はいちょう切りにし、塩をまぶしてしっかりともみ、水けをきる。
2. ゆずは果汁を搾り、皮は白い部分を取り除き、せん切りにする。
3. A、ゆずの果汁をよく混ぜて密閉袋に入れ、1、ゆずの皮を加え、もみ込み、漬ける。

調理のコツ　ゆずが手に入らない季節なら、レモンで代用して作ってもOK！　国産のものを選びましょう。

1人分 27kcal／冷蔵1週間／冷凍NG

柴漬け風

2～3日で完成する、数種の野菜のお漬物

材料（4人分）
- なす…3本
- きゅうり…2本
- みょうが…2本
- しょうが…1かけ
- 塩…約10g
- 青じそ…20枚
- A【赤梅酢大さじ4、みりん大さじ1】

作り方
1. なすは5mm幅の輪切りにし、みょうばん水（分量外）に15分ほどさらす。きゅうりは3mm幅の輪切りにする。みょうがは薄い輪切りにし、しょうがは細切りにする。
2. 1をボウルに入れ、塩をふってよくもむ。重石をして、水が上がってきたら、水けをしっかり絞り、ちぎった青じそ、Aを加えて和え、冷蔵庫で2～3日漬ける。

1人分 42kcal／冷蔵1～2週間／冷凍NG

ピクルス・漬物

千枚漬け風
甘みのある寿司酢を、かぶによく染み込ませて

甘酸っぱい味とかぶの歯応えがいい

材料（4人分）
かぶ…3個
塩…2つまみ
寿司酢…50mℓ
砂糖…大さじ1
昆布…8cm角1枚

作り方
1 かぶは2mm幅くらいの半月切りにし、ボウルに入れる。塩をふってよくもみ、水けをきる。
2 密閉袋に1、寿司酢、砂糖、昆布を入れ、漬ける。

調理のコツ　かぶはあまり薄く切り過ぎないほうが、かぶのおいしさを感じられるのでおすすめです。

1人分 23 kcal ／ 冷蔵 1週間 ／ 冷凍 NG

カクテキ
たらこと粉唐辛子の鮮やかな色が食欲をそそる

ピリ辛味で止まらないおいしさ

材料（4人分）
大根…1本
万能ねぎ…⅓束
たらこ…1腹
粗塩…大さじ1½
はちみつ…大さじ1
粉唐辛子…大さじ3
A【にんにく・しょうが（すりおろし）各大さじ1】

作り方
1 大根はきれいに洗い、2cm角に切る。万能ねぎは1cm幅に切る。たらこは身をこそげ取る。
2 ボウルに大根を入れて粗塩をふり、ボウルを揺すって全体をよく混ぜる。少し水分が出るまで30分ほどおき、ざるに上げて水けを自然にきる。
3 ボウルに2、はちみつを入れ、ボウルを揺すって全体をよく混ぜる。粉唐辛子を加えて混ぜ、A、万能ねぎ、たらこを加えて全体を混ぜる。密閉容器に移し、冷蔵庫で半日ほど漬ける。

調理のコツ　大根に味が染みて後を引くおいしさです。はちみつがなければ砂糖で代用してもOK！　手に入れば、あみの塩辛で作ってもおいしく仕上がるのでおすすめ。

1人分 99 kcal ／ 冷蔵 1〜2週間 ／ 冷凍 NG

だし
ほかほかのごはんと一緒に食べて！

温かいごはんにのせて食べたい！

材料（4人分）
なす…長め1本
きゅうり…1本
オクラ…1袋
みょうが…3本
納豆昆布…8g
A【しょうゆ・白だし・みりん・煮切り酒各大さじ2、白いりごま大さじ3】

作り方
1 なすは半月切りにし、塩水につけ、しっかり水けをきる。きゅうりは薄い輪切りにし、塩もみして、水けをしっかりきる。オクラは板ずりし、さっとゆで、輪切りにする。みょうがは輪切りにし、氷水にさらし、水けをしっかりきる。
2 ボウルに1、納豆昆布、Aを入れてよく混ぜ、冷蔵庫で冷やしてから食べる。

1人分 97 kcal ／ 冷蔵 1週間 ／ 冷凍 NG

白菜の浅漬け

少しピリ辛に仕上げた、後を引く味わい

浅漬けの定番！
赤唐辛子がアクセント

材料（4人分）
白菜…¼個
粗塩…白菜の重量の3％
赤唐辛子…1本

作り方
1 白菜は水でさっと洗い、2〜3時間天日干しをする。
2 1に粗塩をよくすり込み、赤唐辛子と一緒に保存袋に入れる。バットにのせて重石をし、水分が出るまでおく。水分が出たら、冷暗所において保存する。

調理のコツ
白菜を丸ごと1個買って余ってしまいそうなときに、おすすめの一品です。最初は浅漬け風に、時間がたったら少し水で塩を抜いて食べるといいですよ。

1人分 43kcal ／ 冷蔵 1〜2週間 ／ 冷凍 NG

白菜、にんじん、きゅうりの浅漬け

オリーブオイルで仕上げる、洋風のお漬物

レモンの風味で
さっぱり食べられる

材料（4人分）
白菜…⅛個
にんじん…½本
きゅうり…1本
レモン…⅙個
塩…小さじ⅛
オリーブオイル…大さじ3

作り方
1 白菜は1.5cm幅に切り、にんじんは3cm幅の短冊切りにする。きゅうりは2mm幅の輪切りにする。レモンはいちょう切りにする。
2 密閉袋に白菜、にんじん、きゅうり、塩を入れ、もみ込む。オリーブオイル、レモンを加え、さらにもみ込み、漬ける。

調理のコツ
あまり塩けを強くし過ぎずに、サラダ感覚でパクパクたくさん食べられるような味つけにしました。オリーブオイルなどをたらして、香りをつけていただきます。レモンの風味もさわやかで、お箸が進みます。

1人分 111kcal ／ 冷蔵 1週間 ／ 冷凍 NG

きゅうりとキャベツの塩昆布漬け

青じその風味がアクセントとなり、さわやかさをプラス

味つけは塩昆布
だけで簡単！

材料（4人分）
きゅうり…1本
キャベツ…¼個
青じそ…3枚
塩昆布…大さじ3

作り方
1 きゅうりは2mm幅の輪切りにし、キャベツは3mm幅のせん切りにする。青じそは縦半分に切り、横にして細切りにする。
2 密閉袋に1、塩昆布を入れ、もみ込む。

調理のコツ
塩昆布だけで味が決まるから、失敗せずに作れます。他の野菜でも簡単に浅漬けが作れるので、常備しておくと、とってもおすすめです。

1人分 25kcal ／ 冷蔵 1週間 ／ 冷凍 NG

ピクルス・漬物

● 赤の野菜おかず

タルタルソースとサーモンがマッチ

1人分 255 kcal / 冷蔵 3日間 / 冷凍 NG

ベーコンの旨味が合う！

1人分 256 kcal / 冷蔵 1週間 / 冷凍 2週間

1人分 216 kcal / 冷蔵 1週間 / 冷凍 2週間

トマト

ミニトマトとサーモンのタルタル
バゲットにのせて食べてもおいしい！

材料（4人分）
- ミニトマト…1パック
- サーモン（刺身用）…1さく
- 紫玉ねぎ…¼個
- 万能ねぎ（小口切り）…2本分
- A【マヨネーズ大さじ3、オリーブオイル大さじ2、塩3つまみ、こしょう少々】

作り方
1. ミニトマトは縦半分に切る。紫玉ねぎはみじん切りにして水にさらし、水けをきる。サーモンは小さい角切りにする。
2. ボウルに1、万能ねぎ、Aを入れて和え、冷蔵庫で冷やす。

トマトとたことオリーブの煮込み
しっかりした塩けの黒オリーブが旨味をプラス

材料（4人分）
- ホールトマト…1缶
- 玉ねぎ…¼個
- ゆでだこ（足）…小さめ4本
- ベーコン…4枚
- にんにく（つぶす）…1かけ分
- ローリエ…1枚
- オリーブオイル…大さじ1½
- 黒オリーブ（輪切り）…25g
- 酒…大さじ2
- 塩…3つまみ
- こしょう…少々
- 粉チーズ…大さじ2
- パセリ（みじん切り）…適量

作り方
1. 玉ねぎは薄切りにする。たこはぶつ切り、ベーコンは3mm幅に切る。
2. 鍋ににんにく、ローリエ、オリーブオイルを弱火にかけ、ふつふつと香りが出てきたら、玉ねぎを加えてとろりとするまで炒める。たこ、オリーブ、ベーコンを加えて炒め、ホールトマト、酒、塩、こしょうを加えて15分ほど煮込む。最後に粉チーズを加えて混ぜ、パセリを散らす。

トマトミートソース

ドリアやパスタに合わせて！

はちみつを加えて、甘みとコクをアップ！

材料（4人分）
- ホールトマト…1缶
- にんにく（つぶす）…1かけ分
- ローリエ…1枚
- オリーブオイル…大さじ2
- 玉ねぎ（みじん切り）…½個分
- 合びき肉…200g
- 塩…小さじ¼
- こしょう…少々
- A【塩・こしょう各少々、はちみつ小さじ1】

作り方
1. 鍋ににんにく、ローリエ、オリーブオイルを入れて弱火にかけ、ふつふつと香りが出てきたら、玉ねぎを加え、透明感が出るまで炒める。
2. ひき肉を加えて色が変わるまで炒め、塩、こしょうをふる。手でつぶしたホールトマト、Aを加えて15分ほど煮込む。

青じそが入って和食にも洋食にも◎

ミニトマト、コーン、青じそのサラダ

甘いトマトとコーンに、さわやかな青じそは相性抜群

材料（4人分）
- ミニトマト…1パック
- 青じそ…5枚
- ハム…4枚
- 冷凍コーン…1カップ
- オリーブオイル…大さじ2½
- 塩…2〜3つまみ
- こしょう…少々

作り方
1. ミニトマトは縦半分に切り、青じそは食べやすい大きさに手でちぎる。ハムは1cm角に切る。
2. ボウルに全ての材料を入れ、混ぜ合わせ、冷蔵庫で冷やす。

1人分 159 kcal ／ 冷蔵 3日間 ／ 冷凍 NG

調理のコツ
希釈した麺つゆにオリーブオイルを足し、そうめんを和えてサラダ麺っぽく冷やして食べるのもおすすめ！　彩りがきれいなので、そのままお弁当のおかずなどにしても。冷凍コーンを常備しておくと簡単です。

赤の野菜おかず

ひと口サイズでお弁当に詰めやすい

ミニトマトの肉巻き

じっくりと焼いて、トマトの甘みを引き出して

豚肉をベーコンに代えてもOK

材料（4人分）
- ミニトマト…8個
- 豚バラ薄切り肉…8枚
- 塩・こしょう…各少々
- オリーブオイル…小さじ1〜2

作り方
1. ミニトマトはヘタを取り、豚肉を包むように巻き、塩、こしょうをふる。
2. フライパンにオリーブオイルを熱し、1を全体に焼き色がつくまで焼く。

1人分 176 kcal ／ 冷蔵 3日間 ／ 冷凍 NG

ミニトマトのジンジャーはちみつマリネ

しょうがの刺激とはちみつの甘さでコクありマリネ

和えるだけだからすぐ作れる！

材料（4人分）
- ミニトマト…1パック
- しょうが（すりおろし）…小さじ1
- はちみつ…大さじ2

作り方
1. ミニトマトはヘタを取る。
2. ボウルに1、しょうが、はちみつを入れ、和え、冷蔵庫で冷やす。

1人分 45 kcal ／ 冷蔵 1週間 ／ 冷凍 NG

＊おすすめの組み合わせ！＊

豚肉と野菜カレー →P83

サーモンとじゃがいも、ほうれん草のグラタン →P86

にんじん

一度冷ますことで味がよく染みる！

1人分 107 kcal
冷蔵 1週間
冷凍 2週間
こんにゃくの食感は変わる

にんじんとさつま揚げの煮物
甘い和風だしの効いた具材はほっとする味わい

材料（4人分）
にんじん…大1本
さつま揚げ…2枚
こんにゃく…1枚
A【和風だし汁300㎖、砂糖大さじ1、酒大さじ2】
しょうゆ・みりん…各大さじ2

作り方
1 にんじんは乱切りにし、さつま揚げは2cm角に切る。こんにゃくはスプーンなどで1.5cm角にちぎり、下ゆでする。
2 鍋にAを入れ、1を加えて煮込む。にんじんがやわらかくなったらしょうゆ、みりんを加え、5分ほど煮込む。一度冷まし、再度温めてから食べる。

にんじんとツナのサラダ

ツナのコクでパクパク食べられる

ツナとオイルでコクを足した簡単にんじんサラダ

材料（4人分）
にんじん…大½本
トマト…1個（少しかためがおすすめ）
ツナ缶…大1缶
パセリ（みじん切り）…大さじ1½
オリーブオイル…大さじ2
米酢…大さじ1
塩…2〜3つまみ
こしょう…少々

作り方
1 にんじんは細切りにし、トマトは8mm角に切る。
2 ボウルに全ての材料を入れて和え、冷蔵庫で冷やす。

調理のコツ ツナの旨味とトマトの酸味がにんじんによく合う一品。食パンに挟んで、サンドイッチにして食べるのもおすすめです。

1人分 170 kcal
冷蔵 4日間
冷凍 NG

おすすめの組み合わせ！

クリームロールキャベツ →P78

サーモンとじゃがいも、ほうれん草のグラタン →P86

ごまの風味が口に広がる！

にんじんナムル
白ごまとごま油の風味が全体に絡んで美味

材料（4人分）
にんじん…大1本
白すりごま…大さじ1
塩…2〜3つまみ
こしょう…少々
ごま油…大さじ2
にんにく（すりおろし）…耳かき1杯分くらい

作り方
1 にんじんは細切りにする。
2 ボウルに全ての材料を入れ、和える。

調理のコツ すりごまは市販のものではなく、すりたてのものを使うと香りが違います。時間があるときは、ぜひ試してみて！

1人分 88 kcal
冷蔵 3〜4日間
冷凍 NG

サラダとしても
ワインに合わせても

赤の野菜おかず

キャロットラペ
歯応えのあるくるみ入りで満足度アップ

レーズンとくるみの
食感がアクセント

材料（4人分）
にんじん…大1本
レーズン…30g
くるみ（炒る）…25g
オリーブオイル…大さじ2
米酢…大さじ1
塩…2〜3つまみ
こしょう…少々

作り方
1 にんじんは細切り、または削る。くるみは粗く刻む。
2 ボウルに全ての材料を入れ、和える。

＊おすすめの組み合わせ！＊

 鶏ピザ →P80

 トマトとえびのココナッツカレー煮込み →P198

1人分 140kcal ／ 3〜4日間 ／ 冷凍NG

たらこにんじん
塩けのあるたらこのうまみが後を引く

子どもも大人も
大好きな味！

材料（4人分）
にんじん…大1本
ごま油…大さじ1
塩…2つまみ
たらこ…1腹
酒…大さじ1
薄口しょうゆ…小さじ2

作り方
1 にんじんは5mm厚さの斜め切りにし、細切りにする。
2 フライパンにごま油を熱して1を炒め、塩をふり、さっと炒める。
3 たらこの身をこそげ取り、2に加え、酒、薄口しょうゆを加え、炒める。

 調理のコツ
にんじんの代わりに、細切りにした大根やさやいんげんなどで作ってもおいしいです。

1人分 75kcal ／ 4〜5日間 ／ 冷凍NG

にんじんしりしり
炒り卵が入って、一品でも満足のボリューム

にんじんは
スライサーで削っても

材料（4人分）
にんじん…中1本
ツナ缶…小1缶
卵…2個
しょうゆ…小さじ2
ごま油…大さじ1
塩…3つまみ
こしょう…少々
万能ねぎ（小口切り）…2本分

作り方
1 にんじんは細切りにする。ツナは油をきる。
2 ボウルに卵を割り入れ、しょうゆを加えて軽く溶きほぐす。
3 フライパンにごま油を熱し、にんじんを炒め、しんなりしてきたらツナを加え、塩、こしょうをふって、さっと炒める。
4 3に2を加えてさっと炒め、万能ねぎを加える。

調理のコツ
ツナの代わりに、豚肉や鶏肉、ベーコンを使ってもおいしい！ その日の気分でアレンジしてみて。

1人分 130kcal ／ 3〜4日間 ／ 冷凍NG

赤パプリカ

パプリカとえびとオリーブのマリネ
寿司酢でマリネした具材がほんのり甘くておいしい

プリプリのえびがおいしい！

1人分 108 kcal　冷蔵 3〜4日間　冷凍 NG

材料（4人分）
- 赤パプリカ…1個
- オリーブオイル…大さじ2
- 塩…2つまみ
- 寿司酢…大さじ2
- 黒オリーブ（輪切り）…25g
- ゆでえび…120g
- こしょう…少々

作り方
1 パプリカは1.5cm角に切る。
2 フライパンにオリーブオイルを熱し、1をやわらかくなるまで炒める。塩をふり、さっと炒めて火を止め、冷ます。
3 2が冷めたら、寿司酢、オリーブ、ゆでえび、こしょうを加えて和え、冷蔵庫で1時間ほどおく。

パプリカと鶏むね肉の炒め物
ごま油で炒め、パプリカの甘みをよく引き出して

たんぱく質をしっかり取れる！

1人分 148 kcal　冷蔵 4〜5日間　冷凍 2週間

材料（4人分）
- 赤パプリカ…1個
- 鶏むね肉…1枚
- A【塩2つまみ、こしょう少々、酒大さじ1½】
- ごま油…大さじ1
- 塩…2つまみ
- こしょう…少々
- しょうゆ…小さじ2

作り方
1 パプリカは5mm幅の細切りにする。鶏肉はそぎ切りにしてから細切りにし、Aをもみ込む。
2 フライパンにごま油を熱し、1を炒め、鶏肉に火が通ったら、塩、こしょうをふり、しょうゆをまぶしてさっと炒める。

パプリカとツナのきんぴら
電子レンジで加熱するだけの簡単おかず！

レンジで作れきんぴら！

1人分 102 kcal　冷蔵 4〜5日間　冷凍 2週間

材料（4人分）
- 赤パプリカ…1個
- ツナ缶…小1缶
- しょうゆ…小さじ2
- みりん・ごま油…各大さじ1
- 塩…3つまみ
- こしょう…少々

作り方
1 パプリカは半分の長さに切り、細切りにする。ツナは油をきる。
2 耐熱容器に全ての材料を入れ、さっと混ぜる。ラップをし、電子レンジで3分ほど加熱する。
3 2のラップを取り、粗熱をとってから保存容器に入れる。

調理のコツ　ピーマンで作ってもおいしくできあがります。もちろん黄パプリカでもOK！お好みでどうぞ。

ラディッシュ

ラディッシュと卵のサラダ
自家製タルタルソースをたっぷりかけてどうぞ

材料（4人分）
- ラディッシュ…10個
- ゆで卵…6個
- A【マヨネーズ大さじ5、オリーブオイル大さじ1、塩3つまみ、こしょう少々、溶かしバター15g】

作り方
1. ラディッシュは薄切りにする。
2. ボウルにゆで卵を4等分くらいに手で割りながら入れ、1、Aを加えて和える。

調理のコツ：ラディッシュは少し辛味がありますが、マヨネーズと合わせているので食べやすくなります。

バターを加えてまろやかさアップ

1人分 278kcal ／ 冷蔵2〜3日間 ／ 冷凍NG

赤の野菜おかず

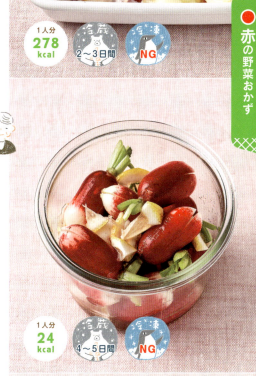

ラディッシュのレモンマリネ
甘酸っぱいマリネ液が、少し辛いラディッシュに合う

濃厚なおかずに合わせたい！

材料（4人分）
- ラディッシュ…10個
- レモン…1/6個
- A【米酢大さじ2½、塩2つまみ、砂糖大さじ1½】

作り方
1. ラディッシュは味がつきやすいよう下に包丁を1文字に入れる。レモンはいちょう切りにする。
2. Aは砂糖を溶かすようによく混ぜ、密閉容器に入れ、1を加えて漬け込む。

＊おすすめの組み合わせ！＊

 クリームロールキャベツ →P78

 トマトとえびのココナッツカレー煮込み →P198

1人分 24kcal ／ 冷蔵4〜5日間 ／ 冷凍NG

赤皮大根ときゅうりとかにのサラダ
かにをたっぷり入れた、贅沢なさわやかサラダ

かにの風味が噛むたびに広がる

材料（4人分）
- 赤皮大根（三浦レディースなど）…1本
- きゅうり…1本
- かに（ほぐし身）…100g
- A【オリーブオイル大さじ2、レモンの搾り汁大さじ1、塩2つまみ、こしょう…少々】

作り方
1. 赤皮大根は薄いいちょう切りにする。きゅうりは薄い輪切りにする。
2. ボウルに1、塩4つまみ（分量外）を入れて塩もみし、水けをきる。
3. 2にかに、Aを加え、和える。

1人分 91kcal ／ 冷蔵2〜3日間 ／ 冷凍NG

131

みょうが

青じそとみょうがで
さわやかな一品

みょうがとキャベツの浅漬け
シャキッとした歯応えのある具材で、噛めば噛むほど美味

材料（4人分）
- みょうが…3本
- 青じそ…4枚
- キャベツ…¼個
- 塩…小さじ¼

作り方
1. みょうがは小口切り、青じそはせん切りにする。キャベツは5mm幅くらいのせん切りにする。
2. 密閉袋に1、塩を入れ、よくもむ。

1人分 18kcal / 冷蔵 4～5日間 / 冷凍 NG

みょうがとチーズの肉巻き
とろりと溶けたチーズで食べ応え満点

材料（4人分）
- みょうが…3本
- プロセスチーズ…120g
- 豚肩ロース薄切り肉…10枚
  （あまりに薄いようなら20枚を2枚ずつ重ねる）
- オリーブオイル…小さじ1
- 塩・こしょう…各適量
- しょうゆ…適宜

作り方
1. みょうがは細切りにし、10等分に分ける。チーズは8mm幅、5cm長さの拍子木切りにし、10本にする。
2. 豚肉に1をのせ、巻く。
3. フライパンにオリーブオイルを熱して2を焼き、塩、こしょうをふる。仕上げに好みでしょうゆを回しかける。

1人分 224kcal / 冷蔵 5日間 / 冷凍 2週間

チーズも巻いて濃厚な味に！
冷めてもおいしいガッツリおかず

みょうがが入ると重たくならない！

みょうがとポテトチップスのツナサラダ
シャキシャキしたみょうがとポテチが好相性

材料（4人分）
- みょうが…3本
- ポテトチップス…60g（お好みの味でOK。今回は青のり）
- ツナ…70g
- A【マヨネーズ大さじ3、オリーブオイル大さじ2】

作り方
1. みょうがは半分の長さに切って薄切りにし、水に5分ほどさらす。ツナは油をきる。
2. ボウルに水けをきったみょうが、ポテトチップス、ツナ、Aを入れ、混ぜる。

1人分 250kcal / 冷蔵 2～3日間 / 冷凍 NG

調理のコツ：ポテトチップスはお好みのものを使って。じゃがいもをスライスして揚げたものが、ここではおすすめ。

紫キャベツ

紫キャベツとあんぽ柿、りんごのサラダ

甘いフルーツが紫キャベツの苦みをまろやかに

柿とりんごが入って優しい甘みに!

材料（4人分）
- 紫キャベツ…¼個
- あんぽ柿…1個
- りんご…¼個
- A【オリーブオイル大さじ2、米酢大さじ1½、はちみつ小さじ½、塩2つまみ】

作り方
1. 紫キャベツはせん切りにする。柿は8mm角に切る。りんごは種を取り除き、皮つきのままセん切りにする。
2. ボウルに1、Aを入れ、和える。

1人分 102 kcal / 冷蔵 2〜3日間 / 冷凍 NG

赤の野菜おかず

紫キャベツのはちみつサラダ

甘酸っぱいはちみつ酢でよく漬け込んで

酢はお好みの物を使ってもOK!

独特の色味がお弁当に映える

材料（4人分）
- 紫キャベツ…¼個
- 塩…2〜3つまみ
- A【オリーブオイル大さじ2、米酢大さじ1、はちみつ小さじ½】

作り方
1. 紫キャベツは3mm幅のせん切りにして塩をふってもみ、水けをよくきる。
2. ボウルに1、Aを加えて和える。

 調理のコツ

スーパーなどでも、手軽に買うことができるようになった紫キャベツ。色がきれいなので、おもてなしのときなどに作ってみると、食卓が華やかになりますよ。

1人分 80 kcal / 冷蔵 3〜4日間 / 冷凍 NG

紫キャベツとにんじんとアーモンドのサラダ

生ハムとアーモンド入りで、おつまみにも最適な一品

冷やしてから食べてもおいしい

材料（4人分）
- 紫キャベツ…¼個
- にんじん…½本
- アーモンド（ロースト）…30g
- 生ハム…2枚
- A【オリーブオイル大さじ2、米酢大さじ1½、塩2〜3つまみ、こしょう少々】
- パセリ（刻む）…適量

作り方
1. 紫キャベツはせん切りにする。にんじんは3cm長さのせん切りにする。アーモンドは縦に粗く刻む。生ハムは食べやすいように小さめに手でちぎる。
2. ボウルに1、Aを入れて和え、パセリを散らす。

1人分 139 kcal / 冷蔵 3〜4日間 / 冷凍 NG

黄の野菜 おかず

かぼちゃ

かぼちゃ甘煮
ホクホクのかぼちゃから漂う、甘い香りを楽しんで

ほっとする定番のかぼちゃ料理

材料（4人分）
- かぼちゃ…¼個（約220g）
- 砂糖…大さじ1
- 塩…小さじ¼
- みりん…大さじ1

作り方
1. かぼちゃは種とワタを取り除き、皮をむき、ひと口大に切る。
2. 洗ってぬれたままの1を耐熱容器に入れ、砂糖、塩をまぶして15分ほどおく。みりんを加え、ラップをふんわりかけ、電子レンジで6分加熱する。

1人分 70kcal／5日間／2〜3週間

かぼちゃとゆで卵のサラダ
生クリームでコクを加えた、食べ応えのある一品

材料（4人分）
- かぼちゃ…½個（約450g）
- A【生クリーム大さじ2、塩2つまみ、こしょう少々】
- 紫玉ねぎ…¼個
- ゆで卵…2個
- B【マヨネーズ大さじ5、オリーブオイル大さじ1、塩小さじ⅛、こしょう…少々】

紫玉ねぎが味を引き締める!

作り方
1. かぼちゃは種とワタをしっかり取り除き、皮をむき、ひと口大に切る。耐熱容器に入れてラップをし、電子レンジで7分、竹串がすっと通るまで加熱し、熱いうちにつぶしてAを混ぜ、粗熱をとる。
2. 紫玉ねぎは薄切りにし、半分の長さに切る。ゆで卵は食べやすい大きさに手で割る。
3. ボウルに1、2、Bを加えて混ぜる。

1人分 310kcal／5日間／2〜3週間

かぼちゃとえびのグラタン
バターとチーズの香りが食欲をそそる、主役級の一皿

熱々のうちに食べたい!

材料（4人分）
- かぼちゃ…¼個（約220g）
- 玉ねぎ…¼個
- ベーコン…2枚
- ミニトマト…5個
- バター…20g
- むきえび…130g
- 生クリーム…100ml
- 塩…少々
- オリーブオイル…少量
- ピザ用チーズ…50g
- パセリ（みじん切り）…適量

作り方
1. かぼちゃは種とワタを取り除き、皮をむき、ひと口大に切る。玉ねぎは薄切りにする。ベーコンは細切りにする。ミニトマトは横半分に切る。
2. フライパンにバターを熱し、かぼちゃ、玉ねぎ、ベーコンを加えて炒め、かぼちゃに透明感が出てきたら、えびを加えてさっと炒める。えびの色が変わったら、生クリームを加えて塩をふり、ふたをしてかぼちゃに竹串がすっと通るまで煮込む。
3. 耐熱容器にオリーブオイルを塗り、2を入れ、ミニトマト、チーズを順にのせる。魚焼きグリルまたはオーブントースターでチーズが溶けるまで焼き、パセリを散らす。

1人分 314kcal／5日間／2〜3週間 焼く前がおすすめ

*焼く前に冷凍する場合は、アルミトレーに入れて冷凍し、冷凍のままオーブントースターで焼き、表面が焦げそうになったらアルミホイルをかぶせて中まで火を通す。

かぼちゃと鮭と
ハーブチーズの春巻き
ハーブ入りのチーズを使うことで、さわやかさをプラス

スティック状で食べやすい！

材料（4人分）
- かぼちゃ…1cm角に切ったもの24個
- 生鮭…1切れ
- ハーブチーズ…1cm角16個
- 春巻きの皮…4枚
- 揚げ油…適量
- 塩…少々

＊揚げる前に冷凍する場合は、冷凍のまま揚げ油が冷たいうちに入れて加熱すると、中までしっかり火が通る。

作り方
1. 耐熱容器にかぼちゃを入れ、ラップをして電子レンジで2分ほど加熱する。生鮭は24等分に切る。春巻きの皮は、三角形になるよう半分に切る。
2. 春巻きの皮を底辺が手前にくるようにおき、皮1枚につき、かぼちゃ、鮭各3個、チーズ2個を手前にのせてくるくる巻く。
3. 180℃に熱した揚げ油で2を揚げ、塩をふっていただく。

1人分 319 kcal ／ 冷蔵 4日間 ／ 冷凍 2〜3週間
揚げる前でも後でもOK

かぼちゃのみたらしチーズ焼き
ボリュームのあるもっちり食感がクセになる！

甘じょっぱさがたまらない

材料（4人分）
- かぼちゃ…1/4個（約220g）
- A【白玉粉大さじ3、水大さじ1】
- 粉チーズ…大さじ2
- 好みの植物油…小さじ1
- 砂糖…大さじ1½
- みりん…大さじ1
- しょうゆ…大さじ1

作り方
1. かぼちゃは種とワタを取り除き、皮をむき、ひと口大に切る。耐熱容器に入れ、ラップをふんわりとかけ、電子レンジで7分ほど加熱し、熱いうちにつぶす。
2. 1に混ぜ合わせたA、粉チーズを加えて混ぜ、平らに丸める。
3. フライパンに植物油を熱し、2を入れて両面焼く。砂糖、みりん、しょうゆを加えて炒め絡める。

1人分 126 kcal ／ 冷蔵 5日間 ／ 冷凍 2〜3週間

かぼちゃのココナッツミルク煮
ココナッツの豊かな風味で、デザート代わりにも！

ココナッツミルクで洋風仕立て！

材料（4人分）
- かぼちゃ…1/4個（約220g）
- ココナッツミルク…1/2缶
- 砂糖…大さじ2
- 塩…2つまみ

作り方
1. かぼちゃは種とワタを取り除き、皮をむき、ひと口大に切る。
2. 鍋に全ての材料を入れ、かぼちゃに竹串がすっと通るまで煮る。

＊おすすめの組み合わせ！＊

鶏肉と野菜とカシューナッツ炒め
→P81

桜えび、コーン、パクチー炒め
→P90

1人分 142 kcal ／ 冷蔵 4日間 ／ 冷凍 2〜3週間

黄の野菜おかず

さつまいも

おかずにも
おやつにも使える

子どものお弁当に
おすすめ！

1人分 207 kcal　冷蔵 5日間　冷凍 2〜3週間

サラダに添えても
そのまま食べても

1人分 263 kcal　冷蔵 4日間　冷凍 2〜3週間

1人分 260 kcal　冷蔵 4日間　冷凍 2〜3週間

さつまいものメープルボール
バターとシナモン、メープルの甘い香りに癒されて

材料（4人分）
さつまいも…小1本
牛乳…適量
A【メープルシロップ大さじ4、卵黄½個分、バター20g、シナモンパウダー適量】
卵黄…½個分

作り方
1 さつまいもは皮をむき、ひと口大に切る。
2 鍋に1を入れ、牛乳をひたひたに注ぎ、弱火で煮る。やわらかくなったら火を強め、牛乳の水分をもったりとするまで飛ばす。Aを加えて混ぜ、弱火にし、混ぜながら練り、火を止めて粗熱をとる。
3 2をひと口大に丸め、卵黄を表面に塗り、200℃のオーブンで15分ほど焼く。

さつまいものマッシュポテト
生クリームとバターでコクとなめらかさをプラス

材料（4人分）
さつまいも…1本
バター…30g
生クリーム…80mℓ
塩…小さじ½
こしょう…少々

作り方
1 さつまいもは皮をむき、輪切り、太ければ半月切りにする。蒸気の上がった蒸し器で竹串がすっと通るまで蒸すか、電子レンジで7分ほど加熱し、熱いうちにつぶす。
2 鍋に1、バター、生クリーム、塩を入れて弱火にかける。木べらなどで混ぜながら、ぽってりするまで加熱し、こしょうをふる。

調理のコツ　じゃがいもやかぼちゃ、里いもで作ってもおいしいです。さつまいもはあくが強いので、しっかり水につけてあくを取りましょう。時間があれば、切ったらすぐに水につけ、1時間ほどさらしておくといいですよ。

さつまいもとセロリと
ハムのヨーグルトサラダ

粒マスタードが
味を引き締める！

ヨーグルトとマヨネーズのソースでさっぱりと！

材料（4人分）
さつまいも…1本
ハム…3枚
セロリ…1本
粒マスタード…大さじ2
マヨネーズ…大さじ4
ヨーグルト…大さじ2

作り方
1 さつまいもは皮ごとよく洗い、縦半分に切り、1.5cm幅に切る。蒸気の上がった蒸し器で竹串がすっと通るまで蒸すか、電子レンジで7分ほど加熱し、粗熱をとる。ハムは短冊切りにし、セロリは筋を取り、斜め薄切りにする。
2 ボウルに全ての材料を入れ、和える。

さつまいものマーマレード煮

ジャムでゆっくりと煮た、優しい味わいの一品

材料（4人分）
- さつまいも…1本
- マーマレードジャム…大さじ4
- グラニュー糖…大さじ3
- 水…2カップ

作り方
1. さつまいもは皮ごとよく洗い、1cm幅に切り、水にさらす。
2. 鍋に1、ジャム、グラニュー糖、水を入れて火にかけ、さつまいもに竹串がすっと通るまで煮る。

調理のコツ：マーマレードジャムの代わりにレモンジャムやゆずはちみつなどを使ってもOK。さつまいもの優しい甘さに、柑橘系の酸味がよく合います。

1人分 195kcal / 冷蔵5日間 / 冷凍2〜3週間

黄の野菜おかず

さつまいもと牛肉の煮物

牛肉から出る肉汁とさつまいもの甘みが好相性

甘辛い味つけでごはんに合う

材料（4人分）
- さつまいも…1本
- 牛こま切れ肉…200g
- 好みの植物油…小さじ2
- A【砂糖大さじ2、塩2つまみ】
- B【しょうゆ・みりん各大さじ2】

作り方
1. さつまいもは皮ごとよく洗い、1cm幅のいちょう切り、または半月切りにする。
2. 鍋に植物油を熱し、1を炒め、透明感が出てきたら、Aを加えて混ぜ、ふたをして弱火で10分ほど蒸し焼きにする。さつまいもに竹串がすっと通るまでやわらかくなったら、牛肉を加えて炒め、Bを加えて煮絡める。

＊おすすめの組み合わせ！＊

 にんじん、ねぎ、しらすの卵焼き →P93

 野菜がんも →P99

1人分 313kcal / 冷蔵5日間 / 冷凍2〜3週間

大学いも

いりごまの風味が、甘さをほどよく引き締める

できたても冷めてもおいしい

材料（4人分）
- さつまいも…1本
- A【砂糖大さじ3、みりん大さじ3、しょうゆ小さじ2】
- 揚げ油…適量
- 黒いりごま…小さじ1

作り方
1. さつまいもは皮ごとよく洗い、乱切りにする。
2. 鍋にAを入れ、煮詰める。
3. 揚げ油を熱し、油が冷たいうちに1を加え、竹串がすっと通るまで、低温で揚げる。
4. 2に3を加えて和え、黒いりごまをまぶす。

1人分 219kcal / 冷蔵5日間 / 冷凍2〜3週間

137

とうもろこし

とうもろこしとみょうがのクリームチーズ和え

まろやかなクリームチーズが味のバランスをととのえる

クリームチーズがまろやか!

材料（4人分）
- とうもろこし…1本
- みょうが…1個
- ハム…3枚
- クリームチーズ…100g
- オリーブオイル…大さじ1
- 塩・こしょう…各少々

作り方
1. とうもろこしは皮つきのままラップで包み、電子レンジで5分加熱し、そのまま粗熱をとり、実をこそげ取る。みょうがは縦半分に切り、斜めにせん切りにする。ハムは3等分の長さに切り、5mm幅に切る。
2. ボウルに全ての材料を入れ、和える。

1人分 180kcal / 3〜4日間 / 冷凍NG

とうもろこしつくね

甘みのあるたれをよく煮絡めて召し上がれ

コーンの甘みが引き立って美味

材料（4人分）
- とうもろこし…1本
- A【鶏ひき肉250g、長ねぎ（みじん切り）¼本分、塩小さじ¼、こしょう少々、しょうゆ・酒各小さじ2、溶き卵½個分、片栗粉大さじ2】
- B【しょうゆ・みりん・砂糖各大さじ1】
- 好みの植物油…小さじ1

作り方
1. とうもろこしは実をこそげ取る。
2. ボウルにAを入れてよく混ぜ、1を加えて混ぜ、平たく丸める。
3. フライパンに植物油を熱し、2を両面焼いて火を通し、Bを加えて煮絡める。

1人分 215kcal / 5日間 / 2〜3週間

＊おすすめの組み合わせ！＊

えびとそら豆のマリネ →P118　　卵野菜スープ →P188

とうもろこしとえびのかき揚げ

コーンの歯ごたえが加わり、食べごたえアップ！

ひと口サイズで食べやすい!

材料（4人分）
- とうもろこし…2本
- むきえび…130g
- A【片栗粉大さじ1、天ぷら粉大さじ2】
- 塩…少々
- 冷水…⅓カップ弱
- 揚げ油…適量

作り方
1. とうもろこしは実をこそげ取る。えびはよく水けをきる。
2. ボウルにA、1を入れて混ぜ、塩をふって混ぜる。さらに冷水を加え、混ぜる。
3. 揚げ油を180℃に熱し、2をスプーンですくい落とし、揚げる。

1人分 398kcal / 2〜3日間 / 2〜3週間

ヤングコーン

ヤングコーンの肉巻きフライ
ヤングコーンの食感がいい！ 簡単揚げ物

材料（4人分）
- ヤングコーン…8本
- 豚バラ薄切り肉…4枚
- 塩・こしょう…各少々
- 薄力粉・溶き卵・パン粉…各適量
- 揚げ油…適量

作り方
1. 豚肉は半分に切り、ヤングコーンにくるくると巻く。
2. 1に塩、こしょうをふり、薄力粉、溶き卵、パン粉の順に衣をつけ、180℃の揚げ油で色よく揚げる。

 肉巻きのフライで食べ応え◎
 しっかり味がついて冷めてもおいしい

1人分 168kcal / 冷蔵 4日間 / 冷凍 2〜3週間

ヤングコーンといんげんのアジアン炒め
ナンプラーの風味が食欲をそそる一品！

材料（4人分）
- ヤングコーン…8本
- さやいんげん…10本
- 好みの植物油…小さじ1
- 豚ひき肉…100g
- 塩・こしょう…各少々
- しょうが（すりおろし）…小さじ1
- ナンプラー…大さじ1
- 酒…小さじ2

作り方
1. ヤングコーンは半分の斜め切りにする。いんげんは筋を取り、3等分の斜め切りにする。
2. フライパンに植物油を熱し、ひき肉を炒め、塩、こしょうをふる。ひき肉の色が変わったら、いんげん、ヤングコーンを加えて炒める。いんげんに火が通ったら、しょうが、ナンプラー、酒を加え、強火でさっと炒める。

1人分 82kcal / 冷蔵 5日間 / 冷凍 2〜3週間

ヤングコーンといかの炒め物
しょうがとにんにくが効いて、食が進む一品

材料（4人分）
- ヤングコーン…8本
- 長ねぎ…1/2本
- いか…1杯
- しょうが・にんにく（すりおろし）…各小さじ1
- 豆板醤…小さじ1
- ごま油…小さじ2
- しょうゆ…大さじ1
- 塩・こしょう…各少々

作り方
1. ヤングコーンは縦半分に切る。長ねぎは斜め薄切りにする。いかは開いて胴とゲソに切り離し、内臓などを取り除く。胴、ゲソ、エンペラを食べやすい大きさに切る。
2. フライパンにしょうが、にんにく、豆板醤、ごま油を入れて弱火にかける。ふつふつとしてきたら、長ねぎを加えて炒め、ヤングコーン、いかを加えて炒める。しょうゆを加えて炒め、塩、こしょうで味をととのえる。

1人分 74kcal / 冷蔵 4日間 / 冷凍 2〜3週間

黄の野菜おかず

黄パプリカ

黄パプリカと豚肉のしょうが焼き
しょうが入りのタレが、パプリカの甘みを引き立てる

1人分 181 kcal ／ 冷蔵 4日間 ／ 冷凍 2〜3週間

材料（4人分）
黄パプリカ…½個
豚こま切れ肉…250g
塩・こしょう…各適量
片栗粉…小さじ2
好みの植物油…小さじ2
A【しょうが（すりおろし）小さじ2、みりん大さじ1、しょうゆ大さじ1½】

作り方
1 パプリカは細切りにする。豚肉は塩、こしょう各少々をふり、片栗粉をまぶす。
2 フライパンに植物油を熱し、豚肉を炒め、塩、こしょう各少々をふる。パプリカを加えて炒め、パプリカに火が通ったらAを加えて炒め絡める。

黄パプリカとほたての和え物
ハーブのディルがほのかな酸味を加え、さっぱり！

1人分 158 kcal ／ 冷蔵 3〜4日間 ／ 冷凍 2〜3週間

材料（4人分）
黄パプリカ…½個
ほたて（刺身用）…中10個
A【酢大さじ1½、マスタード小さじ½、オリーブオイル大さじ3、塩・こしょう各少々】
ディル（葉を摘む）…2本分

作り方
1 パプリカは8mm角に切ってラップをし、電子レンジで2分30秒加熱し、粗熱をとる。ほたては半分の厚みに切る。
2 ボウルに1、Aを入れて和え、ディルを加えてさっと混ぜる。

黄パプリカとえびのマヨネーズ和え

定番・えびマヨにパプリカを入れてごちそうに！

1人分 181 kcal ／ 冷蔵 3〜4日間 ／ 冷凍 2〜3週間

材料（4人分）
黄パプリカ…½個
むきえび…180g
塩・こしょう…各少々
卵白…½個分
片栗粉…大さじ1½
揚げ油…適量
A【マヨネーズ大さじ3、コンデンスミルク小さじ1、トマトケチャップ大さじ1】

作り方
1 パプリカは1cm角に切り、素揚げする。
2 えびは塩、こしょう、卵白をもみ込み、片栗粉をまぶし、180℃の揚げ油で揚げる。
3 ボウルに1、2、Aを入れ、和える。

＊おすすめの組み合わせ！＊

鶏ピザ →P80

ポトフ →P197

オクラ

○ 緑の野菜
おかず

オクラ豚しゃぶ
オクラとみょうがの歯応えが楽しい一品

材料（4人分）
オクラ…10本
みょうが…2本
豚肩ロースしゃぶしゃぶ用肉
　…150g
白いりごま…大さじ1
オリーブオイル…大さじ2
しょうゆ…大さじ1½

作り方
1　オクラはガクを取り除いて板ずりし、ゆでて冷水に取り、水けをきり、斜め半分に切る。みょうがは縦半分に切って薄切りにし、冷水にさらして水をきる。
2　豚肉は酒適量（分量外）を加えた熱湯でしゃぶしゃぶしてゆでる。
3　ボウルに1、2、白いりごま、しょうゆ、オリーブオイルを入れ、和える。

1人分 176 kcal　3〜4日間　NG

オクラといかの梅和え

味つけ簡単！
酸っぱくておいしい

梅の酸味が加わって、食欲のない日も食べやすい

材料（4人分）
オクラ…8本
いか（刺身用）
　…胴体の部分1杯分
梅干し…大1個
オリーブオイル…大さじ1

作り方
1　オクラはガクを取り除いて板ずりし、ゆでて冷水に取り、水けをきり、1cm幅に切る。いかは細切りにする。梅干しは種を取り除き、たたく。
2　ボウルに全ての材料を入れ、和える。

＊おすすめの組み合わせ！＊

五目春巻き
→P42

鶏肉の野菜巻き
照り焼き
→P81

1人分 70 kcal　3〜4日間　NG

オクラ肉巻き春巻き

パリッパリの
食感がたまらない

加熱に強いオクラは、揚げ春巻きにしてもOK

材料（4人分）
オクラ…8本
豚バラ肉薄切り…8枚
春巻きの皮…4枚
小麦粉・水・揚げ油
　…各適量

作り方
1　オクラはガクを取り除いて板ずりし、ゆでて冷水に取り、水けをきる。春巻きの皮は、三角形になるように半分に切る。
2　オクラを豚肉で巻き、春巻きの皮で包む。巻き終わりに小麦粉を溶いた水をつけて留める。
3　2を180℃の揚げ油で揚げる。

調理のコツ　オクラの代わりにズッキーニやグリーンアスパラガスで作るのもおすすめです。また、豚肉の代わりに生ハムを使ってみてもおいしくできあがります。

1人分 287 kcal　3〜4日間　2〜3週間

141

キャベツ

キャベツとたらこのサラダ
チーズをたっぷり入れて、コクありサラダに！

たらことチーズの組み合わせがいい！

材料（4人分）
- キャベツ…1/4個
- たらこ…1/2腹（約80g）
- ピザ用チーズ…60g
- オリーブオイル…大さじ3
- 塩・こしょう…各少々

作り方
1 キャベツはせん切りにする。たらこは身をこそげ取る。
2 ボウルに全ての材料を入れ、混ぜる。

1人分 184 kcal ／ 冷蔵 3〜4日間 ／ 冷凍 NG

キャベツを切ったら和えるだけ！

キャベツとじゃこのゆかり和え
手早く作れるので、急に一品必要なときも便利

材料（4人分）
- キャベツ…1/4個
- ちりめんじゃこ…20g
- ゆかり…大さじ1 1/2
- 白いりごま…大さじ2

作り方
1 キャベツはせん切りにする。
2 ボウルに全ての材料を入れ、和える。

＊おすすめの組み合わせ！＊

牛肉の野菜ロール →P85

まぐろ、ねぎ、にんじんの煮物 →P88

1人分 56 kcal ／ 冷蔵 3〜4日間 ／ 冷凍 NG

コールスロー
ほんのり甘い寿司酢を使うのがポイント！

キャベツの切り方を変えてもOK！

材料（4人分）
- キャベツ…1/4個
- ハム…4枚
- スイートコーン…100g
- A【マヨネーズ大さじ7、寿司酢大さじ1、塩・こしょう各少々】

作り方
1 キャベツは5mm幅の細切りにする。ハムは長さ1.5cm、幅8mmの拍子木切りにする。
2 ボウルに1、スイートコーン、Aを入れて混ぜる。

調理のコツ 薄切りにした紫玉ねぎや、ヨーグルトを加えてもさっぱりとしておいしいです。にんじんを加えても、彩りが鮮やかになり、おすすめです。いろいろな料理に合わせやすいサラダです。

1人分 227 kcal ／ 冷蔵 3〜4日間 ／ 冷凍 NG

キャベツとスモークサーモン巻き

見た目もかわいい一品はパーティーのときも便利

材料（4人分）
- キャベツ…8枚
- スモークサーモン…16枚
- 塩・こしょう…各少々
- レモンの搾り汁…小さじ2
- オリーブオイル…大さじ2

作り方
1. キャベツは半分に切り、ぬれたまま耐熱容器に入れて、ラップをふんわりとかける。電子レンジで5分ほど加熱し、冷ます。
2. キャベツ1枚にスモークサーモン1枚をおき、くるくると巻く。
3. 2を保存容器に入れてオリーブオイル、塩こしょう、レモンの搾り汁をふり、冷蔵庫で冷やしてから食べる。

1人分 137kcal ／ 冷蔵 3～4日間 ／ 冷凍 NG

キャベツと豚バラの酒蒸し

弱火でじっくり蒸すことで、肉の旨味を引き出して

材料（4人分）
- キャベツ…½個
- 豚バラ薄切り肉…350g
- ベーコン…4枚
- にんにく（すりおろし）…小さじ¼
- 塩・こしょう…各少々
- ローリエ…1枚
- 酒…大さじ3
- 水…大さじ3
- オリーブオイル…大さじ1

作り方
1. キャベツは葉を1枚1枚はがす。ベーコンは4等分に切る。
2. 鍋にオリーブオイルを入れ、キャベツ、塩、こしょう、豚肉、ベーコンの順に重ね、ローリエ、にんにく、酒、水を加えて、強めの中火にかける。
3. 2が沸騰したら、弱火にし、キャベツがくたっとするまで加熱する。

1人分 479kcal ／ 冷蔵 4日間 ／ 冷凍 2～3週間

キャベツと肉団子のトマト煮込み

ナツメグやはちみつなど、隠し味を加えた本格派

材料（4人分）
- キャベツ…½個
- A【豚ひき肉250g、玉ねぎ（みじん切り）¼個分、パン粉大さじ1½、溶き卵½個分、塩小さじ½、こしょう少々、牛乳大さじ1½、ナツメグ少々】
- にんにく（つぶす）…1かけ分
- B【酒大さじ3、ホールトマト（手でつぶす）½缶分、デミグラスソース½缶（約150g）、塩小さじ½、はちみつ小さじ½、ローリエ1枚】
- オリーブオイル…大さじ2

作り方
1. キャベツはざく切りにする。Aはボウルに入れてこね、丸くまとめる。
2. 鍋にオリーブオイル、にんにくを加えて弱火にかける。ふつふつとしてきたら、肉団子を加え、全面に焼き色をつける。
3. 2にキャベツ、Bを加えて30分ほど煮込む。

1人分 313kcal ／ 冷蔵 4日間 ／ 冷凍 2～3週間

緑の野菜おかず

きゅうり

きゅうりとささみのごまナムル
錦糸卵が全体に絡んで、優しい味わいに

錦糸卵を入れて彩りよく！

材料（4人分）
- きゅうり…2本
- 鶏ささみ…3本
- 卵…1個
- 砂糖…1つまみ
- 塩…少々
- A【ごま油大さじ1½、塩小さじ¼、白すりごま大さじ2】

作り方
1. きゅうりは斜め切りにし、細切りにする。ささみはゆで、ほぐす。
2. 卵は溶き、砂糖、塩を加えて混ぜ、フライパンで錦糸卵を作っておく。
3. ボウルに1、2、Aを入れ、和える。

1人分 134 kcal ／ 3〜4日間 ／ 冷凍NG

きゅうりの梅和え
ごま油の風味がアクセントの簡単和えもの

梅干しの酸味がきゅうりにマッチ！

材料（4人分）
- きゅうり…3本
- 梅干し…1個
- 塩…少々
- ごま油…小さじ2

作り方
1. きゅうりはめん棒などでたたき、食べやすい大きさに切ってビニール袋に入れ、塩を加えてもみ込み、水けをきる。
2. 梅干しは種を取ってたたく。
3. ボウルに1、2、ごま油を入れ、和える。

調理のコツ
食欲がないときでも梅干しの酸味で食べやすいおかずです。塩もみしてから、しっかり水けをきるのがおいしく作るポイント。梅干しは赤しそ漬けのものを選ぶと色がきれいに仕上がります。

1人分 30 kcal ／ 3〜4日間 ／ 冷凍NG

ピリ辛きゅうりのたたき
ビールにもよく合う、ラー油入りの塩もみ

おつまみにあるとうれしい！

ラー油が入ってクセになる味！

材料（4人分）
- きゅうり…3本
- 塩…3つまみ
- 白いりごま…大さじ1
- しょうゆ…小さじ2
- ごま油…小さじ2
- ラー油…小さじ½〜1

作り方
1. きゅうりはめん棒などでたたき、食べやすい大きさに切ってビニール袋に入れ、塩を加えてもみ込み、水けをきる。
2. ボウルに1、しょうゆ、ごま油、ラー油、白いりごまを入れ、和える。

＊おすすめの組み合わせ！＊

 金目鯛とごぼうの煮物 →P87

 野菜たっぷり麻婆豆腐 →P97

1人分 49 kcal ／ 3〜4日間 ／ 冷凍NG

○緑の野菜おかず

きゅうりとたこの酢の物
すっきりした甘さで、後を引く味わいに

材料（4人分）
きゅうり…3本
ゆでだこ(足)…2本
A【寿司酢大さじ3、塩少々、砂糖大さじ1】

作り方
1 きゅうりは2mm幅の輪切りにして塩でもみ、水けをきる。たこは薄切りにする。
2 ボウルに1、Aを入れ、和える。

＊おすすめの組み合わせ！＊

もずく、にんじん、ねぎのかき揚げ
→P46

野菜の肉みそ炒め
→P77

1人分 93kcal　3～4日間　NG

きゅうりの塩昆布和え
セロリを加えて、シャキシャキ食感をプラス

ごまの風味がアクセントに！

材料（4人分）
きゅうり…2本
セロリ…1本
塩昆布…大さじ4
白いりごま…大さじ1

作り方
1 きゅうりは斜め薄切りにし、縦2～3等分に切る。セロリは3cm長さの薄切りにする。
2 保存袋に1、塩昆布、白いりごま入れ、もみ込む。

＊おすすめの組み合わせ！＊

玉ねぎしゅうまい
→P38

鶏手羽おでん
→P196

1人分 31kcal　3～4日間　NG

きゅうりとしょうがのしょうゆ漬け
赤唐辛子を加えて、ほんのりピリ辛に仕上げて

たたいたきゅうりに味がよくなじむ

材料（4人分）
きゅうり…3本
しょうが…小1かけ
赤唐辛子(種を取る)…1本
しょうゆ…大さじ1
酢…大さじ2

作り方
1 きゅうりはめん棒などでたたき、食べやすい大きさに切る。しょうがはせん切りにして水にさらし、水けを切る。
2 ボウルに1、赤唐辛子、しょうゆ、酢を入れ、和える。

調理のコツ　麺棒などでたたき、粗く切ると味が絡みやすいです。新しょうがの時期は、ぜひ新しょうがで作ってみて！　夏におすすめのレシピです。

1人分 17kcal　3～4日間　NG

145

ブロッコリー

牛肉とブロッコリーのオイスター炒め

オイスターソースが牛肉に絡んで美味!

隠し味に加えたごま油が、全体を引き締める!

1人分 181 kcal　冷蔵 4〜5日間　冷凍 2〜3週間

材料（4人分）
- ブロッコリー…½個
- 牛薄切り肉…200g
- 塩…少々
- A【オイスターソース大さじ1½、ごま油大さじ1、塩・こしょう各少々】
- 好みの植物油…小さじ1

作り方
1 ブロッコリーは小さめのひと口大に切る。
2 フライパンに植物油を熱し、ブロッコリーを入れて火が通るまで炒める。塩をふり、牛肉を加え炒め、Aを加えて炒める。

ブロッコリーとえびのチーズグラタン

家族がよろこぶ人気おかず!

たっぷりマカロニ入りで、これだけで満足の一品に

1人分 294 kcal　冷蔵 4〜5日間　冷凍 2〜3週間

材料（4人分）
- ブロッコリー…¼個
- ベーコン…3枚
- むきえび…140g
- マカロニ…60g
- ピザ用チーズ…60g
- 牛乳…200㎖
- 酒…大さじ1
- 薄力粉…大さじ3
- バター…20g

作り方
1 ブロッコリーは小房に分け、塩ゆでし、冷ます。ベーコンは8mm幅に切る。
2 マカロニは袋の表示通りゆでる。
3 フライパンにバターを熱し、1、えびを加えて炒め、酒を加えて炒める。薄力粉を加えてさらに炒め、牛乳を加えて加熱する。とろりとしてきたらマカロニを加え、混ぜる。
4 耐熱容器にオリーブオイル適量（分量外）を塗り、3を入れ、チーズをのせ、魚焼きグリルで5分またはトースターでおいしそうな焦げ目がつくまで焼く。

型に入れて焼くから形がきれいに!
お好みの形に切ってお弁当に

ブロッコリーのオープンオムレツ

トースターでゆっくり焼けばふっくらした仕上がりに

1人分 234 kcal　冷蔵 4〜5日間　冷凍 2〜3週間

材料（4人分）
- ブロッコリー…¼個
- ミニトマト…4個
- ベーコン…3枚
- A【卵6個、牛乳50㎖、塩・こしょう各少々、ピザ用チーズ60g】

作り方
1 ブロッコリーは小房に分け、塩ゆでしたら冷まし、1cm角に切る。ミニトマトは半分に切る。ベーコンは5mm幅に切る。Aはボウルに入れてしっかりと混ぜる。
2 耐熱容器にクッキングシートを敷き、Aを流し入れ、ミニトマト、ブロッコリー、ベーコンをのせてトースターで30分ほど焼く（200℃に予熱したオーブンで23〜25分焼いてもOK）。

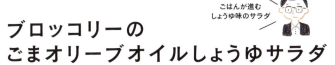

ブロッコリーの
ごまオリーブオイルしょうゆサラダ

鮭フレーク入りで、お弁当のおかずにも最適

材料（4人分）
ブロッコリー…小1個
鮭フレーク…40g
白いりごま…大さじ1
しょうゆ…小さじ2
オリーブオイル…大さじ1

作り方
1 ブロッコリーは小房に分け、塩ゆでし、冷ます。
2 ボウルに全ての材料を入れ、混ぜる。

1人分 80kcal / 4日間 / 冷凍NG

ブロッコリーとゆで卵のサラダ

パンに挟んでサンドイッチにしてもおいしい

材料（4人分）
ブロッコリー…½個
ベーコン…4枚
ゆで卵…3個
A【マヨネーズ大さじ5、オリーブオイル大さじ1、塩・こしょう各少々】

作り方
1 ブロッコリーは小房に分け、塩ゆでし、冷ます。ベーコンは1cm幅に切り、フライパンでカリカリに焼く。
2 ゆで卵を手で割ってボウルに入れ、1、Aを加えて和える。

調理のコツ：ベーコンの代わりに、ツナやハムで作ってもおいしい。粒マスタードを加えても、よく合います！

1人分 259kcal / 3〜4日間 / 冷凍NG

ブロッコリーと
ツナとコーンのサラダ

歯応えのある食材満載で、噛めば噛むほど美味

材料（4人分）
ブロッコリー…小1個
ツナ缶…小1缶
スイートコーン…100g
オリーブオイル…大さじ2
塩・こしょう…各少々
しょうゆ…小さじ2

作り方
1 ブロッコリーは小房に分け、塩ゆでし、冷ます。
2 ボウルに全ての材料を入れ、和える。

＊おすすめの組み合わせ！＊

 ポテトコロッケ →P62
 鶏ピザ →P80

1人分 141kcal / 4〜5日間 / 冷凍NG

○緑の野菜おかず

ピーマン

おかかピーマン
ふわっと漂うかつお節の香りが優しい一品

材料（4人分）
- ピーマン…大8個
- かつお節…約8g
- ごま油…大さじ2
- 塩…少々
- しょうゆ…大さじ1

作り方
1. ピーマンは細切りにする。
2. フライパンにごま油を熱し、ピーマンを炒める。しんなりとしてきたらかつお節、塩、しょうゆを混ぜる。

1人分 83kcal ／ 冷蔵 4〜5日間 ／ 冷凍 2〜3週間

少ない材料でパパッと作れる！

チンジャオロースー
ごま油でよく炒めて、素材のうまみを引き出して

ごはんが進む中華のおかず

材料（4人分）
- ピーマン…大8個
- 牛こま切れ肉…200g
- たけのこ（水煮/細切り）…150g
- A【にんにく（すりおろし）小さじ¼、しょうゆ大さじ1、オイスターソース大さじ2】
- ごま油…小さじ2

作り方
1. ピーマンは細切りにする。
2. フライパンにごま油を熱し、牛肉、1、たけのこを入れて炒め、火が通ったら、Aを加えて炒め絡める。

調理のコツ　ピーマンは炒めすぎないよう、調味料を加えたら強火で水分を飛ばすようにさっと炒め、食感を残しましょう。

1人分 187kcal ／ 冷蔵 1週間 ／ 冷凍 2〜3週間

ピーマンとちくわのナムル
少し加えたにんにくの風味で食欲アップ

ピーマンはレンジ加熱で簡単

材料（4人分）
- ピーマン…大8個
- ちくわ…小4本
- にんにく（すりおろし）…小さじ¼
- 白いりごま…大さじ1
- 塩…少々
- ごま油…大さじ1

作り方
1. ピーマンは細切りにし、耐熱容器に入れてラップをして電子レンジで3分ほど加熱する。ちくわは斜め切りにする。
2. ボウルに全ての材料を入れ、和える。

＊おすすめの組み合わせ！＊

白菜とにらの餃子 →P66

にらと赤ピーマンのチヂミ →P95

1人分 90kcal ／ 冷蔵 4日間 ／ 冷凍 2〜3週間

グリーンアスパラガス

アスパラとえびのケチャップ炒め
ケチャップ味で子どもから大人まで食べやすい

材料（4人分）
- グリーンアスパラガス…10本
- むきえび…140g
- にんにく（すりおろし）…小さじ¼
- 塩・こしょう…各少々
- トマトケチャップ…大さじ2
- オリーブオイル…小さじ2

作り方
1. アスパラは根元のかたい部分を切り落とし、はかまを取り、3等分に切る。
2. フライパンにオリーブオイルを熱し、1、えび、にんにくを入れて炒める。火が通ったら、塩、こしょうをふってさっと炒め、ケチャップを加え、炒める。

1人分 71 kcal ／ 冷蔵 3日間 ／ 冷凍 NG

アスパラとウインナーの粒マスタード炒め
はちみつを混ぜたマスタードがなめらか！

はちみつが隠し味に！

材料（4人分）
- グリーンアスパラガス…10本
- ウインナー…6本
- 塩・こしょう…各少々
- 粒マスタード…大さじ1
- はちみつ…小さじ2
- オリーブオイル…小さじ2

作り方
1. アスパラは根元のかたい部分を切り落とし、はかまを取り、3等分に切る。ウインナーは斜め切りにする。
2. フライパンにオリーブオイルを熱し、1を入れて炒め、火が通ったら、塩、こしょう、粒マスタード、はちみつを加え、炒める。

1人分 147 kcal ／ 冷蔵 3日間 ／ 冷凍 NG

アスパラとコーンのチーズ和え
パルメザンチーズをたっぷりふりかけて

材料（4人分）
- グリーンアスパラガス…10本
- スイートコーン…60g
- A【オリーブオイル・パルメザンチーズ（すりおろし）各大さじ2、塩・こしょう各少々】

作り方
1. アスパラは根元のかたい部分を切り落とし、はかまを取り、3等分に切る。
2. 1を塩ゆでする。
3. ボウルに2、コーン、Aを入れ、和える。

＊おすすめの組み合わせ！＊

牛肉ときのこのトマトクリーム煮 →P84

チリコンカン →P101

1人分 96 kcal ／ 冷蔵 2～3日間 ／ 冷凍 NG

にんにくの風味が程よく広がる！

チーズのコクがよく合うおかず

○緑の野菜おかず

149

さやいんげん・スナップエンドウ

いんげんのごま和え
和風だしの風味が加わり、ごはんによく合う

こっくりおいしい昔ながらの味！

1人分 57kcal／冷蔵 2〜3日間／冷凍 NG

材料（4人分）
- さやいんげん…20本
- **A**【白すりごま20g、みそ小さじ2、しょうゆ大さじ1、砂糖大さじ1½】

作り方
1. いんげんは筋を取り、塩ゆでし、3等分に切る。
2. **A**を混ぜ合わせ、1と和える。

＊おすすめの組み合わせ！＊

五目春巻き →P42

あじとすだちの南蛮漬け →P87

スナップエンドウとゆで卵のサラダ
マヨネーズとケチャップを混ぜたソースがクセになる

ケチャップマヨの味つけが新鮮！

1人分 221kcal／冷蔵 2〜3日間／冷凍 NG

材料（4人分）
- スナップエンドウ…10本
- ゆで卵…4個
- **A**【マヨネーズ大さじ5、塩・こしょう各少々、トマトケチャップ大さじ1、オリーブオイル大さじ1】
- 粗びき黒こしょう…少々

作り方
1. スナップエンドウは筋を取り、塩ゆでし、3等分に切る。ゆで卵は手で食べやすい大きさに割る。
2. ボウルに1、**A**を入れて和え、粗びき黒こしょうをふる。

調理のコツ　卵は大きめにざっくりと切りましょう。アスパラガスや、さやいんげんで作ってもおいしく作れます。

いんげんとえびの春雨サラダ
パクチーやナンプラー入りでアジアンテイストに

ナンプラーとパクチーでエスニックサラダ

1人分 123kcal／冷蔵 4〜5日間／冷凍 NG

材料（4人分）
- さやいんげん…20本
- 春雨（乾燥）…30g
- 紫玉ねぎ…¼個
- パクチー…適量
- ゆでえび…130g
- **A**【ナンプラー大さじ1、塩・こしょう各少々、レモンの搾り汁大さじ2、砂糖2つまみ、オリーブオイル大さじ2】

作り方
1. いんげんは筋を取り、塩ゆでし、3等分に切る。春雨は熱湯で戻し、食べやすい長さに切り、水けをきる。紫玉ねぎは薄切りにし、冷水に5分ほどさらし、水けをきる。パクチーはざく切りにする。
2. ボウルに1、えび、**A**を入れ、和える。

ゴーヤ

ゴーヤとツナのサラダ
クリームチーズ入りで、ワインのおつまみにも

クリームチーズで全体がまろやかに

材料（4人分）
- ゴーヤ…½本
- ツナ缶…小1缶
- 紫玉ねぎ…¼個
- A【マヨネーズ大さじ1、クリームチーズ100g、塩・こしょう各少々】

作り方
1. ゴーヤは縦に半分に切って種とワタをしっかり取り、薄切りにし、さっと塩ゆでする。紫玉ねぎは薄切りにし、冷水にさらす。
2. ボウルに水けをきった1、ツナ、Aを入れ、和える。

1人分 162kcal ／ 冷蔵 3～4日間 ／ 冷凍 NG

ゴーヤちゃんぷるー
かつお節をふりかけて、風味をプラスして

ゴーヤの苦味が豚肉とよく合う

材料（4人分）
- ゴーヤ…1本
- 豚バラ薄切り肉…200g
- 卵…3個
- 塩…少々
- 酒…大さじ2
- しょうゆ…大さじ1弱
- ごま油…適量
- かつお節…適宜

作り方
1. ゴーヤは縦に半分に切って種とワタをしっかり取り、薄切りにする。ボウルに入れ、塩小さじ½（分量外）で塩もみし、30分ほど氷水にさらす。
2. 豚肉は5cm長さに切る。卵は溶く。
3. フライパンにごま油を熱し、豚肉に塩をふって炒める。水けをしっかりきった1を加えて炒め、塩をふり、ゴーヤに火が通ったら、酒を加えて水分を蒸発させる。溶き卵を回し入れて10秒ほどそのままおいたらさっと混ぜ、最後にしょうゆを回しかけ、さっと混ぜる。
4. 好みで食べるときにかつお節をかける。

1人分 288kcal ／ 冷蔵 4～5日間 ／ 冷凍 2～3週間

ゴーヤとチーズの肉巻きフリット
豚肉巻きをさっと揚げたら、熱々を召し上がれ

豚肉とチーズで食べ応えしっかり

材料（4人分）
- ゴーヤ…½本
- 豚肩ロースしゃぶしゃぶ用肉…8枚
- プロセスチーズ…約80g
- A【天ぷら粉・冷水各適量】
- 揚げ油…適量

作り方
1. ゴーヤは半分の長さに切り、縦4等分に切る。耐熱容器に入れ、ラップをして電子レンジで3分ほど加熱する。チーズは5mm角、5cm長さの拍子木切りを8本作る。
2. 豚肉を広げて1をのせ、くるくると巻く。
3. 揚げ油を180℃に熱し、混ぜ合わせたAに2をくぐらせ、揚げる。

調理のコツ：ゴーヤは火が通りにくいので、さっと下ゆでしたり、電子レンジで加熱し、薄切りの豚肉を使いましょう。

1人分 320kcal ／ 冷蔵 4～5日間 ／ 冷凍 2～3週間

緑の野菜おかず

青菜

せりのおひたし
だし汁と薄口しょうゆを煮立てて作る、深い味わい

材料（4人分）
- せり…2束
- だし汁…120㎖
- 薄口しょうゆ…大さじ1
- 酒…小さじ2
- かつお節…適宜

作り方
1. 鍋にだし汁、薄口しょうゆ、酒を入れ、火にかけて煮立て、冷ます。
2. せりはゆでる。
3. 1に2を漬ける。好みでかつお節をかけて食べる。

1人分 26kcal / 4〜5日間 / 冷凍NG

ほうれん草とえびのカレークリーム煮込み

ごはんにもパンにもよく合う!

ベーコンやうずらの卵も入った、具だくさんおかず

材料（4人分）
- ほうれん草…1束
- ベーコン…3枚
- むきえび…180g
- うずらの卵(水煮)…10個
- しめじ…½パック
- にんにく(すりおろし)…小さじ¼
- 薄力粉…小さじ2
- カレー粉…小さじ1
- トマトケチャップ…小さじ1
- 酒…大さじ2
- 生クリーム…100㎖
- バター…20g

作り方
1. ほうれん草はゆでて、冷水にさらし、3cm幅に切る。ベーコンは5mm幅に切る。しめじは石づきを取り、ほぐす。
2. フライパンにバターを熱し、えび、うずらの卵、1、にんにくを入れて炒める。薄力粉、カレー粉、トマトケチャップを加えて炒め、酒、生クリームを加え、とろみが出るまで煮込む。

1人分 300kcal / 4〜5日間 / 2〜3週間

小松菜としらすの和え物

しらすの旨味とだしじょうゆで美味!

だし入りしょうゆを使えば、簡単においしくできる

材料（4人分）
- 小松菜…1束
- しらす…50g
- だしじょうゆ…大さじ3

作り方
1. 小松菜は塩ゆでして冷水にさらし、水けをきり、3cm幅に切る。
2. ボウルに1、しらす、だしじょうゆを入れ、和える。

調理のコツ 小松菜はさっとゆでて、しっかり冷水にさらし、水けをきりましょう。しらすの代わりにちりめんじゃこでもおいしいです。

1人分 26kcal / 4〜5日間 / 冷凍NG

菜の花の昆布じめ
ほろ苦い菜の花が、昆布の味わいで食べやすくなる

材料（4人分）
菜の花…1束
昆布じめ用の昆布…縦15cm、横30cmのもの2枚
塩…少々

作り方
1 菜の花は下のかたい部分を切り落とし、さっと塩ゆでして冷水にさらし、水けをきる。
2 昆布は、さっと水でぬらしたふきんで拭く。
3 昆布1枚に塩をふり、1をのせ、さらに塩をふり、もう1枚の昆布で挟み、ラップで包み、半日以上おく。

1人分 16kcal ／ 冷蔵 3〜4日間 ／ 冷凍 NG

ほうれん草と塩鮭の卵焼き
卵焼き用フライパンで、形よく仕上げて

材料（4人分）
ほうれん草…1株
塩鮭…焼いてほぐしたもの40g（鮭フレークでもOK）
卵…5個
A【酒大さじ1、だしじょうゆ大さじ2、塩少々、砂糖小さじ½】
好みの植物油…適量

作り方
1 ほうれん草は洗って、ラップに包み、電子レンジで3分加熱し、冷水につけて粗熱をとり、水けをきる。水けをきり、1cm幅に切る。
2 卵を溶きほぐし、Aを加え、ほうれん草と鮭を加える。
3 卵焼き用のフライパンに植物油を熱し、2を4回に分けて入れ、卵焼きを作る。粗熱がとれたら食べやすい厚さに切る。

1人分 144kcal ／ 冷蔵 4〜5日間 ／ 冷凍 2〜3週間

チンゲン菜と厚揚げ、豚肉のしょうゆ煮
とろみをつけた煮汁を、よく絡めていただこう

材料（4人分）
チンゲン菜…2株
厚揚げ…1丁
豚バラ薄切り肉…200g
塩…2つまみ
A【鶏がらスープの素小さじ½、水50ml、酒50ml、塩・こしょう各少々、しょうゆ大さじ1】
水溶き片栗粉…片栗粉小さじ1+水小さじ1
ごま油…小さじ1

作り方
1 チンゲン菜は3等分に切る。軸の方が大きければ、食べやすい大きさに切る。厚揚げは半分の長さに切り、8mm幅に切る。豚肉は6等分に切る。
2 フライパンにごま油を熱し、豚肉を炒め、塩をふって炒め、色が変わったら厚揚げを加えて炒める。火が通ったらチンゲン菜を加えてチンゲン菜に火が通るまで炒める。
3 2にAを加えて煮込み、水溶き片栗粉を加えてとろみをつける。

1人分 306kcal ／ 冷蔵 4〜5日間 ／ 冷凍 2〜3週間

セロリ

セロリ、ちくわ、ザーサイの和え物
塩けの強いザーサイを加えて、食べ応えアップ

材料（4人分）
- セロリ…1本
- ちくわ…小4本
- ザーサイ（味つけ）…30g
- 白いりごま…大さじ1
- しょうゆ…小さじ1
- ごま油…大さじ1
- 塩…少々

作り方
1 セロリはマッチ棒より少し大きめの細切りにする。ちくわは3cm長さの細切りにする。
2 ボウルに全ての材料を入れ、和える。

1人分 78kcal　3〜4日間　冷凍NG

調理のコツ ちくわは縦に切って食感をそろえました。お好みで、ラー油を加えてもおいしくいただけます。

たことセロリのレモンしょうゆ和え
保存袋に入れるだけで作れる、簡単和え物

材料（4人分）
- セロリ…1本
- ゆでたこ（足）…大1本
- しょうゆ…大さじ1½
- レモンの搾り汁…½個分

作り方
1 セロリは筋を取って薄切りにする。たこは斜め薄切りにする。
2 保存袋に全ての材料を入れ、和える。

1人分 42kcal　3〜4日間　冷凍NG

＊おすすめの組み合わせ！＊

 五目春巻き →P42　 キャベツカツ →P83

セロリとじゃこのきんぴら
さわやかな味のセロリにごま油が意外とよく合う

じゃこの旨味が引き立つ！

材料（4人分）
- セロリ…大1本（約170g）
- ちりめんじゃこ…30g
- 塩…少々
- みりん…大さじ2
- しょうゆ…大さじ1½
- ごま油…小さじ2

作り方
1 セロリは筋を取って斜め薄切りにする。
2 フライパンにごま油を熱し、セロリ、ちりめんじゃこを炒める。火が通ったら、塩をふって炒め、みりん、しょうゆを加えて炒める。

1人分 67kcal　3〜4日間　冷凍NG

調理のコツ セロリはあまり薄く切らずに、2〜3mm幅くらいに切りましょう。そのほうが、食べ応えがあって、おいしいですよ。

ズッキーニ

ズッキーニのチーズマリネ
チーズは食べる直前にふりかけて、コクを楽しんで

材料（4人分）
- ズッキーニ…2本
- オリーブオイル…大さじ3
- 塩・こしょう…各少々
- パルメザンチーズ（すりおろし）…大さじ1

作り方
1. ズッキーニは8mm幅の輪切りにし、オリーブオイルと塩、こしょうをまぶす。
2. グリルパンまたはフライパンで1を焼き色がつくまで焼き、バットに移して冷ます。
3. 仕上げにチーズをふり、和える。

1人分 97kcal ／ 冷蔵 2〜3日間 ／ 冷凍 NG

ズッキーニのベーコン、豚肉W巻き
2種類の肉で巻く、ボリュームのある贅沢メニュー

材料（4人分）
- ズッキーニ…1本
- 豚バラ薄切り肉…8枚
- ベーコン…4枚
- 塩・こしょう…各少々
- オリーブオイル…大さじ2

作り方
1. ズッキーニは半分の長さに切り、縦4等分に切る。ベーコンは半分の長さに切る。
2. ズッキーニにベーコンと豚肉を順に巻き、塩、こしょうをふる。
3. フライパンにオリーブオイルを熱し、2をおいしそうな焼き色がつくまで焼く。

1人分 278kcal ／ 冷蔵 4〜5日間 ／ 冷凍 2〜3週間

ズッキーニのオムレツ
キムチとマヨネーズで作ったソースを合わせて

材料（4人分）
- ズッキーニ…1本
- 卵…5個
- A【牛乳…50ml、塩・こしょう各少々、粉チーズ大さじ2】
- オリーブオイル…大さじ2
- B【白菜キムチ（細かく刻む）大さじ3、マヨネーズ大さじ3】

作り方
1. ズッキーニは3mm幅の輪切りにする。ボウルに卵を溶きほぐし、Aを加えて混ぜる。
2. フライパンにオリーブオイル大さじ1を熱し、ズッキーニを炒めたら、1の卵液に加えて混ぜる。
3. フライパンをきれいに拭き、オリーブオイル大さじ1を熱し、2を流し入れ、8秒ほど動かさずに待ったら、さっくりとかき混ぜ、ふたをする。表面が半熟状になったら、ひっくり返して焼く。
4. 3を食べやすい大きさに切り、混ぜ合わせたBをトッピングして食べる。

1人分 245kcal ／ 冷蔵 5日間 ／ 冷凍 2〜3週間

緑の野菜おかず

● 白の野菜 おかず

大根

大根とえびのとろみ煮
中華スープの優しい風味が大根から染み出す

とろみのあんがよく絡む!

1人分 72kcal / 冷蔵4〜5日間 / 冷凍2〜3週間

材料（4人分）
- 大根…¼本
- 大根の葉…⅓本分（短ければ1本分）
- むきえび…160g
- A【水150㎖、中華スープの素小さじ⅛、酒50㎖、しょうゆ大さじ½、ごま油小さじ1】
- 水溶き片栗粉…小さじ1〜2（片栗粉と水を同量で溶いたもの）

作り方
1. 大根は乱切りにし、竹串がギリギリ通るくらいに下ゆでする。大根の葉はざく切りにする。えびは1cm幅に切る。
2. 鍋にA、1の大根を入れ、大根に竹串がすっと通るまで煮る。
3. 2にえび、大根の葉を加え、えびの色が変わったら、水溶き片栗粉を加えてとろみをつける。

お手軽大根もち
もっちりと重い食感で、一品でも大満足!

もちもちの食感がクセになる!

1人分 153kcal / 冷蔵4〜5日間 / 冷凍2〜3週間

材料（4人分）
- 大根…¼本
- 片栗粉・小麦粉…各大さじ4
- 桜えび…10g
- 白いりごま…大さじ1
- 万能ねぎ（小口切り）…2本分
- ごま油…大さじ2
- 酢・しょうゆ…各適量

作り方
1. 大根はすりおろして、ざるにあげ、水けを絞り、ボウルに入れる。
2. 1に片栗粉、小麦粉を加えて混ぜ、耳たぶくらいのかたさになるまでこねる。桜えび、白いりごま、万能ねぎを加えて混ぜ、好みの大きさに平たく丸める。
3. フライパンにごま油を熱し、2を弱火で片面5分ずつ焼く。酢じょうゆ（好みでラー油を入れても）でいただく。

大根のたらこ炒め
大根はゆでずにじっくり炒めて、甘さを引き出して

たらことごま油の風味がよく合う

1人分 66kcal / 冷蔵4〜5日間 / 冷凍2〜3週間

材料（4人分）
- 大根…⅓本
- 大根の葉…あれば適量
- たらこ…小1腹
- ごま油…大さじ1
- 塩…少々
- 酒…小さじ2

作り方
1. 大根はいちょう切りにし、大根の葉は刻む。たらこは、身をこそげ取る。
2. フライパンにごま油を熱し、大根を炒め、透明感が出てきて火が通ったら、塩をふる。大根の葉を加えて、酒をふって炒め、塩をふり、たらこを加えて炒める。

調理のコツ：大根の葉はなければ入れなくてもOK！ 代わりに青じそなどを入れてもおいしいです。

大根とちくわ、春菊のごまマヨ和え
大根と春菊の独特な辛みを、マヨネーズでまろやかに

材料（4人分）
- 大根…1/6本
- ちくわ…2本（2本入りくらいで売っている小さいもの）
- 春菊…1/4束
- A【白すりごま大さじ1½、オリーブオイル大さじ1、マヨネーズ大さじ2、塩・こしょう各少々】

作り方
1. 大根はマッチ棒大の細切りにし、冷水に5分ほどつけて水けをしっかりきる。ちくわは斜め薄切りにする。春菊は葉のやわらかい部分を摘み、冷水につけてシャキッとさせ、水けをきる。
2. ボウルに1、Aを入れ、和える。

1人分 114kcal　冷蔵 3〜4日間　冷凍 NG

春菊の苦味がアクセントに！

●白の野菜おかず

豚バラ大根
甘い和風の味つけで、ごはんにもよく合う！

甘辛味がよく絡んでごはんが進む

材料（4人分）
- 大根…1/3本
- 大根の葉…あれば適量
- 豚バラ薄切り肉…80g
- ごま油…大さじ1
- 塩…少々
- A【酒大さじ1、砂糖小さじ1、しょうゆ大さじ1½、みりん大さじ2、水150ml】
- 水溶き片栗粉…大さじ1
  （片栗粉と水を同量で溶いたもの）

作り方
1. 大根は8mm厚さのいちょう切りにし、葉は刻む。豚肉は2cm幅に切る。
2. フライパンにごま油を熱し、大根を炒め、透明感が出てきたら、豚肉を加え、塩をふって炒める。肉に火が通ったら、大根の葉、Aを加えて水分を飛ばすように炒め、水溶き片栗粉を加えてとろみをつける。

1人分 156kcal　冷蔵 4〜5日間　冷凍 2〜3週間

調理のコツ：大根の葉がついていなければ、ゆでた水菜を刻んだものや、万能ねぎの小口切りを加えて作ってみて。

大根とささみの梅しそ和え
梅干しの酸味が淡白な大根とささみにマッチ！

淡白な味の具材に梅干しがマッチ

材料（4人分）
- 大根…1/4本
- 鶏ささみ…3本
- 梅干し…大きめ1個
- 青じそ…4枚
- 黒いりごま…大さじ1
- オリーブオイル…大さじ2

作り方
1. 大根は3cm長さのせん切りにし、冷水につけて水けをきり、シャキッとさせる。ささみはゆで、ほぐす。梅干しはたたいてペースト状にする。青じそは縦半分に切り、細切りにする。
2. ボウルに1、黒ごまを入れて和え、オリーブオイルを加えて混ぜる。

1人分 118kcal　冷蔵 2〜3日間　冷凍 NG

157

白菜

白菜のおかか和え
かつお節をたっぷり入れて、風味を楽しんで

白菜はゆで過ぎに注意して！

1人分 65kcal / 冷蔵 3〜4日間 / 冷凍 NG

材料（4人分）
- 白菜…1/6個
- かつお節…1パック
- しょうゆ…大さじ1
- オリーブオイル…大さじ1
- 白いりごま…大さじ1

作り方
1. 白菜は小さめのひと口大に切り、さっと湯通しし、水けをしっかりきる。
2. ボウルに全ての材料を入れ、和える。

白菜とほたてのクリーム煮
ほたて缶の汁ごと入れて、旨味が広がる！

旨味たっぷりで濃厚な煮汁が美味！

1人分 81kcal / 冷蔵 4〜5日間 / 冷凍 2〜3週間

材料（4人分）
- 白菜…1/6個
- ほたて（水煮）…小1缶（65g）
- にんにく（すりおろし）…少々
- 牛乳…150ml
- バター…10g
- 塩・こしょう…各少々
- 水溶き片栗粉…大さじ1
  （片栗粉と水を同量で溶いたもの）

作り方
1. 白菜は食べやすい大きさのざく切りにする。
2. 鍋に1、汁ごとのほたて、にんにく、牛乳、バターを入れてふたをし、弱火で白菜がとろとろになるまで煮る。塩、こしょうで味をととのえ、水溶き片栗粉を加えてとろみをつける。

白菜と春雨の中華煮込み
とろみのあるあんが具材に絡んで、ボリューム満点

春雨とひき肉で満足感も◎

1人分 204kcal / 冷蔵 4〜5日間 / 冷凍 2〜3週間

材料（4人分）
- 白菜…1/6個
- 春雨（乾燥）…50g
- 豚ひき肉…160g
- ごま油…大さじ1
- にんにく・しょうが（すりおろし）…各小さじ1
- 塩・こしょう…各少々
- A【酒・しょうゆ各大さじ2、水150ml、中華スープペースト小さじ1/8】
- 水溶き片栗粉…大さじ1
  （片栗粉と水を同量で溶いたもの）

作り方
1. 白菜はひと口大のざく切りにし、芯と葉の部分を分けておく。春雨は熱湯で戻す。
2. フライパンにごま油、にんにく、しょうがを入れて炒め、ひき肉を加えて火が通るまで炒める。塩、こしょうをふり、白菜の芯を加えて炒め、しんなりしたら、葉の部分を加えて炒め、春雨、Aを加えて白菜がとろとろになるまで煮込む。水溶き片栗粉を加えてとろみをつける。

玉ねぎ

玉ねぎとじゃこの酢の物
隠し味のはちみつが、玉ねぎの甘みを引き立てる

材料（4人分）
- 玉ねぎ…1個
- ちりめんじゃこ…20g
- A【米酢大さじ5、塩少々、はちみつ小さじ2】

作り方
1. 玉ねぎは薄切りにする。
2. ボウルに1、ちりめんじゃこ、Aを入れ、漬ける。

＊おすすめの組み合わせ！＊

鶏肉の野菜巻き照り焼き →P81

れんこんのえび挟み揚げ →P91

1人分 43kcal ／ 冷蔵 1週間 ／ 冷凍 NG

玉ねぎとサーモンのレモンマリネ
生のサーモンを使ったカルパッチョ風の一皿

材料（4人分）
- 玉ねぎ…½個
- サーモン（刺身用）…1さく
- レモン…⅙個
- パセリ（刻む）…少々
- A【オリーブオイル大さじ1½、塩・こしょう各少々、米酢小さじ2】

作り方
1. サーモンは塩適量（分量外）をふり、15分ほど冷蔵庫に入れ、そぎ切りにする。玉ねぎは薄切りにし、冷水に5分ほどつけ、水けをしっかりときり、シャキッとさせる。レモンはいちょう切りにする。
2. ボウルに1を入れて和え、パセリ、Aを加えて和える。

調理のコツ：サーモンはノルウェーサーモンやアトランティックサーモンがおすすめです。冷やしてから食べるとおいしい！

1人分 171kcal ／ 冷蔵 3〜4日間 ／ 冷凍 NG

玉ねぎと豚肉のしょうゆ炒め
シンプルな味つけだからこそ、素材の味が引き立つ

材料（4人分）
- 玉ねぎ…1個
- 植物油…小さじ2
- 豚こま切れ肉…200g
- 塩・こしょう…各少々
- しょうゆ…大さじ1
- みりん…大さじ2

作り方
1. 玉ねぎは8mm幅に切る。分厚すぎず、薄過ぎずがちょうどよい。
2. フライパンにサラダ油を熱し、1、豚肉を入れて、肉に火が通り、玉ねぎがしんなりするまで炒める。塩、こしょうをふってさっと炒め、しょうゆ、みりんを回しかけ、炒める。

1人分 165kcal ／ 冷蔵 4〜5日間 ／ 冷凍 2〜3週間

●白の野菜おかず

長ねぎ

長ねぎがおしゃれな洋風の一品に！

1人分 152 kcal / 冷蔵 3〜4日間 / 冷凍 NG

焼きねぎのヴィネグレットソース
酸味のあるソースで、素材の甘みをもっと楽しむ！

材料（4人分）
- 長ねぎ…4本
- トマト…½個
- A【トマト（みじん切り）小1個分、オリーブオイル大さじ3、米酢大さじ1½、フレンチマスタード小さじ1、塩3つまみ、こしょう少々】
- オリーブオイル…小さじ2

作り方
1. 長ねぎは4cm幅に切り、オリーブオイルを熱したフライパンで中がとろとろになるまで焼く。トマトは8mm角に切る。
2. 保存容器に混ぜ合わせたAを入れ、1を加えて和える。

焼いた長ねぎの甘みが感じられる / よく味が絡んで冷めてもおいしい

長ねぎの豚肉巻き
じっくりと火を通して、長ねぎの旨味を引き出して

材料（4人分）
- 長ねぎ…1本
- 豚バラ薄切り肉…8〜10枚
- 塩…少々
- サラダ油…小さじ1
- みりん・しょうゆ…各大さじ1
- 砂糖…小さじ1

作り方
1. 長ねぎは8〜10等分に切り、豚肉を巻き、塩をまぶす。
2. フライパンにサラダ油を熱し、1を巻き終わりを下にして焼く。豚肉においしそうな焼き色がついたら、みりん、しょうゆ、砂糖を加えて絡める。

1人分 193 kcal / 冷蔵 4〜5日間 / 冷凍 2〜3週間

ねぎチャーシュー
ラーメンの具材が余ったときにも便利！

市販のチャーシューで簡単に作って！

材料（4人分）
- 長ねぎ…½本
- チャーシュー（市販）…130g
- ラー油…適量
- しょうゆ…小さじ2
- 白いりごま…小さじ2

作り方
1. 長ねぎは白髪ねぎにする。チャーシューは細切りにする。
2. ボウルに全ての材料を入れ、和える。

1人分 81 kcal / 冷蔵 4〜5日間 / 冷凍 NG

＊おすすめの組み合わせ！＊

 にらとトマトとえびの卵炒め →P93

 タイピーエン →P195

かぶ

● 白の野菜おかず

かぶとツナのマヨ和え

青じそとゆかりが全体の味を引き締める

ファンシータイプの
ツナなら食べ応え◎

材料（4人分）
- かぶ…大きめ2個
- 塩…少々
- ツナ缶…小1缶
- 青じそ…3枚
- マヨネーズ…大さじ2
- ゆかり…小さじ1
- オリーブオイル…小さじ2

作り方
1. かぶは皮をむき、半分に切ってから薄切りにし、塩をもみ、水けをしっかりときる。ツナは油をきり、青じそは手で1cm角くらいにちぎる。
2. ボウルに1、マヨネーズ、ゆかり、オリーブオイルを入れ、混ぜる。

1人分 122 kcal　3〜4日間　冷凍 NG

かぶのイタリアントマト煮込み

とろとろに煮込んだかぶは旨味満点

ベーコンとトマトが
淡白なかぶと合う

材料（4人分）
- かぶ…大きめ2個
- 玉ねぎ…½個
- ベーコン…3枚
- オリーブオイル…大さじ1
- にんにく（つぶす）…½かけ分
- ローリエ…1枚
- ホールトマト…½缶
- 酒…大さじ1
- 粉チーズ…大さじ2

作り方
1. かぶは皮をむき、1cm角に切る。玉ねぎは粗みじん切りにする。ベーコンは5mm幅に切る。
2. 鍋にオリーブオイル、にんにく、ローリエを入れて弱火にかけ、ふつふつと香りが出てきたら玉ねぎ、ベーコンを加えて炒める。玉ねぎに透明感が出てきたら、かぶを加えて炒め、ホールトマト、酒を加え、かぶがとろとろになるまで、弱火で煮込む。
3. 2に粉チーズを加え、混ぜる。

1人分 123 kcal　4〜5日間　2〜3週間

かぶと干し柿、生ハムの和え物

甘い柿と塩けの効いた生ハムが、かぶと好相性

生ハムの塩けと
柿の甘みがマッチ

材料（4人分）
- かぶ…大きめ2個
- 塩…少々
- あんぽ柿…½個
- 生ハム…2枚
- パセリ（みじん切り）…適量
- オリーブオイル…大さじ2
- 酢…小さじ2
- 塩・こしょう…各少々

作り方
1. かぶは皮をむき、半分に切ってから薄切りにし、塩をもみ、水けをしっかりときる。柿は8mm角くらいに粗く刻む。生ハムは食べやすい大きさに切る。
2. ボウルに1、パセリを入れ、オリーブオイル、酢、塩、こしょうを加えて和える。

1人分 83 kcal　3〜4日間　冷凍 NG

カリフラワー

カリフラワーの明太子和え

少量の酢を加えた湯でゆでるときれいな白色に！

材料（4人分）
カリフラワー…½個
明太子…1腹
オリーブオイル…大さじ2
塩・こしょう…各少々

作り方
1 カリフラワーは小房に分け、酢、塩各少量（分量外）を入れた湯でゆでる。明太子は身をこそげ取る。
2 ボウルに1、オリーブオイルを入れて和え、塩、こしょうで味をととのえる。

明太子好きにはたまらない！

1人分 **86** kcal
冷蔵 5日間
冷凍 2〜3週間

カリフラワーとじゃがいものスパイス炒め

ホクホクした食感の食材で、食べ応え満点！

数種類のスパイスでクセになる味

スパイシーだからビールが進む！

材料（4人分）
カリフラワー…½個
じゃがいも…大1個
オリーブオイル…大さじ2
にんにく・しょうが（すりおろし）…各小さじ1
クミンシード…小さじ1
酒…大さじ1
水…100㎖
ガラムマサラ・ターメリック…各小さじ¼
塩・こしょう…各少々

作り方
1 カリフラワーは小房に分ける。じゃがいもは皮をむき、12等分のくし形切りにする。
2 フライパンにオリーブオイル、にんにく、しょうが、クミンシードを入れて熱し、ふつふつと香りが出てきたら、1を加えて炒める。酒、水を加えてふたをし、弱火でホクホクするまでじっくり加熱する。
3 2にガラムマサラ、ターメリックを加え、塩、こしょうをふって炒める。

1人分 **104** kcal
冷蔵 5日間
冷凍 2〜3週間

カリフラワーとベーコンのクリームチーズ焼き

生クリームで煮てから焼くから、濃厚な旨味満点

カリフラワーの食感が楽しい！

材料（4人分）
カリフラワー…½個
ベーコン…3枚
バター…10g
A【塩・こしょう各少々、生クリーム100㎖】
ピザ用チーズ…50g

作り方
1 カリフラワーは小房に分ける。ベーコンは1cm幅に切る。
2 フライパンにバターを熱し、1を炒め、ベーコンに火が通り、カリフラワーに透明感が出たら、Aを加え、とろりとするまで煮る。
3 2を耐熱容器に入れ、チーズを全体にのせ、トースターか魚焼きグリルで、チーズにおいしそうな焦げ目がつくまで焼く。

1人分 **230** kcal
冷蔵 5日間
冷凍 2〜3週間

162

もやし

もやしとささみのピリ辛中華和え
しっかりと濃い味つけで、満足度アップ

材料（4人分）
- もやし…½袋
- 鶏ささみ…3本
- 万能ねぎ…2本
- 白いりごま…大さじ1
- A【しょうゆ大さじ1、豆板醤小さじ1、ごま油大さじ1、塩・こしょう各少々】

作り方
1. もやしはさっと熱湯にくぐらせ、しっかりと水けをきる。ささみはゆで、ほぐしておく。万能ねぎは小口切りにする。
2. ボウルに1、白いりごま、Aを入れ、和える。

豆もやしときくらげ、ハムのナムル
コリコリとしたきくらげの食感がアクセントに

材料（4人分）
- 豆もやし…1袋
- きくらげ（乾燥）…5個
- 青じそ…2枚
- ハム…3枚
- A【ごま油大さじ2、にんにく（すりおろし）少々、しょうゆ小さじ2、塩・こしょう各少々】

作り方
1. 豆もやしは熱湯で2分30秒ほどゆで、しっかりと水けをきる。きくらげは水で戻し、細切りにする。青じそは縦に切り、横に細切りにする。ハムは半分に切り、細切りにする。
2. ボウルに1、Aを入れ、和える。

もやしと春雨の酢の物
かにかま入りで、メインにもなる酢のおかず

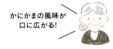

材料（4人分）
- もやし…½袋
- 春雨（乾燥）…25g
- わかめ（乾燥）…4g
- かに風味かまぼこ…4本
- 白いりごま…小さじ2
- 寿司酢…大さじ2
- しょうゆ…小さじ2

作り方
1. もやしはさっと熱湯にくぐらせ、しっかりと水けをきる。春雨は熱湯で戻し、食べやすい長さに切る。わかめは水で戻し、大きければ食べやすい大きさに切る。かに風味かまぼこはほぐす。
2. ボウルに1、白いりごま、寿司酢、しょうゆを入れ、和える。

＊おすすめの組み合わせ！＊

キャベツカツ
→P83

れんこんの
えび挟み揚げ
→P91

白の野菜おかず

れんこん

れんこんのカレーマヨサラダ
まろやかなカレーマヨソースがクセになるおいしさ

材料（4人分）
- れんこん…中1節
- ハム…3枚
- パセリ（刻む）…適量
- A【カレー粉小さじ½、マヨネーズ大さじ2、塩・こしょう各少々、オリーブオイル大さじ1】

作り方
1. れんこんは薄い輪切りにし、酢適量（分量外）を入れた熱湯でゆで、水けをしっかりきる。ハムは3等分の長さに切り、5mm幅に切る。
2. ボウルに1、パセリ、Aを入れ、和える。

1人分 125 kcal ／ 冷蔵 3〜4日間 ／ 冷凍 2〜3週間

調理のコツ：ハムの代わりにツナやカリカリに焼いたベーコンを加えても◎。カレー粉はメーカーによってスパイス加減が違うので、お好みのものを。

れんこんのごまきんぴら
ピリリと効いた赤唐辛子で後を引く味わいに

れんこんの定番レシピ！

材料（4人分）
- れんこん…中1節
- ごま油…小さじ2
- 赤唐辛子…½本
- みりん…大さじ1½
- しょうゆ…大さじ1
- 白いりごま…小さじ2

作り方
1. れんこんは3mm幅の半月切りにする。
2. フライパンにごま油を熱し、1、種を取った赤唐辛子を入れて炒める。火が通ったら、みりん、しょうゆを加えて炒め絡め、白いりごまをふる。

1人分 72 kcal ／ 冷蔵 4〜5日間 ／ 冷凍 2〜3週間

＊おすすめの組み合わせ！＊

 かじきの夏野菜煮込み →P89

 野菜と鮭の酒粕煮込み →P199

れんこんと牛肉のピリ辛炒め
牛肉の脂をよく回して、しっかり濃い味に仕上げて

甘辛&ピリ辛でパクパク食べられる

材料（4人分）
- れんこん…大1節
- 牛こま切れ肉…100g
- 赤唐辛子…1本
- 好みの植物油…大さじ1
- みりん・しょうゆ…各大さじ2
- 砂糖…小さじ1

作り方
1. れんこんは5mm幅の半月切りにし、酢水（分量外）に5分ほどつける。牛肉は食べやすい大きさに切る。赤唐辛子は種を取る。
2. フライパンにサラダ油を熱し、1を入れて炒める。火が通ったら、みりん、しょうゆ、砂糖を加え、炒め絡める。

1人分 167 kcal ／ 冷蔵 4〜5日間 ／ 冷凍 2〜3週間

れんこんのバルサミコマリネ

程よい酸味と甘みがあり、洋食にもよく合う

材料（4人分）
- れんこん…1節
- オリーブオイル…大さじ2
- 塩・こしょう…各少々
- バルサミコ酢…大さじ1½

作り方
1. れんこんは5mm幅の半月切りにし、酢水（分量外）に5分ほどつける。
2. フライパンにオリーブオイルを熱し、れんこんを入れて炒める。火が通ったら、塩、こしょうをふり、バルサミコ酢を回しかける。冷蔵庫で冷やす。

まろやかな酸味がおいしい！

1人分 86kcal ／ 冷蔵 1週間 ／ 冷凍 2～3週間

● 白の野菜おかず

カリカリれんこんチーズ

れんこんを敷き詰めて、ピザ風の仕上がりに！

子どもから大人まで人気の味！

材料（4人分）
- れんこん…中1節
- オリーブオイル…大さじ1～2
- とろけるチーズ…50g

作り方
1. れんこんは3mm幅の輪切りにし、酢水（分量外）に5分ほどつける。
2. フライパンにオリーブオイルを熱し、1を両面焼く。とろけるチーズを回しかけ、カリカリになるまで焼く。

＊おすすめの組み合わせ！＊

 豚肉の野菜炒め →P58

 チリコンカン →P101

1人分 100kcal ／ 冷蔵 4～5日間 ／ 冷凍 2～3週間

れんこんのもちもち揚げ

青じそを混ぜて、さわやかな風味をプラス

じゃことと青じそが噛むたびに広がる

材料（4人分）
- れんこん…大1節
- 青じそ…3枚
- ちりめんじゃこ…15g
- A【卵½個、片栗粉大さじ4、塩1つまみ、しょうゆ小さじ2】
- 揚げ油…適量

作り方
1. れんこんはすりおろし、青じそはせん切りにする。
2. ボウルに1、ちりめんじゃこ、Aを入れて混ぜる。
3. 2をスプーンなどですくいながら、180℃の揚げ油で丸く揚げる。

調理のコツ れんこんの生地は平たく成形して、揚げ焼きにして食べてもOK。丸めて揚げたものとは食感が少し変わって、違いを楽しめます。

1人分 139kcal ／ 冷蔵 5日間 ／ 冷凍 2～3週間

165

● 黒・茶の野菜おかず

きのこ

昆布なめたけ
塩けの強い糸昆布を加え、ごはんが進む一品

／温かいごはんに のせて食べたい＼

材料（4人分）
- えのきだけ…1パック
- 糸昆布…10g
- しょうゆ…大さじ3
- みりん…大さじ2
- 水…大さじ3

作り方
1. えのきは根元を切り落とし、食べやすい長さに切る。
2. 鍋に全ての材料を入れて火にかけ、アクが出たら取り除く。えのきがしんなりしてきたら、火を止め、粗熱をとる。

1人分 43kcal / 冷蔵 1週間 / 冷凍 2〜3週間

／冷凍パイシートで 手軽に作って＼

マッシュルームのパイキッシュ
サクサクのパイに包まれたクリーミーな具材が美味

材料（4人分）
- マッシュルーム…½パック
- 玉ねぎ…¼個
- ベーコン…2枚
- バター…15g
- むき枝豆…⅓カップ
- 塩・こしょう…各少々
- A【卵3個、牛乳・生クリーム各50㎖、とろけるチーズ60g、塩2つまみ、こしょう少々】
- 冷凍パイシート…長方形2枚

作り方
1. マッシュルームは縦6等分に切る。玉ねぎは薄切りにする。ベーコンは1cm幅に切る。
2. フライパンにバターを熱し、1、枝豆を入れて炒め、しんなりしたら塩、こしょうをふり、炒める。
3. ボウルにAを入れ、混ぜ合わせる。
4. 耐熱容器に2枚並べてのばしたパイシートを入れ、フォークで数カ所穴をあける。クッキングシートをパイシートの上にのせ、その上に重し（生米や乾燥豆でもOK）をのせて190℃のオーブンで8分ほど焼く。
5. 4のクッキングシートと重しを外し、190℃のオーブンで4分ほどから焼きする。
6. 5に2を敷き詰め、3を流し入れ、210℃のオーブンで25〜30分焼く。

1人分 451kcal / 冷蔵 3〜4日間 / 冷凍 2〜3週間

しいたけつくね
肉厚なしいたけに、鶏肉のたねをたっぷり詰めて

／肉だねを こんもりのせて！＼

材料（4人分）
- しいたけ…小ぶり8個
- A【鶏ももひき肉200g、溶き卵½個分、パン粉大さじ2、塩少々、しょうゆ・酒各小さじ2】
- 薄力粉…少々
- 好みの植物油…小さじ2
- 酒…小さじ2
- B【しょうゆ大さじ1½、みりん大さじ2、砂糖小さじ2】

作り方
1. しいたけは軸を取る。Aはボウルに入れ、混ぜ合わせ、8等分にする。
2. しいたけのかさに薄力粉をふり、Aを詰める。
3. フライパンに植物油を中火で熱し、2を肉側を下にして焼く。焼き色がついたら裏返し、酒を加えてふたをし、5分ほど蒸し焼きにする。Bを加えて煮絡める。

1人分 142kcal / 冷蔵 5日間 / 冷凍 2〜3週間

塩ミックスきのこ
パスタのソースに使ったり、冷奴にのせても！

材料（4人分）
- 好みのきのこ…合わせて約500g（しめじ・エリンギ・しいたけ・えのきだけ各1パックなど）
- 海塩…大さじ1

作り方
1. きのこはペーパータオルで汚れをはらう。しめじは石づきを取り、小房に分ける。エリンギは半分の長さに切り、4等分に裂く。しいたけは軸を取り、4等分の十字に切る。えのきは根元を切り取りほぐす。
2. 1をさっとゆでてざるにあげ、水けをきり、熱いうちに煮沸消毒をした高さのある保存容器に入れる。塩をふり、さっと混ぜてふたをする。時々全体を混ぜるように上下にふりながら、2時間ほどおく。
3. 2の粗熱がとれ、水分がきのこの高さを5cmほど越えたら冷蔵庫に入れ、半日おく。

1人分 **25kcal**　冷蔵 1週間　冷凍 2～3週間

しめじのグラタン
バターを焦がさないように炒めるのがコツ！

材料（4人分）
- しめじ・まいたけ…各½パック
- ベーコン…2枚
- ピーマン…2個
- 玉ねぎ…¼個
- バター…15g
- 冷凍コーン…1カップ
- 塩・こしょう…各少々
- 薄力粉…大さじ2
- 牛乳…200ml
- オリーブオイル…少量
- とろけるチーズ…50g

作り方
1. しめじ、まいたけは石づきを取り、小房に分ける。ベーコンは5mm幅に切る。ピーマンは粗みじん切りにし、玉ねぎは半分の長さに切って、薄切りにする。
2. フライパンにバターを中火で熱し、1、コーンを炒め、バターが全体に混ざったら強火にする。火が通ったら、塩、こしょうをふり、薄力粉を加え、粉っぽさがなくなるまで炒め、牛乳を加えてとろりとなるまで火にかけ、こしょうをふる。
3. 耐熱容器にオリーブオイルを塗り、2を入れ、チーズをのせ、オーブントースターまたは魚焼きグリルで、チーズが溶けるまで焼く。

1人分 **209kcal**　冷蔵 4～5日間　冷凍 2～3週間

まいたけ肉巻き
焼肉のたれを使えば、満足度の高い濃厚な味わいに

材料（4人分）
- まいたけ…2パック
- 牛しゃぶしゃぶ用肉…8枚
- 塩・こしょう…各少々
- サラダ油（または牛脂）…小さじ1
- 焼肉のたれ…大さじ2½

作り方
1. まいたけは石づきを取り除き、8等分に分ける。
2. 牛肉を広げて1をのせ、くるくる巻き、塩、こしょうをふる。
3. フライパンにサラダ油を熱し、2を入れて焼く。焼肉のたれを加えて、たれがとろりとするまで煮絡める。

1人分 **118kcal**　冷蔵 4～5日間　冷凍 2～3週間

黒・茶の野菜おかず

なす

なすの揚げびたし
ポン酢しょうゆと和えて、すっきりといただく

熱いうちに和えて味を染み込ませて

材料（4人分）
なす…4本
万能ねぎ…4本
ポン酢しょうゆ…100㎖
揚げ油…適量

作り方
1 なすは乱切りにする。万能ねぎは小口切りにする。
2 なすを180℃の揚げ油で素揚げする。
3 ボウルに2、万能ねぎ、ポン酢しょうゆを入れ、和える。

1人分 121kcal ／ 冷蔵 3～4日間 ／ 冷凍 2～3週間

焼きなすのディップ
クミンとパプリカの2種類のパウダーが隠し味！

パスタやバゲットと一緒に食べても

材料（4人分）
なす…2本
黒オリーブ…10g
にんにく（すりおろし）…¼かけ分
練りごま…小さじ1
クミンパウダー…小さじ⅛
パプリカパウダー…少々
塩…小さじ⅛
オリーブオイル…大さじ1½

作り方
1 なすはグリルで焼いて皮をむき、ひと口大に切る。
2 フードプロセッサーに全ての材料を入れ、ペースト状になるまで撹拌する。

食べ方のコツ　冷蔵庫でよく冷やしてから食べるのがおすすめです。薄く切ったバゲットやクラッカーにのせて食べてもおいしいです。おもてなしに出してもよろこばれます。好みでオリーブオイル適量をかけても◎。

1人分 62kcal ／ 冷蔵 1週間 ／ 冷凍 2～3週間

なすとじゃこのかき揚げ
じゃこを加えて、歯応えと風味をアップ！

じゃこの旨味がよく合う！

材料（4人分）
なす…2本
ちりめんじゃこ…½カップ
薄力粉…⅔カップ
冷水…⅔カップ
塩…小さじ½
揚げ油…適量

作り方
1 なすは半月切りにする。
2 ボウルに薄力粉、冷水、塩を入れて混ぜ、1、ちりめんじゃこを加えてさっと混ぜる。
3 2をスプーンなどですくい、180℃の揚げ油で揚げる。

1人分 127kcal ／ 冷蔵 3～4日間 ／ 冷凍 2～3週間

＊おすすめの組み合わせ！＊

いかのねぎポン酢 →P89

大根と豚バラの酒煮 →P197

黒・茶の野菜おかず

レンジ麻婆なす

しっかり味の
ごはんに合うおかず

電子レンジだけで、簡単に本格的な味が完成

材料（4人分）
なす…4～5本
長ねぎ…¼本
豚ひき肉…100g
A【酒・水各大さじ2、みそ・砂糖・しょうゆ・ごま油・豆板醤・片栗粉各小さじ2、にんにく・しょうが（すりおろし）各小さじ2、中華ペースト小さじ⅛】
ラー油…適宜

作り方
1 なすは皮をしま目にむき、乱切りにする。長ねぎは粗みじん切りにする。Aは混ぜ合わせる。
2 ボウルに1を入れて和え、ひき肉を加えて混ぜる。ラップをふんわりとかけ、電子レンジで7分ほど加熱する。
3 2をさっと混ぜ、好みでラー油を回しかける。

1人分 138kcal
冷蔵 1週間
冷凍 2～3週間

揚げなすとチーズ、トマトのサラダ

バジルをチーズで
イタリアンに！

まろやかなモッツァレラチーズをたっぷり混ぜて

材料（4人分）
なす…2本
揚げ油…適量
ミニトマト…8個
バジル…10枚
モッツァレラチーズ…小8個
A【オリーブオイル大さじ2、にんにく（すりおろし）少々、塩・こしょう各少々】

作り方
1 なすは1cm幅の輪切りにし、180℃の揚げ油で素揚げする。ミニトマトは縦半分に切る。バジルは食べやすい大きさにちぎる。
2 ボウルに1、チーズ、Aを入れて和える。

1人分 173kcal
冷蔵 3～4日間
冷凍 NG

なすとトマトのチーズ焼き

ベーコンのコクが
トマトの酸味に合う

ミルフィーユ状に具材を重ねてグラタンに

材料（4人分）
なす…3本
A【オリーブオイル大さじ2、塩少々】
トマト…1個（少しかためがよい）
ベーコン…4枚
オリーブオイル…小さじ2
とろけるチーズ…60g
パセリ（刻む）…適量

作り方
1 なすは8mm幅の輪切りにし、Aをまぶす。トマトは1cm幅の輪切りにする。ベーコンは6等分の長さに切る。
2 耐熱皿にオリーブオイルを塗り、なす、半量のチーズ、ベーコン、トマト、残りのチーズの順にのせる。
3 2を魚焼きグリルで9分ほど、またはオーブントースターでチーズに焦げ目がつくまで焼き、パセリを散らす。

1人分 212kcal
冷蔵 4～5日間
冷凍 2～3週間

じゃがいも

イタリアン粉ふきいも
フレッシュなバジルの葉を食べる前に加えて

材料（4人分）
- じゃがいも…中6個（約650g）
- オリーブオイル…大さじ3
- 塩…3つまみ
- 粗びき黒こしょう…適量
- バジル…10枚

作り方
1. じゃがいもは皮をむいてひと口大に切る。鍋に湯を沸かし、竹串がすっと通るまでゆでる。
2. 1の湯を捨て、再び火にかけ、水分を飛ばすように炒る。粉がふいてきたらオリーブオイルを加えて和え、塩をふり、さらに和える。粗びき黒こしょうをふり、バジルをちぎって加え、さっと和える。

1人分 207kcal ／ 冷蔵4〜5日間 ／ 冷凍NG

おもてなしで出しても◎

たらもサラダ
少し加えたレモン汁の酸味がほんのり効いて美味

材料（4人分）
- じゃがいも…中4個（約500g）
- たらこ…½腹（小さいものなら2腹）
- A【レモンの搾り汁小さじ2、オリーブオイル大さじ3、玉ねぎ（すりおろし）小さじ1】
- 塩・こしょう…各少々

作り方
1. じゃがいもは皮ごと水から静かにゆで、竹串がすっと通るようになったら、取り出して熱いうちに皮をむき、フォークでなめらかになるまでよくつぶす。
2. たらこは薄皮にナイフで切り込みを入れ、スプーンで身をこそげ取る。
3. 1に2、Aを加え、塩、こしょうで味をととのえる。

1人分 202kcal ／ 冷蔵4〜5日間 ／ 冷凍NG

こしょうはお好みで多めにふっても

食べ方のコツ　お好みで、薄切りのバゲットを添えて食べたり、えびやたこを一緒に混ぜ合わせて食べてもおいしいです。

じゃがいもとほたて缶のグラタン
たっぷりの生クリームとチーズを具材によく絡めて

材料（4人分）
- じゃがいも（キタアカリ）…2個（約200g）
- 玉ねぎ…¼個
- ベーコン…2枚
- ほたて（水煮）…1缶
- オリーブオイル…少量
- とろけるチーズ…50g
- にんにく（すりおろし）…小さじ¼
- 生クリーム…適量
- 塩・こしょう…各少々

作り方
1. じゃがいもは皮をむき、薄めの輪切りにし、水にさらす。玉ねぎは薄切りにする。ベーコンは細切りにし、ほたてはほぐす。
2. 耐熱皿にオリーブオイルを薄く塗り、水けを切ったじゃがいも、玉ねぎ、半量のチーズ、ベーコン、にんにく、ほたてを順に重ねる。生クリームをひたひたに加え、塩、こしょうをふり、上に残りのチーズをのせる。
3. 200℃のオーブンで2を20分焼く。

1人分 298kcal ／ 冷蔵1週間 ／ 冷凍NG

できたてを召し上がれ！

揚げないフライドポテト

オーブンで簡単に仕上がり、後片付けもラクチン

揚げるよりヘルシー！

材料（4人分）
- じゃがいも（メークイン）…5個（約600g）
- オリーブオイル…大さじ4
- 塩・こしょう…各適量

作り方
1. じゃがいもは皮をむき、8等分のくし形切りにし、オリーブオイルをまぶし、塩、こしょうをふる。
2. オーブンの天板にクッキングシートを敷き、1を重ならないように並べ、230℃のオーブンで20分ほど焼く。

1人分 225kcal / 冷蔵 2〜3日間 / 冷凍 NG

黒・茶の野菜おかず

じゃがいものコロコロチーズボール

小さいサイズで、おつまみにもピッタリ！

こんがりチーズがたまらない！

材料（4人分）
- じゃがいも…中4個（約500g）
- A【片栗粉大さじ4、ピザ用チーズ1カップ、塩・こしょう各少々】
- 好みの植物油…大さじ6

作り方
1. じゃがいもは皮をむき、4等分に切り、水にさらす。ラップをして、電子レンジで8分加熱する。
2. 1が熱いうちにじゃがいもをつぶし、Aを加えて混ぜ、ひと口大に丸める。
3. フライパンにサラダ油を熱し、2をこんがりと焼く。

調理のコツ：じゃがいもは男爵やキタアカリ、ニシユタカなどの品種がおすすめです。ひと口サイズで食べやすく、もちっとした食感が、子どもから大人まで好まれるおかずです。

1人分 367kcal / 冷蔵 1週間 / 冷凍 NG

ジャーマンポテト

こしょうをたっぷり入れるのがおすすめ！

食べ応えもバッチリおかず！

材料（4人分）
- じゃがいも…3個（約350g）
- ウインナー…5本
- さやいんげん…8本
- オリーブオイル…大さじ2
- 塩・こしょう…各少々

作り方
1. じゃがいもは皮をむき、小さめのひと口大に切って水にさらす。ラップをして、電子レンジで4分加熱する。
2. いんげんは筋をとり、水でさっと洗い、ラップをして、電子レンジで1分加熱する。ウインナーは斜め切りにする。
3. フライパンにオリーブオイルを熱し、ウインナーをカリカリに炒める。1、いんげんを加えて炒め、塩、こしょうをふり、じゃがいもがカリカリになるまで炒める。

1人分 204kcal / 冷蔵 4〜5日間 / 冷凍 NG

171

里いも

すりごまが絡んでほっとする味

里いものごま煮
だし汁でゆでた里いもの深い味わいを楽しんで

1人分 144 kcal / 冷蔵 4〜5日間 / 冷凍 2〜3週間

材料（4人分）
- 里いも…16個（正味約500g）
- A【和風だし汁300㎖、みりん・酒・しょうゆ各大さじ2、砂糖大さじ1】
- 水溶き片栗粉…片栗粉小さじ1½＋水小さじ1½
- 白すりごま…大さじ1½

作り方
1. 里いもは皮をむき、塩もみして洗い、ぬめりをとる。
2. 鍋にA、1を入れて落としぶたをし、弱めの中火で里いもに竹串がすっと刺さるまで煮る。
3. 2に水溶き片栗粉を加えてとろみをつけ、白すりごまを加えて混ぜる。

まったりした味でくせになる！

里いもツナサラダ
鍋やフライパンを使わずにできあがる！

1人分 291 kcal / 冷蔵 4〜5日間 / 冷凍 2〜3週間

材料（4人分）
- 里いも…16個（正味約500g）
- ツナ缶…小1缶
- 冷凍コーン…⅔カップ
- パセリ（刻む）…大さじ2
- オリーブオイル…大さじ3
- マヨネーズ…大さじ3
- 塩…2〜3つまみ
- こしょう…少々

作り方
1. 里いもは皮をむき、塩もみして洗い、ぬめりをとる。耐熱容器に里いもを入れてラップをし、電子レンジで5分加熱する。ツナは油をきる。
2. 1の里いもを熱いうちに粗くつぶす。
3. ボウルに全ての材料を入れ、和える。

紅しょうががアクセントに！

里いもの磯辺焼き
紅しょうがの食感とほのかな甘辛さがアクセントに

1人分 180 kcal / 冷蔵 4〜5日間 / 冷凍 2〜3週間

材料（4人分）
- 里いも…16個（正味約500g）
- 紅しょうが（粗く刻む）…大さじ3
- 万能ねぎ（小口切り）…2本分
- 片栗粉…大さじ3
- 黒いりごま…大さじ2
- 焼きのり…¾枚
- ごま油…大さじ2

作り方
1. 里いもは皮をむき、塩もみして洗い、ぬめりをとる。耐熱容器に里いもを入れてラップをし、電子レンジで5分加熱する。
2. 1の里いもを熱いうちにつぶし、紅しょうが、万能ねぎ、片栗粉、黒ごまを加え、耳たぶくらいのやわらかさになるまで混ぜる。12等分にして平たく丸め、12等分にした焼きのりで巻く。
3. フライパンにごま油を熱し、2を焼き色がつくまで焼く。

ごぼう

すりごまで
ほっこりする味に

レンジごぼうのごま酢和え
甘酸っぱいたれが、ごぼう独特の風味を引き立てる

材料(4人分)
ごぼう…1本
A【白すりごま大さじ2、酢大さじ1、砂糖小さじ2、しょうゆ大さじ1½】

作り方
1 ボウルにAを入れて混ぜる。ごぼうは皮をこそげ取り、4cm長さに切り、縦半分または4等分に切り、酢水(分量外)に5分ほどさらしてアクを取る。
2 耐熱皿にごぼうを並べ、水大さじ1をかけ、ラップをふんわりとかけ、6分加熱する。
3 Aに2を入れ、和える。

1人分 63kcal ／ 冷蔵1週間 ／ 冷凍2～3週間

●黒・茶の野菜おかず

ごぼうのから揚げ
しょうゆをまぶして揚げる、和風から揚げ

しょうゆをしっかりなじませて！
揚げたてがお酒によく合う！

材料(4人分)
ごぼう…2本
しょうゆ…大さじ3
片栗粉…適量
揚げ油…適量

作り方
1 ごぼうは10cm長さに切り、太い部分は縦に4等分、細い部分は2等分に切る。酢水(分量外)に5分ほどさらしてアクを取り、水けをしっかりと切る。
2 ポリ袋に1を入れ、しょうゆを加えて全体にまぶす。
3 2に片栗粉をつけ、180℃の揚げ油で色よく揚げる。

＊おすすめの組み合わせ！＊

 にらとトマトとえびの卵炒め →P93

 野菜の豆腐あんかけ →P97

1人分 115kcal ／ 冷蔵2～3日間 ／ 冷凍NG

ごぼうの肉きんぴら
豚肉の旨味をしっかり絡めて召し上がれ

肉入りでだから満足感もバッチリ

材料(4人分)
ごぼう…1本
にんじん…1本
豚バラ薄切り肉…4枚
ごま油…小さじ2
塩…少々
A【しょうゆ大さじ2½、みりん大さじ2、砂糖小さじ2】
白いりごま…大さじ1

作り方
1 ごぼうは斜め薄切りにし、酢水(分量外)に5分ほどさらしてアクを取る。にんじんは斜め薄切りにし、縦4等分に切る。豚肉は1cm幅に切る。
2 フライパンにごま油を熱し、ごぼう、にんじんを炒める。透明感が出てきたら、塩をふり、豚肉を加えて炒める。
3 2にAを加えて煮絡め、白ごまをふる。

 調理のコツ
きんぴらはあえて太めに切って炒めると野菜をより味わえておすすめです。いりごまはさっとフライパンで炒ってから使うと、さらに香りが立ちます。

1人分 189kcal ／ 冷蔵4～5日間 ／ 冷凍2～3週間

春になったら食べたい旬のおかず

たけのこ

たけのこ、ふき、油揚げ煮
一度冷ましてから温めるので、味がよく染み込む

材料（4人分）
- ゆでたけのこ…1本
- ふき(ゆでたもの)…3本
- 油揚げ…2枚
- A【かつおだし汁200㎖、薄口しょうゆ・みりん各大さじ2、砂糖大さじ1、塩少々】

作り方
1. たけのこは小さめのひと口大に切る。ふきは3cm長さに切る。油揚げはひと口大に切る。
2. 鍋にAを入れて火にかけ、煮立ったら、1を入れて弱火にし、落しぶたをして15分ほどコトコト煮込む。
3. 2を一度冷まして味を含め、食べるときに再度温める。

1人分 119kcal ／ 冷蔵4〜5日間 ／ 冷凍2〜3週間

たけのこと牛肉の山椒煮
甘辛味が、具材によく絡んでごはんが進む！

ごはんが進む甘辛味がいい!

材料（4人分）
- ゆでたけのこ…中½本
- 牛こま切れ肉…200g
- A【みりん・しょうゆ各大さじ2、酒・砂糖各大さじ1】
- 好みの植物油…小さじ1
- 山椒…小さじ¼
- 木の芽…10枚(あれば)

作り方
1. たけのこは縦4等分に切り、食べやすい大きさに切る。牛肉は2cm幅くらいに切る。
2. 鍋に植物油を熱し、1を炒める。Aを加えて炒め煮にする。
3. 仕上げに山椒、木の芽を散らす。

＊おすすめの組み合わせ！＊

にんじん、ねぎ、しらすの卵焼き →P93

大豆入りひじき煮 →P102

1人分 184kcal ／ 冷蔵4〜5日間 ／ 冷凍2〜3週間

たけのこ、わかめ、鶏肉の卵とじ
かつおのだし汁で優しい風味が広がる一品

卵でとじたほっこりおかず

材料（4人分）
- ゆでたけのこ…中1本
- 鶏もも肉…½枚
- わかめ(塩蔵)…15g
- 卵…2個
- A【かつおだし汁200㎖、酒・薄口しょうゆ各大さじ1、塩少々】

作り方
1. たけのこは縦4等分に切り、いちょう切りにする。鶏肉は1cm角に切る。わかめは水で戻す。卵は溶く。
2. 鍋にAを入れて火にかけ、煮立ったら、たけのこ、鶏肉を加えて煮込む。鶏肉にしっかりと火が通ったら、わかめ、溶き卵を加え、卵に火が通るまで火にかける。

1人分 132kcal ／ 冷蔵4〜5日間 ／ 冷凍2〜3週間

column

山菜の扱い方とおいしいレシピ

旬の山菜をおいしく食べたいと思っても、扱い方が分からず遠ざかっていませんか？
扱い方を覚えれば、山菜の香りとおいしさを思う存分味わえます。

下処理のポイント

たらの芽
下のかたい部分を切り落としたら、外側の茶色い皮を取り除くと口当たりがよくなる。

ふきのとう
表面の皮を1枚ずつきれいにはがし、包丁で端から刻みます。皮はかたいので捨てること。

炊きたてのごはんにのせて

全量 **202 kcal**

ふきみそ
特有の苦味と香りがやみつき！
ごはんのお供にぴったり

材料（作りやすい分量）
ふきのとう…小さめ6〜8個
A【みそ・酒各大さじ1、みりん大さじ2、砂糖小さじ1】
ごま油…小さじ1

作り方
1 ふきのとうは表面の皮をはがし、細かく刻む。
2 フライパンにごま油を熱し、1を炒める。Aを加えてぽてっとするまでよく混ぜる。

豚バラ薄切り肉で巻いて作っても！

1人分 **75 kcal**

たらの芽のベーコン巻き
山菜を洋風のおかずにアレンジ。
ベーコンの旨味がよく合う

材料（4人分）
たらの芽…8個
ベーコン…4枚
オリーブオイル…小さじ1

作り方
1 たらの芽は下のかたい部分を切り落とす。ベーコンは半分の長さに切る。
2 ベーコンでたらの芽を巻き、2個ずつつまようじで刺して留める。
3 フライパンにオリーブオイルを熱し、弱めの中火でベーコンにおいしそうな焼き色がつくまで焼く。

おにぎりにして食べても！

1人分 **332 kcal**

山菜おこわ
山菜の水煮があれば炊飯器で
簡単におこわが作れる

材料（6人分）
山菜(水煮)…150g
油揚げ…2枚
もち米…2合
白米…1合
A【かつお昆布だし汁540㎖、塩小さじ1、薄口しょうゆ・酒各大さじ2】

作り方
1 山菜は水けをきる。油揚げは半分の長さに切り、細切りにする。
2 もち米と白米は合わせ、とぐ。
3 炊飯釜に2、A、1を入れ、30分ほどおく。
4 3を炊飯器で炊く。

175

column

野菜たっぷり麺レシピ

ピリ辛味でクセになる!

にらとトマトとえびの卵炒め(P93)、パプリカとツナのきんぴら(P130)、ねぎチャーシュー(P160)を焼きそば麺に和えても美味しい。

オイスターソースで味わい深い!

1人分 501 kcal

韓国風野菜たっぷり素麺
香りのある春菊とせりをたっぷりのせて

材料(2人分)
- 素麺…2人分
- 春菊…2本
- せり…3本
- くこの実…大さじ1
- 松の実…大さじ1
- A【コチュジャン大さじ3、砂糖・白すりごま・ごま油各大さじ2、しょうが(すりおろし)1かけ分、酢・レモンの搾り汁各大さじ4、長ねぎ(みじん切り)½本分、しょうゆ小さじ1、塩少々】

作り方
1 春菊とせりは冷水につけてシャキッとさせ、水けをしっかりきり、ざく切りにする。
2 素麺は袋の表示通りにゆで、流水でよくもみ洗いをしてぬめりを取り、水けをしっかりときる。
3 ボウルにA、2、1、くこの実、松の実を入れ、よく絡める。

豆腐、オクラ、トマト、納豆昆布和え(P98)や、ほたてとみょうがときくらげのマリネ(P121)、白菜とほたてのクリーム煮(P158)を絡めても美味!

1人分 354 kcal

上海風焼きそば
野菜を炒めることで、カサが減ってボリューム満点!

材料(2人分)
- 焼きそば麺…2人分
- にんじん…⅓本
- にら…3本
- 長ねぎ…¼本
- もやし…½袋
- A【オイスターソース・酒各大さじ1、しょうゆ小さじ2】
- 塩・こしょう…各少々
- にんにく(すりおろし)…小さじ⅛
- パクチー…適量
- ごま油…小さじ2

作り方
1 にんじんは3cm長さの拍子木切りにし、にらは3cm幅に切る。長ねぎは斜め薄切りにする。焼きそば麺は袋に数カ所穴をあけ、電子レンジで1分30秒加熱する。
2 フライパンにごま油を熱し、にんじんを炒める。にんにくを加え、塩、こしょうをふり、炒める。
3 2ににら、長ねぎ、もやし、焼きそば麺を加えて炒め、にらに火が通ったら、Aを加え、塩、こしょうをふり、さっと炒める。
4 器に3を盛り、パクチーをのせる。

176

どうしても麺料理は野菜不足になりがち。これでもか！というぐらい、野菜をたっぷりのせて
モリモリおいしく食べましょう。ランチにもぴったりな麺メニューをご紹介します。

お好みで野菜を
さらに加えても

ミニトマト、コーン、
青じそのサラダ（P127）、
オクラ豚しゃぶ（P141）、
豆もやしときくらげ、
ハムのナムル（P163）を
絡めて食べても◎。

夏になったら
作りたい！

1人分
451 kcal

野菜たっぷりナポリタン
いつものナポリタンに彩り野菜をたくさん加えて

材料（2〜3人分）
- スパゲッティ…200g
- ウインナー…5本
- 玉ねぎ…¼個
- パプリカ（黄）…⅓個
- 小松菜…⅓束
- トマト…中1個
- にんにく（すりおろし）…小さじ¼
- トマトケチャップ…大さじ3
- 酒…小さじ2
- 塩・こしょう…各少々
- オリーブオイル…小さじ2
- パルメザンチーズ…適宜

作り方
1 スパゲッティは袋の表示通りにゆでる。
2 ウインナーは斜め切りにする。玉ねぎは半分の長さに切り、薄切りにする。パプリカは半分の長さに切り、3cm幅に切る。小松菜は3cm幅に切る。トマトは1cm角に切る。
3 深めのフライパンにオリーブオイルを熱し、玉ねぎ、パプリカ、小松菜、トマト、ウインナー、にんにくを加えて炒める。野菜がしんなりしてきたら、塩、こしょうをふり、酒、ケチャップを加えて炒め、スパゲッティを加え、炒め絡める。
4 器に3を盛り、好みでチーズをかける。

トマトとたことオリーブの煮込み（P126）、
トマトミートソース（P126）、
ほうれん草とえびのカレークリーム煮（P152）を
和えても合う！

1人分
353 kcal

そばサラダ
シャキシャキ野菜と天かすの食感がおいしい！

材料（2人分）
- そば…1束
- にんじん…⅔本
- きゅうり…1本
- 貝割れ菜…1パック
- サニーレタス…¼束
- なると（スライス）…6枚
- A【めんつゆ（2倍濃縮）大さじ2、オリーブオイル大さじ1½】
- 天かす…適量
- 白いりごま…大さじ1

作り方
1 にんじん、きゅうりはマッチ棒大の細切りにする。貝割れ菜、サニーレタスは冷水につけてシャキッとさせ、水けをきる。貝割れ菜はざく切りに、サニーレタスは細切りにする。なるとは細切りにする。
2 そばは袋の表示通りゆで、冷水でしっかりと洗い、水けをよくきる。
3 器に2を盛り、1をのせる。混ぜ合わせたAをかけ、天かすをのせ、白いりごまをふりかける。

177

column

冷凍野菜でおみそ汁バリエ

トマトの酸味がみそと合う!

冷凍野菜があれば簡単に作れる

1人分 **133 kcal**

冷凍トマトとモッツアレラチーズのおみそ汁

トマトとチーズが好相性のイタリアンな一品

材料（4人分）
- 冷凍トマト…2個
- モッツアレラチーズ…小2個
- 青のり…小さじ2
- 和風だし汁…4カップ
- 酒…大さじ1
- みそ…大さじ4

作り方
1. トマトは8等分に切る。
2. 鍋にだし汁、酒を入れて火にかける。沸騰したらトマトを加え、火が通ったらチーズを加え、みそを溶く。
3. 器に2を盛り、青のりをふる。

1人分 **61 kcal**

冷凍オクラと冷凍きのこのおみそ汁

だし汁に凍ったままのオクラときのこを加えて

材料（4人分）
- 冷凍オクラ…8本分
- 冷凍ミックスきのこ…2カップ
- 和風だし汁…4カップ
- 酒…大さじ1
- みそ…大さじ4

作り方
鍋にだし汁、酒を入れて火にかける。沸騰したらオクラ、ミックスきのこを加え、火が通ったらみそを溶く。

冷凍 HOW TO

冷凍トマト
切ると種まわりが流れてしまうため、切らずに丸ごと冷凍用保存袋に入れて冷凍。

冷凍オクラ
板ずりし、ゆでて水けをきり、2〜3等分の長さに切って、冷凍用保存袋に入れて冷凍。

冷凍ミックスきのこ
きのこを3〜4種類用意し、布巾などで汚れを落とし、切って冷凍用保存袋に入れて冷凍。

旬の野菜がたくさん手に入ったら、冷凍保存をしておいしく食べきりましょう。
中でもおすすめなのが、おみそ汁。沸騰しただし汁に凍ったまま加えるだけだから手軽です。

冷凍にんじんと豚肉のおみそ汁
にんじんのせん切りは生のまま冷凍できる！

1人分 221 kcal

材料（4人分）
- 冷凍にんじん…1本分
- 豚バラ薄切り肉…8枚
- 和風だし汁…4カップ
- 酒…大さじ1
- みそ…大さじ4

作り方
1 豚肉は6等分に切る。
2 鍋にだし汁、酒を入れて火にかける。沸騰したらにんじん、豚肉を加え、火が通ったらみそを溶く。

冷凍HOW TO
冷凍にんじん
皮をむき、3〜4cm長さのせん切りにしてから冷凍用保存袋に入れて冷凍。

冷凍小松菜とベーコンのおみそ汁
みそ汁にベーコンが新鮮なおいしさ！

1人分 97 kcal

材料（4人分）
- 冷凍小松菜…1束分
- ベーコン…3枚
- 和風だし汁…4カップ
- 酒…大さじ1
- みそ…大さじ4

作り方
1 ベーコンは1.5cm幅に切る。
2 鍋にだし汁、酒を入れて火にかける。沸騰したら小松菜、ベーコンを加え、火が通ったらみそを溶く。

冷凍HOW TO
冷凍小松菜
さっとゆでて水けを絞り、4cm幅に切る。ラップで小分けに包み、冷凍用保存袋に入れて冷凍。

column

野菜のおやつレシピ

ビタミンやミネラルがたっぷりな野菜を使ったおやつを作ってみませんか？
ひんやりスイーツから、焼き菓子、白玉団子までバラエティーも豊かです。

トマトとすいかのシャーベット

自然な甘味で
さっぱり食べられる

トマトとすいかが相性抜群でさわやかなおいしさ！

1人分
34 kcal

材料（4人分）
フルーツトマト…2個
小玉すいか…¼個
バジル…中3枚
はちみつ…小さじ1〜2

作り方
1 フルーツトマトは皮を湯むきし、4等分に切る。すいかは種を取って皮をむき、ひと口大に切る。
2 全ての材料をミキサーに入れて撹拌し、バットに流し入れる。
3 2を冷凍庫におき、1時間ごとに3回かき混ぜる。

しょうがのマドレーヌ

しょうがの風味が
優しく広がる

ピリッとしょうがの風味がおいしい焼き菓子

3個分
139 kcal

材料（ミニマドレーヌ型約18個分）
しょうがの絞り汁…大さじ1
卵…M1個
グラニュー糖…50g
牛乳…大さじ½
A【薄力粉50g、ベーキングパウダー小さじ¼】
バター…50g

作り方
1 バターは完全に溶かす。Aは混ぜ合わせる。
2 ボウルに卵を溶き、グラニュー糖を加えてよく混ぜ、牛乳、Aを加え、泡立て器でクリーム状になるまで混ぜる。
3 2にバター、しょうがの絞り汁を加えて混ぜ、冷蔵庫に1時間ほどおく。
4 型に溶かしバター（分量外）をハケでしっかり塗り、薄力粉（分量外）をはたき、冷凍庫で冷やす。
5 4の型の⅔の高さまで生地を流し入れ、180〜190℃のオーブンで12〜13分焼く。

かぼちゃ白玉団子

かわいい彩りの
和のおやつ

ほんのりとしたかぼちゃの甘みとモチモチ食感

1人分
131 kcal

材料（4人分）
かぼちゃ…100g
白玉粉…70g
水…大さじ4〜5
あずき（市販）…適量

作り方
1 かぼちゃは種とワタを取り除き、皮をむき、竹串がすっと通るくらいまで蒸す。熱いうちにつぶし、粗熱をとる。
2 1に白玉粉を加え、耳たぶくらいのかたさになり、粉っぽくなくなるまで水を加えて混ぜる。
3 2を直径2cmくらいに丸めて真ん中をへこませる。
4 3を熱湯でゆで、浮き上がってきたらさらに1分ほどゆで、冷水にとる。
5 器に4を盛り、あずきをのせる。

PART 5

たっぷり作ってしみじみおいしい

スープ・煮込み

スープや煮込みは、実は一番野菜を食べられる料理。
時間をかけて煮込むことで野菜のかさが減り、たっぷりおいしくいただけます。
保存するときは鍋ごとがおすすめです。

作りおき 野菜 おかずでラクうま 晩ごはん ❶

ワインがよく合う洋風献立!

ロールキャベツと炊き込みごはんの献立

総エネルギー **936 kcal**

一から作ると時間がかかる煮込み料理も、作りおきしておくと温めるだけだからラク！
ロールキャベツに旨味たっぷりの炊き込みごはんがよく合います。

memo
主食はお好みで変えてもOK

ロールキャベツの献立はごはん以外にも、パンやパスタもよく合います。その日の気分やお好みで変えてみるのもおすすめです。旨味がたっぷりのごはんと、クリーミーなロールキャベツには、さっぱりとしたトマトを添えて。彩りもよくなります。

ドライトマトとドライポルチーニ、あさりの炊き込みごはん
▶▶P70
干し野菜とあさりのうまみがたっぷりで、これ一品でも満足。 **378 kcal**

クリームロールキャベツ
▶▶P78
汁ごと保存しておくから、そのまま鍋に入れて温めればOK。 **548 kcal**

トマト
くし形に切ったトマトを添えて。さっぱりいただける。 **10 kcal**

作りおき 野菜 おかずでラクうま 晩ごはん ❷

しゅうまいと蒸し野菜の献立

作りおきしたしゅうまいと彩りのよい野菜を、蒸籠に入れて蒸すだけで夕飯が完成。
こんなにラクで豪華に見え、そしておいしく食べられる蒸籠蒸しをぜひ、お試しください。

もち麦ごはん
プチプチとした食感のもち麦ごはんでヘルシーに。
230 kcal

蒸し野菜たっぷりでヘルシー！

総エネルギー
700 kcal

玉ねぎしゅうまい ▶▶ P38
蒸し野菜recipe

〈1人分〉キャベツはざく切りにし、ブロッコリーは小房に分け、紅芯大根はいちょう切りにする。野菜はそれぞれお好みの量でOK。蒸し器に玉ねぎしゅうまい8個、切った野菜、ミニトマトを入れて12〜15分蒸す。からしじょうゆを添える。
470 kcal

memo
蒸し器で一度に調理できる

温野菜が体に優しい晩ごはん。蒸し器でしゅうまいと蒸し野菜が一度に作れるので、忙しいときなどにとってもおすすめです。しゅうまいを作りおきしておけば、あとは好きな野菜を切って蒸すだけ！ 冷凍しておいたごはんを一緒に蒸してもOKです。

183

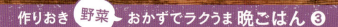

作りおき 野菜 おかずでラクうま 晩ごはん ❸

ほうれん草のカレークリーム煮ごはんの献立

たっぷりのほうれん草とえび、うずらの卵が入ったカレークリーム煮はごはんにかけるだけ。
サラダを添えれば、野菜たっぷり、味のバランスも満点の献立に仕上がります。

総エネルギー
675 kcal

パプリカとカッテージチーズとオリーブのサラダ ▶▶P114
葉野菜は保存するときは外して、盛りつけるときに新たに加えるのが◎。
115 kcal

ごはんのトッピングはお好みでどうぞ

ほうれん草とえびのカレークリーム煮込み ▶▶P152
ごはんrecipe
〈1人分〉ごはん1膳、ほうれん草とえびのカレークリーム煮込み1人分を皿に盛り、ごはんの上にアーモンドスライス適量をのせ、ドライパセリ適量をかける
560 kcal

memo
ごはんにいろいろトッピングしても

カレーライスとサラダの献立を少しアレンジすると、おしゃれな雰囲気に。カレーには彩りがきれいな野菜がたっぷり入ったサラダを添えて。カッテージチーズのコクが、カレー風味のメインおかずによく合います。ごはんには、お好みでトッピングすると楽しいです。

184

作りおき 野菜 おかずでラクうま 晩ごはん ❹

野菜つくね丼と金目鯛の煮物の献立

野菜つくねをのせたミニ丼に、金目鯛の煮物を組み合わせたちょっと欲張りな和風献立。
青菜のおひたしやきんぴらも小皿にのせれば、いろいろな野菜が一度に食べられます。

 肉、魚、野菜がバランスよく食べられる
 総エネルギー **853 kcal**

せりのおひたし
▶▶ P152

さっぱりとした野菜のおかずが甘めのおかずに合う。

13 kcal

金目鯛とごぼうの煮物 ▶▶ P87
野菜を多めに盛りつけると、献立のバランスがよくなる。
305 kcal

五目野菜の肉きんぴら
▶▶ P50

箸休め的にあるとうれしいきんぴらは、豆皿にのせて。
138 kcal

野菜つくね丼 recipe
〈1人分〉ごはん1膳にちぎった焼きのり適量、野菜つくね（P79）2個、ブロッコリースプラウト適量を順にのせる。
397 kcal

memo
ボリュームを調整してバランスよく

ボリュームのある野菜つくね丼には、小ぶりの金目鯛と野菜をたっぷり合わせるのが◎。メインのおかずにもなる五目野菜の肉きんぴらは、ちょこっと盛って副菜にすればちょうどよいバランスに。野菜つくね丼はお弁当に詰めるのもおすすめですよ。

185

スープ

ひんやりおいしい！

クリーミーなおいしいスープの作り方

ヴィシソワーズ

暑くて食欲のない日でも飲みやすい、冷たいじゃがいものスープです。
ミキサーにかけてからこしているので、なめらかな口当たり。

1人分 242 kcal ／ 冷蔵 4〜5日間 ／ 冷凍 2〜3週間

夏に飲みたい冷静スープ♪

・材料（6人分）

じゃがいも…300g
長ねぎ…½本
玉ねぎ…½個
バター…20g
牛乳…200㎖
生クリーム…200㎖
チキンスープ…400㎖
塩、こしょう…各少々

・作り方

① 野菜を切る

じゃがいもはいちょう切りにする。長ねぎは斜め薄切り、玉ねぎは薄切りにする。

② 野菜を炒める

鍋にバターを熱し、長ねぎと玉ねぎを加えて炒め、しんなりしたらじゃがいもを加えて炒め、塩をふる。

③ 煮込む

チキンスープを加え、じゃがいもに竹串がすっと通るまで煮込んだら、粗熱をとる。

④ ミキサーにかける

3をミキサーに入れ、全体がなめらかになるまで撹拌する。

⑤ こして冷やす

4を目の細かいざるやこし器でこしながらボウルに入れ、氷水にあてて冷やす。

⑥ 牛乳、生クリームを加える

5が十分に冷えたら、牛乳、生クリームを加えて混ぜ、塩、こしょうで味をととのえる。

かぼちゃのポタージュ

かぼちゃの優しい甘みが口の中に広がる！

材料（4人分）
- かぼちゃ…½個
- 玉ねぎ…½個
- にんにく…1かけ
- バター…大さじ1
- ローリエ…1枚
- 水…適量
- 牛乳…400㎖
- 塩・こしょう…各適量
- 生クリーム…100㎖

作り方
1. かぼちゃは種とワタを取り除き、皮をむき、2cm角に切る。玉ねぎ、にんにくは薄切りにする。
2. 鍋にバターを熱し、にんにく、玉ねぎ、ローリエを炒め、しんなりしたらかぼちゃを加え、油が回るまで炒める。水をひたひたに加え、かぼちゃがやわらかくなるまで煮る。
3. 2のローリエを取り除き、ミキサーに入れて撹拌する。
4. 3を再び鍋に戻して火にかけ、牛乳を加えて伸ばし、塩、こしょうで味をととのえ、生クリームを加える。

調理のコツ　温めて食べても、冷やして食べてもおいしいです。牛乳を豆乳に変えて作ったりしてもいいですね。

＊おすすめの組み合わせ！＊

ブロッコリーとツナとコーンのサラダ
→P147

玉ねぎとサーモンのレモンマリネ
→P159

1人分 **343** kcal　冷蔵 4〜5日間　冷凍 2〜3週間

マッシュルームのポタージュ

きび砂糖を加えてほんのり甘みを出しました

材料（4人分）
- マッシュルーム…1パック
- 玉ねぎ…½個
- にんにく…1かけ
- じゃがいも…中1個
- バター…大さじ1
- 水…適量
- ローリエ…1枚
- 牛乳…400㎖
- 生クリーム…100㎖
- 塩・こしょう…各適量
- きび砂糖…小さじ¼

作り方
1. マッシュルームは軸を取り、薄切りにする。玉ねぎ、にんにくは薄切りにする。じゃがいもは皮をむき、半分に切って薄切りにする。
2. 鍋にバターを熱し、にんにく、玉ねぎ、ローリエを加えて炒め、塩をふり、しんなりしたらマッシュルーム、じゃがいもを加え、油が回るまで炒める。きび砂糖、水をひたひたに加え、じゃがいもがやわらかくなるまで煮る。
3. 2のローリエを取り除き、ミキサーに入れて撹拌する。
4. 3を再び鍋に戻して火にかけ、牛乳を加えて伸ばし、塩、こしょうで味をととのえ、生クリームを加える。

1人分 **237** kcal　冷蔵 4〜5日間　冷凍 2〜3週間

スープ

優しい甘みでほっこり！

肉や魚料理と合わせて

サンラータン

ピリ辛と酸味がたまらない！

酸っぱくてピリ辛の食欲をそそるスープ

材料（4人分）
- 干ししいたけ…4個
- わかめ（戻したもの）…20g
- えのきだけ…½袋
- セロリ…½本
- 牛薄切り肉…100g
- 絹豆腐…1丁
- 鶏がらスープ…600㎖
- しょうゆ…大さじ2
- 豆板醤…大さじ1弱
- 水溶き片栗粉…適量（片栗粉と水を同量で溶いたもの）
- 卵…2個
- 酢…大さじ2～3

作り方
1. 干ししいたけは水200㎖で戻し、薄切りにする。戻し汁は捨てずにとっておく。わかめは2cm幅に切る。えのきは根元を切り落とし、3等分に切る。セロリは薄切りにし、牛肉は1cm幅に切る。豆腐は手で食べやすい大きさにちぎる。
2. 鍋に干ししいたけ、戻し汁、鶏がらスープを入れて火にかけ、沸騰したら牛肉を加え、アクを取る。えのき、セロリ、豆腐、わかめを加えて煮込み、しょうゆ、豆板醤を加え、水溶き片栗粉を加えてとろみをつける。
3. 卵を溶いて2に加え、卵がふんわりしたら火を止め、酢を加える。

1人分 177kcal ｜ 冷蔵1週間 ｜ 冷凍2～3週間

卵野菜スープ

いろいろな料理に合うスープ

野菜の甘みと卵のまろやかさがよく合う！

材料（4人分）
- にんじん…½本
- 豆苗…½束
- 卵…3個
- A【鶏がらスープ800㎖、塩小さじ⅛、酒…50㎖】
- もやし…½袋
- しょうゆ…大さじ2

作り方
1. にんじんは細切りにし、豆苗は半分の長さに切る。卵は溶く。
2. 鍋にAを入れて火にかけ、煮立ったらにんじん、豆苗、もやしを加え、火が通るまで煮る。仕上げにしょうゆ、溶き卵を加える。

＊おすすめの組み合わせ！

チンゲン菜と厚揚げ、豚肉のしょうゆ煮 →P153

長ねぎの豚肉巻き →P160

1人分 107kcal ｜ 冷蔵1週間 ｜ 冷凍2～3週間

ミネストローネ

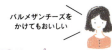

パルメザンチーズをかけてもおいしい

野菜をたっぷり使ったイタリアのスープ

材料（4人分）
玉ねぎ…½個	塩…小さじ1
にんじん・セロリ…各½本	白ワイン…100㎖
じゃがいも…中1個	ローリエ…2枚
ベーコン（ブロック）…80g	水…200㎖
ホールトマト…100g	きび砂糖…小さじ2
オリーブオイル…大さじ1	カレー粉…小さじ⅛（あれば）
にんにく（つぶす）…1かけ分	A【塩小さじ1、こしょう少々】

作り方
1 玉ねぎは粗みじん切りにし、にんじんは8mmくらいの角切りにする。セロリは斜め切りにする。じゃがいもは8mmくらいの角切りにして水にさらす。ベーコンは5mm幅に切る。

2 鍋ににんにく、オリーブオイルを入れて弱火にかけ、にんにくがふつふつして、香りが立ったら、ベーコン、玉ねぎ、セロリを加え、野菜に透明感が出るまで炒める。にんじん、じゃがいも、塩を加え、さっと炒める。

3 2に白ワイン、手でつぶしたホールトマト、ローリエ、水を加え15分ほど煮込む。きび砂糖、カレー粉を加えて5分ほど煮込み、Aで味をととのえる。

1人分 187 kcal ／ 冷蔵 1週間 ／ 冷凍 2〜3週間

クラムチャウダー

あさりの旨味が濃厚なスープによ〜く出てる

材料（6人分）
あさり…300g	にんにく（みじん切り）…1かけ分
玉ねぎ…½個	水…80㎖
にんじん・セロリ…各½本	白ワイン…80㎖
じゃがいも…中1個	バター…30g
マッシュルーム…1パック	生クリーム…200㎖
ベーコン…4枚	塩・こしょう…各適量

作り方
1 あさりは砂抜きし、殻をこすり合わせて洗う。玉ねぎ、にんじんは1.5cm角に切る。セロリは斜め薄切りにする。じゃがいもは1.5cm角に切り、水にさらす。マッシュルームは4等分に切り、ベーコンは1cm幅に切る。

2 フライパンにあさり、水、白ワインを入れてふたをし、中火にかけ、あさりの口が開いたら火を止め、殻から身を取り、フライパンの煮汁に戻し入れる。殻は捨てる。

3 厚手の鍋にバターを熱し、にんにくを炒め、香りが立ったらベーコン、玉ねぎ、セロリ、にんじん、じゃがいもを順に加えて炒め、塩をふる。野菜がしんなりしたら、マッシュルームを加えて炒める。2を煮汁ごと加え、じゃがいもとにんじんに火が通るまで10分ほど煮込む。生クリームを加えて5分煮込み、塩、こしょうで味をととのえる。

お好みでパセリを散らしても!

1人分 276 kcal ／ 冷蔵 1週間 ／ 冷凍 2〜3週間

具だくさんで食べ応え◎

1人分 220 kcal
冷蔵 1週間
冷凍 2〜3週間

トマトミートボールスープ
ミートボールで食べ応えバッチリのスープ

材料（4人分）
玉ねぎ…大½個
にんじん…½本
じゃがいも…大1個
セロリ…½本
豚ひき肉…200g
ホールトマト…½缶
ごま油…大さじ1
水…3カップ
A【しょうゆ 大さじ½、酒・片栗粉・ごま油各小さじ1、砂糖2つまみ、塩1つまみ、こしょう少々】
塩・こしょう…各適量

作り方
1 玉ねぎ、にんじん、じゃがいもは1.5cm角に切る。セロリは筋を取り、1.5cm角に切る。ひき肉はボウルに入れ、Aを加えて混ぜ、粘りけが出るまでよく練る。ホールトマトは手でよくつぶす。
2 鍋にごま油を熱し、玉ねぎ、にんじん、じゃがいも、セロリを加え、油が回るまでさっと炒める。水を加えて煮立ったら火を弱め、ふたをして10分ほど煮る。ホールトマトを加え、さらに10分ほど煮る。
3 1のひき肉を小さめのだんご状に丸め、2に加え、アクを取り、ミートボールに火が通るまで煮る。仕上げに塩、こしょうで味をととのえる。

とろみがあってほっと落ち着く

1人分 110 kcal
冷蔵 1週間
冷凍 2〜3週間

中華風コーンスープ
コーンの優しい甘みが、とろみのあるスープに合う！

材料（4人分）
鶏がらスープ…3カップ
クリームコーン…小1缶
スイートコーン…½カップ
塩…小さじ¼
砂糖…小さじ1
水溶き片栗粉…大さじ1½
（片栗粉と水を同量で溶いたもの）
卵…2個

作り方
1 鍋に鶏がらスープ、クリームコーン、水けをきったスイートコーンを入れ、中火にかける。沸騰直前で火を弱め、塩、砂糖を加えて味をととのえ、水溶き片栗粉を加えてとろみをつける。
2 卵は溶き、1に流し入れ、ふんわりするまで加熱する。

＊おすすめの組み合わせ！＊

玉ねぎしゅうまい
→P38

酢豚
→P82

チキンチャウダー

鶏肉とベーコンの旨味がおいしい!

仕上げにパセリを散らしてもOK

材料（4人分）

- 鶏もも肉…1/2枚
- ベーコン…4枚
- 玉ねぎ…中1個
- じゃがいも…大1個
- コーン…1カップ
- 好みのショートパスタ…30g
- バター…15g
- オリーブオイル…小さじ2
- 薄力粉…大さじ2
- 水…適量
- ローリエ…1枚
- 牛乳…3カップ
- 塩…小さじ1
- こしょう…適量

作り方

1. 鶏肉は薄いそぎ切りにし、塩2つまみ、こしょう少々（各分量外）をまぶす。ベーコンは細切りにし、玉ねぎは粗みじん切りにする。じゃがいもは1cmの角切りにし、水にさらす。ショートパスタは袋の表示より1分ほど短くゆでる。
2. 厚手の鍋にバター、オリーブオイルを入れ、バターを焦がさないように熱し、ベーコンを加えて脂をしっかりと出すように炒める。鶏肉を加えて炒め、玉ねぎ、じゃがいもを加えて透明感が出るまで炒める。薄力粉を加え、粉っぽさがなくなるまで3分ほど炒める。
3. 2にローリエ、水をひたひたに加え、10分ほど弱火で煮込む。ときどき鍋底にこびりついた薄力粉などをこそげ取るように混ぜる。
4. 3にコーン、ショートパスタ、牛乳、塩を加えて、沸騰させないように気をつけながら弱火で10分ほど煮込む。仕上げに塩、こしょうで味をととのえる。

1人分 386 kcal ／ 冷蔵 1週間 ／ 冷凍 2〜3週間

トマトかき玉、春雨スープ

豚肉も入って、具だくさんの満足スープ

豚肉も入って腹持ちアップ!

材料（4人分）

- 春雨（乾燥）…50g
- 三つ葉…1束
- 豚バラ薄切り肉…4枚
- 鶏がらスープ…600ml
- 卵…3個
- ホールトマト…1/2缶
- A【酒50ml、しょうゆ大さじ2、塩小さじ1/2、こしょう少々、砂糖小さじ1/2】
- ごま油…小さじ2

作り方

1. 春雨は熱湯で戻し、食べやすい長さに切る。三つ葉は3cm幅に切る。豚肉も3cm幅に切る。卵は溶く。ホールトマトは手でよくつぶす。
2. 鍋に鶏がらスープを入れて中火にかけ、豚肉、ホールトマト、Aを加え、肉の色が変わったら春雨を加える。春雨がとろりとしてきたら、溶き卵を加え、仕上げにごま油を回しかけ、三つ葉を散らす。

1人分 243 kcal ／ 冷蔵 1週間 ／ 冷凍 2〜3週間

わかめレタススープ

レタスはさっと煮て食感を残して！

材料（4人分）
- 牛こま切れ肉…150g
- わかめ（戻したもの）…40g
- レタス…½個
- しょうが・にんにく（すりおろし）…各小さじ1
- 鶏がらスープ…800mℓ
- 塩・こしょう…各少々
- しょうゆ…大さじ1
- 白いりごま…小さじ2
- ごま油…小さじ2

作り方
1. 牛肉は食べやすい大きさに切る。レタスはざく切りにする。
2. 鍋にごま油小さじ1を熱し、牛肉、にんにく、しょうがを入れて炒める。塩をふり、鶏がらスープを加えて煮込み、アクが出てきたら、しっかり取る。
3. 2にわかめ、しょうゆを加えてさっと煮込み、こしょう、白いりごま、ごま油小さじ1、レタスを加える。

＊おすすめの組み合わせ！＊

 あじとすだちの南蛮漬け →P87

 レンジ麻婆なす →P169

1人分 150kcal / 4〜5日間 / 2〜3週間

沢煮椀

混ぜごはんやちらし寿司などに合わせたい

材料（4人分）
- 豚バラ薄切り肉…200g
- にんじん…⅓本
- 大根…3cm
- 長ねぎ…¼本
- ごぼう…⅙本
- 三つ葉…½束
- しいたけ…3個
- A【だし汁4カップ、酒大さじ1、しょうゆ大さじ1、塩少々】

作り方
1. 豚肉は細切りにする。にんじん、大根、長ねぎ、ごぼうは3cm長さのせん切りにする。三つ葉は2cm幅に切る。しいたけは薄切りにする。
2. 鍋にAを入れて火にかけ、煮立ったら、三つ葉以外の1を加えて3分ほど煮る。仕上げに三つ葉を加える。

＊おすすめの組み合わせ！＊

 野菜つくね →P79

 野菜がんも →P99

1人分 233kcal / 1週間 / 2〜3週間

せりと白菜と肉団子のスープ
とろみをつけたスープでほっと落ち着く

材料(4人分)
- **A**【豚ひき肉100g、玉ねぎ(みじん切り)¼個分、溶き卵小½個分、パン粉大さじ2、酒大さじ1、薄口しょうゆ小さじ2、塩小さじ½、粗びき黒こしょう適量】
- せり…½束
- 白菜…⅙個
- きくらげ…8g
- **B**【かつおと昆布のだし汁4カップ、しょうゆ大さじ2、酒50ml】
- 水溶き片栗粉…片栗粉大さじ½+水大さじ½

作り方
1. ボウルに**A**を入れてよく混ぜる。せりは3cm長さに切り、白菜はざく切りにする。きくらげは水で戻す。
2. 鍋に**B**を入れて火にかけ、煮立ったら、**A**をひと口大に丸めて入れ、肉に火が通ったらせり、白菜を加えて煮る。仕上げに水溶き片栗粉を加えてとろみをつける。

調理のコツ: キャベツやにんじん、きのこなどを入れて作ってもおいしいです。

1人分 130 kcal / 冷蔵 1週間 / 冷凍 2〜3週間

きのこの団子汁
数種類のきのことお団子で、食べ応えバッチリ

材料(4人分)
- きのこ3〜4種(なめこ・しめじ・まいたけ・えのきだけなど)…合わせて約200g
- 長ねぎ…2本
- 油揚げ…1枚
- こんにゃく…1枚
- 煮干しだし汁…4カップ
- みそ…大さじ4
- 酒・みりん…各大さじ1
- **お団子**
- 小麦粉…80g
- 塩…小さじ¼
- 水…50ml

作り方
1. お団子を作る。ボウルに小麦粉、塩を入れて混ぜ、水を少しずつ加えて5本の指でさっとかき混ぜる。水分が全体に回ったら、一つにまとめてポリ袋に入れ、1〜2時間寝かせる。
2. きのこはほぐす、または食べやすい大きさに切る。長ねぎは小口切りにする。油揚げは短冊切りにし、こんにゃくは細かく手でちぎる。
3. 厚手の鍋にだし汁、油揚げ、こんにゃくを入れて火にかける。沸騰してきたら、きのこを加えて5分ほど煮込み、みそを加えて溶く。
4. **1**をひと口大にちぎり、指で薄くのばして**3**に入れる。酒、みりんを入れて味をととのえ、お団子に透明感が出て浮いてきたら、長ねぎを加え、煮込む。

1人分 185 kcal / 冷蔵 1週間 / 冷凍 2〜3週間

ガスパチョ

夏におすすめの冷製スープ。トマトは完熟がおすすめ

材料（4人分）
- トマト…大3個
- ピーマン…2個
- きゅうり…1本
- 玉ねぎ…¼個
- 硬くなったバゲット…10cm
- A【水・氷各2カップ、オリーブオイル大さじ2、酢大さじ1½、塩小さじ1】
- オリーブオイル…適量

作り方
1 ピーマン、玉ねぎはざく切りにする。トマト、きゅうり少量を飾り用に粗みじん切りにし、残りはざく切りにする。
2 ミキサーに、飾り用以外の野菜、ちぎったバゲット、Aを入れ、撹拌する。
3 2を冷蔵庫で冷やし、飾り用の野菜をのせ、オリーブオイルをかける。

＊おすすめの組み合わせ！＊

 たら、トマト、じゃがいもの煮込み →P88

 玉ねぎとサーモンのレモンマリネ →P159

1人分 140kcal　冷蔵 2〜3日間　冷凍 2〜3週間

ユッケジャンスープ

すりごまのコクがおいしい！　韓国のスープ

材料（4人分）
- 牛カルビ肉…200g
- 万能ねぎ…6本
- えのきだけ…½袋
- ぜんまい（水煮）…1袋（約80g/なくてもOK）
- 卵…2個
- A【にんにく・しょうが（すりおろし）各小さじ2、しょうゆ大さじ2、みそ大さじ1、コチュジャン大さじ4、酒50㎖、水600㎖、塩少々】
- 豆もやし…½袋
- 白すりごま…大さじ2
- ごま油…大さじ1

作り方
1 牛肉は小さめのひと口大に切る。万能ねぎは3cm幅に切る。えのきは根元を切り落とし、3等分の長さに切る。ぜんまいは3cm幅に切る。卵は溶く。
2 鍋にAを入れて火にかけ、煮立ったら牛肉、豆もやし、えのき、ぜんまいを加えて強めの中火で煮込む。アクを取り、野菜がくたくたになったら、白すりごま、ごま油を加える。溶き卵を回し入れ、卵に火が通るまで加熱し、万能ねぎを加える。

調理のコツ　ごはんにかけたり、うどんを入れたりしてもおすすめです。野菜をたっぷり食べられるうえ、一皿で手軽なので、作りおきしておくと忙しいときに便利です。

1人分 411kcal　冷蔵 1週間　冷凍 2〜3週間

煮込み

とろとろ、激うま！
野菜たっぷり！おいしい鍋料理の作り方

タイピーエン

春雨が入った熊本の郷土料理の中華風煮物。
豚肉、魚介、卵、野菜と具だくさんで、最後に回しかけるごま油の風味が美味！

1人分 332kcal
 1週間
 2〜3週間

具だくさんで栄養バッチリ！

• 材料（4人分）

白菜…3枚
万能ねぎ…4本
しいたけ…3個
きくらげ…8g
緑豆春雨(短め/乾燥)…50g
にんにく（つぶす）…1かけ分
豚バラ薄切り肉…4枚
むきえび…130g
するめいか…1杯
ゆで卵…2個
ごま油…大さじ2
A【鶏がらスープ600㎖、酒50㎖、しょうゆ大さじ2、塩小さじ1/8、こしょう少々】

• 作り方

 野菜を切り、春雨を戻す
白菜は1cm幅、万能ねぎは3cm幅に切る。しいたけは細切りにし、きくらげは水で戻す。春雨は熱湯で戻す。

 残りの具材を切る
豚肉は食べやすい大きさに切り、いかは輪切りにする。ゆで卵は輪切りにする。

 豚肉、えび、いかを炒める
フライパンにごま油大さじ1、にんにくを入れて弱火にかけ、ふつふつとして香りが立ったら、豚肉、むきえび、いかを加える。

 野菜を加える
肉の色が変わったら、しいたけ、白菜、きくらげを加えてさっと炒める。

 春雨を加える
A、春雨を加え、5分ほど煮込む。

残りの具材を加える
万能ねぎ、ごま油大さじ1を加え混ぜる。最後にゆで卵を加える。

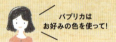

1人分 419 kcal / 4〜5日間 / 2〜3週間

鶏手羽おでん

手羽中入りで旨味がアップ

手羽先中の旨味が出たスープが、他の具材に染みてる！

材料（4人分）
大根…⅓本	A【和風だし汁5カップ、塩小さじ1、
結びしらたき…4個	しょうゆ大さじ3、みりん大さじ
厚揚げ…1丁	2、酒100㎖】
ちくわ…1本	結び昆布・ゆで卵…各4個
	鶏手羽中…16本

作り方
1 大根は1.5cm幅の半月切りにし、下ゆでする。しらたきは下ゆでする。厚揚げも下ゆでし、4等分に切る。ちくわは斜め半分に切る。
2 鍋にA、結び昆布を入れて火にかけ、沸騰したら、手羽中、大根、しらたき、厚揚げ、ゆで卵、ちくわを入れ、沸騰させないように弱火で30分ほど煮込む。火を止め、一度冷ましてからもう一度火にかけて温める。

 調理のコツ
煮込んだら、一度火を止めて冷ますことで、味がよく染み込みます。食べる直前にお好みでせりを加えると、さらにおいしいのでおすすめです。

パプリカはお好みの色を使って！

1人分 397 kcal / 4〜5日間 / 2〜3週間

鶏肉、パプリカの煮込み

トマト味で、ごはんにもパンにも合うイタリアンおかず

材料（6人分）
鶏もも肉…大2枚	オリーブ（ブラック/輪切り）
塩・こしょう…各少々	…25g
ベーコン（ブロック）…130g	白ワイン…200㎖
玉ねぎ…大1個	A【ローリエ1枚、はちみつ・
パプリカ（赤・黄）…各½個	塩各小さじ2、こしょう
ホールトマト…1缶	少々】
にんにく（つぶす）…2かけ分	オリーブオイル…大さじ2½

作り方
1 鶏肉は1枚を6〜8等分に切り、塩、こしょうをふる。ベーコンは短冊切りにする。玉ねぎは粗みじん切りにし、パプリカは1.5cm角に切る。ホールトマトは手でつぶす。
2 厚手の鍋にオリーブオイル大さじ1½、にんにくを入れて弱火にかけ、ふつふつと香りが出てきたら、にんにくを一度取り出し、鶏肉を表面がこんがりするまで焼く。ベーコンを加えて炒め、余分な油をペーパータオルで取ったら、オリーブオイル大さじ1を加え、玉ねぎを加えて炒める。
3 2ににんにくを戻し入れ、白ワインを加えて弱めの中火でふたをせずに15分ほどときどきかき混ぜながら煮込む。
4 3にホールトマト、パプリカ、オリーブ、Aを加え、さらに15分ほど煮込む。

大根と豚バラの酒煮

大根によく味を染み込ませてから食べて

ごはんにも
お酒にも合う！

大根に味が
よく染みてる！

材料（6人分）
- 大根…½本
- 米のとぎ汁…適量
- 豚バラ肉…300g（かたまり肉でもOK。5㎜幅に切って使う）
- かつおとこんぶのだし汁…600㎖
- 日本酒…100㎖
- 塩…小さじ1
- しょうゆ…大さじ2

作り方
1. 大根は2〜3cm幅に切って面取りし、隠し包丁を入れる。米のとぎ汁で、大根に竹串が通るくらいまで下ゆでする。
2. 鍋に1の大根、だし汁、日本酒、塩を入れ火にかける。沸騰したら、弱火にして大根に火が通るまで20分ほど煮る。
3. 2に豚肉を加え、火が通ったら中火にして沸騰させ、アクを取り除き、しょうゆを加える。味が薄ければ塩（分量外）で味をととのえる。

＊おすすめの組み合わせ！＊

 柴漬け風 →P123

 たらこにんじん →P129

煮込み

1人分 **233** kcal　冷蔵 1週間　冷凍 2〜3週間

ポトフ

お肉を洗って、臭みを取ってから煮込んで

幅広い世代に
人気のおかず

材料（6人分）
- 豚肩ロース肉…600g
- 鶏手羽元…4本
- ソーセージ…4本
- 玉ねぎ…2個
- セロリ…1本
- にんじん…1本
- にんにく…2かけ
- 水…2ℓ
- ローリエ…2枚
- 粒黒こしょう…小さじ1
- 塩…適量

作り方
1. 豚肉と手羽元はさっと洗い、豚肉は食べやすい大きさに切る。玉ねぎは半分に切る。セロリは筋を取り、2〜3等分に切る。にんじんは半分に切り、2〜3等分の長さに切る。
2. 鍋に水を入れて火にかけ、沸騰する直前に1の肉を入れ、ゆらゆらと湯が動く程度の弱火で煮込む。アクが出始めてもそのままにして、しばらくするとアクが茶色く固まってくるので、思い切ってアクを大胆にすくう。水が減ったら減った分を足し、アクが取れたらソーセージ、玉ねぎ、セロリ、にんじん、にんにく、ローリエ、粒黒こしょう、塩少々を加える。ふたをせずごく弱火で、肉がやわらかくなるまで2時間30分ほど煮る。
3. 仕上げに塩で味をととのえ、好みで塩を添えていただく。

1人分 **383** kcal　冷蔵 4〜5日間　冷凍 2〜3週間

ごはんにも パンにも合う!

ラタトゥイユ
夏野菜をたっぷり使ったトマト煮込み

材料(6人分)
- ベーコン(ブロック)…80g(スライスベーコン8枚を細切りにしてもOK)
- パプリカ(赤・黄)…各½個
- ズッキーニ…1本
- なす…3本
- 玉ねぎ…中1個
- にんにく(つぶす)…2かけ分
- ホールトマト…1缶
- ローリエ…2枚
- 白ワイン…100㎖
- 塩…小さじ1
- 塩・こしょう…各少々
- オリーブオイル…大さじ3

作り方
1. ベーコンは拍子木切りにする。パプリカ、ズッキーニ、なすは1㎝角に切る。玉ねぎは粗みじん切りにする。
2. 鍋にオリーブオイル、にんにく、ローリエを入れて弱火にかけ、にんにくの香りが立ってきたら、玉ねぎを加えて炒める。玉ねぎが透明になってきたら残りの1を加えて炒める。
3. 2に手でつぶしたホールトマト、白ワイン、塩を加えてポテッとなるまで煮込む。仕上げに塩、こしょうで味をととのえる。

1人分 165kcal / 冷蔵1週間 / 冷凍2〜3週間

ココナッツで まろやかカレー

トマトとえびの ココナッツカレー煮込み
お好みでパクチーをトッピングしてもOK!

材料(4人分)
- むきえび・刺身用ほたて…合わせて300g
- トマト(完熟)…2個
- 玉ねぎ…大1個
- なす…2本
- じゃがいも…中2個
- にんにく・しょうが(すりおろし)…各小さじ2
- 酒…50㎖
- A【ココナッツミルク1缶、カレー粉大さじ2、こぶみかんの葉2枚、塩小さじ1、ナンプラー大さじ1】
- バター…20g

作り方
1. トマトはざく切りにし、玉ねぎは粗みじん切りにする。なすは皮をむき、乱切りにし、じゃがいもは1.5㎝角に切る。
2. 鍋にバターを熱し、焦がさないようににんにく、しょうが、玉ねぎを加えて炒める。火が通ったらえび、ほたて、なす、じゃがいも、酒を加えて炒め、えびの色が変わったらトマト、Aを加えて15分ほど煮込む。

調理のコツ:シーフードミックスを使っても手軽においしく作れます。麺を加えて絡めて食べるのもおすすめ。

1人分 380kcal / 冷蔵1週間 / 冷凍2〜3週間

ボルシチ

サワークリームをたっぷり添えて食べると美味！

材料（8人分）
- 牛シチュー用肉…500g
- 玉ねぎ…大1個
- にんじん…½本
- ビーツ…中2個
- じゃがいも（メークイン）…大1個
- セロリ…1本
- キャベツ…⅛個
- ホールトマト…½缶
- A【水6カップ（ウォッカがなければ7カップ）、ウォッカ（あれば）1カップ】
- ローリエ（フレッシュ）…2～3枚（乾燥なら1枚）
- にんにく（つぶす）…1かけ分
- 塩・こしょう…各適量
- 好みの植物油…大さじ1½
- バター…20g

作り方
1. 玉ねぎは薄切りにし、にんじん、ビーツ、じゃがいもは皮をむいて3cm長さの細切りにする。セロリ、キャベツはせん切りにする。牛肉は塩、こしょうをまぶす。
2. 厚手の鍋に植物油を熱し、牛肉を加えて炒め、表面が焼けたらAを加える。沸騰したらアクを取り、ローリエ、にんにく、手でつぶしたトマトを加え、塩、こしょう各少々をふる。弱火にしてふたをし、1時間～1時間30分、肉がやわらかくなるまで煮る。
3. フライパンを熱し、バターを加え、玉ねぎ、にんじん、セロリ、ビーツ、じゃがいもの順で加え、焦がさないようにさっと炒める。2に加えて10分ほど煮込み、キャベツを加えて野菜がやわらかくなるまでさらに煮込む。塩、こしょうで味をととのえる。

野菜と鮭の酒粕煮込み

酒粕で体がぽかぽか温まる。秋から冬に食べたい！

材料（4人分）
- 秋鮭…4切れ
- 白菜…¼個
- 長ねぎ…1本
- しいたけ…4枚
- 油揚げ…2枚
- 絹ごし豆腐…1丁
- 酒粕…120g
- かつおだし汁…1ℓ
- みそ…30g

作り方
1. 白菜はざく切りにし、長ねぎは斜め切りにする。しいたけは半分に切る。油揚げは半分に切り、1.5cm幅に切る。豆腐はひと口大に切る。
2. 酒粕は細かくちぎってすり鉢に入れ、ひたひたの熱湯に浸してふやかす。みそを加えてなめらかになるまですり、だし汁を加えて合わせる。
3. 鍋に2を入れて火にかけ、沸騰したら、鮭、油揚げ、豆腐を加えてアクを取りながら5～6分煮込む。しいたけ、白菜、長ねぎを加えて煮る。

根菜たっぷり!
和食の定番煮物

筑前煮

煮汁をよく絡めて食べたい、ほっとする和のおかず

材料（6人分）
鶏もも肉…2枚分
ごぼう…½本
れんこん…150g
大根…⅓本
にんじん…½本
干ししいたけ…3枚
こんにゃく…½枚
ちくわ（おでん用）…1本
塩…少々
B【だし汁200㎖、酒大さじ5、砂糖大さじ4】
しょうゆ…大さじ3
みりん…大さじ2
好みの植物油…少々

作り方
1 鶏肉は2cm角に切る。ごぼう、れんこんは食べやすい大きさに切り、5分ほど水にさらす。大根は食べやすい大きさに切り、下ゆで（あれば米のとぎ汁で）する。にんじんは乱切りにする。干ししいたけは半日かけて水で戻し、4等分のそぎ切りにする。こんにゃくは食べやすい大きさに手でちぎり、さっと下ゆでする。ちくわは乱切りにする。
2 フライパンに植物油を熱し、鶏肉を炒め、塩をふる。残りの1を加えてさっと炒め、野菜に透明感が出てきたら、Bを加えてやわらかくなるまで煮込む。
3 2にしょうゆを加え5分ほど煮て、仕上げにみりんを加え、煮絡める。

1人分 343 kcal ／ 冷蔵 1週間 ／ 冷凍 2〜3週間

キャベツとベーコンのローズマリー蒸し

簡単だけどオシャレな一品

じっくりコトコト煮込んで、キャベツやわらか！

材料（6人分）
ベーコン（ブロック）…160g
キャベツ…1個
にんにく（つぶす）…2かけ分
ローズマリー…2本
塩・こしょう…各少々
オリーブオイル…大さじ4

作り方
1 ベーコンは1cm幅に切る。キャベツは8等分のくし形切りにする。
2 鍋を熱し、オリーブオイル大さじ2、ベーコン、にんにくを入れて軽く炒め、一度取り出す。
3 キャベツを鍋に敷き詰め、ローズマリー、取り出したベーコンとにんにくを加え、塩、こしょうをし、オリーブオイル大さじ2を回しかけ、弱火でコトコト2時間ほど煮込む。キャベツがしんなり、とろとろになったら完成。

1人分 226 kcal ／ 冷蔵 1週間 ／ 冷凍 2〜3週間

おかず さくいん

＊肉類・肉加工品＊

◆牛肉
たっぷり青ねぎと甘辛牛肉の
　お好み焼き …………………… 56
牛肉ときのこのトマトクリーム煮
　……………………………… 73、84
プルコギ ………………………… 84
牛肉の野菜ロール ………… 74、85
牛肉と野菜の赤ワインシチュー … 85
ごぼうと豆腐の炒め煮 ………… 98
牛しゃぶとせりのマスタードマリネ
　…………………………………… 120
さつまいもと牛肉の煮物 ……… 137
牛肉とブロッコリーの
　オイスター炒め ……………… 146
チンジャオロースー …………… 148
れんこんと牛肉のピリ辛炒め … 164
まいたけ肉巻き ………………… 167
たけのこと牛肉の山椒煮 ……… 174
サンラータン ……………… 112、188
わかめレタススープ …………… 192
ユッケジャンスープ …………… 194
ボルシチ …………………… 26、199

◆豚肉
ホクホク肉じゃが ………………… 30
塩肉じゃが ……………………… 32
五目春巻き ……………………… 42
あんかけもやし春巻き ………… 44
アスパラ肉巻き春巻き ………… 44
玉ねぎ、豚肉、にらのかき揚げ
　……………………………… 48、111
五目野菜の肉きんぴら …… 50、185
きのこのきんぴら ……………… 52
キャベツと山いも豚玉お好み焼き
　…………………………………… 54
にらの和風しょうゆマヨお好み焼き
　…………………………………… 56
焼きそば入りお好み焼き ……… 57
レタス、トマト、えびのお好み焼き
　…………………………………… 57
豚肉の野菜炒め ………………… 58
豚肉とかまぼこと野菜のとろみ炒め
　…………………………………… 60
レバにら炒め …………………… 60
ピーマン、きくらげ、卵、豚肉炒め
　…………………………………… 60
糖質オフ肉巻き餃子 …………… 68
回鍋肉 …………………………… 82
酢豚 ……………………………… 82
豚肉と野菜カレー ……………… 83
キャベカツ ………………… 72、83
豆腐のちゃんぷるー …………… 96
野菜と厚揚げ炒め ……………… 99
ポークビーンズ ………………… 101
中華丼 …………………………… 105
きんぴらごぼうドッグ ………… 106
香味野菜しゃぶしゃぶ ………… 108
ヤムウンセン …………………… 115
ミニトマトの肉巻き …………… 127
みょうがとチーズの肉巻き …… 132
ヤングコーンと豚肉の唐揚げフライ … 139
黄パプリカと豚肉のしょうが焼き
　…………………………………… 140
オクラ豚しゃぶ ………………… 141
オクラ肉巻き春巻き …………… 141

キャベツと豚バラの酒蒸し …… 143
ゴーヤちゃんぷるー …………… 151
ゴーヤとチーズの肉巻きフリット
　…………………………………… 151
チンゲン菜と厚揚げ、
　豚肉のしょうゆ煮 …………… 153
ズッキーニのベーコン、豚肉W巻き
　…………………………………… 155
豚バラ大根 ……………………… 157
玉ねぎと豚肉のしょうゆ炒め … 159
長ねぎの豚肉巻き ……………… 160
ごぼうの肉きんぴら …………… 173
冷凍にんじんと豚肉のおみそ汁
　…………………………………… 179
トマトかき玉、春雨スープ …… 191
沢煮椀 …………………………… 192
タイピーエン …………………… 195
大根と豚バラの酒煮 …………… 197
ポトフ …………………………… 197

◆鶏肉
揚げ鶏と野菜の南蛮漬け ……… 80
鶏ピザ …………………………… 80
鶏肉と野菜とカシューナッツ炒め
　…………………………………… 81
鶏肉の野菜巻き照り焼き ……… 81
パプリカと鶏むね肉の炒め物 … 130
きゅうりとささみのごまナムル
　…………………………………… 144
大根とささみの梅しそ和え …… 157
もやしとささみのピリ辛中華和え
　…………………………………… 163
たけのこ、わかめ、鶏肉の卵とじ
　…………………………………… 174
チキンチャウダー ……………… 191
鶏手羽おでん …………………… 196
鶏肉、パプリカの煮込み ……… 196
ポトフ …………………………… 197
筑前煮 …………………………… 200

◆ひき肉
ピーマンの肉詰め ……………… 34
トマトの肉詰め ………………… 36
マッシュルームの松の実、
　レーズン入り肉詰め ………… 36
ズッキーニの肉詰め …………… 36
玉ねぎしゅうまい ………… 38、183
白菜巻きしゅうまい …………… 40
細切りキャベツのしゅうまい … 40
豆腐枝豆しゅうまい …………… 41
かぼちゃのミートコロッケ … 64、112
白菜とにらの餃子 ……………… 66
えびと三つ葉の餃子 …………… 68
春菊とたこの餃子 ……………… 68
糖質オフ肉巻き餃子 …………… 68
ミートローフ …………………… 76
野菜煮込みハンバーグ …… 77、110
野菜の肉みそ炒め ……………… 77
クリームロールキャベツ … 78、182
なすとかぼちゃのミートグラタン
　…………………………………… 78
野菜つくね ………………… 79、185
アッシェパルマンティエ … 79、113
なすとかぼちゃのミートグラタン
　…………………………………… 78
野菜たっぷり麻婆豆腐 ………… 97
野菜がんも ……………………… 99
チリコンカン …………………… 101
タコライス ……………………… 104
トマトミートソース …………… 126

とうもろこしつくね …………… 138
ヤングコーンといんげんの
　アジアン炒め ………………… 139
キャベツと肉団子のトマト煮込み
　…………………………………… 143
白菜と春雨の中華煮込み ……… 158
しいたけつくね ………………… 166
レンジ麻婆なす ………………… 169
トマトミートボールスープ …… 190
せりと白菜と肉団子のスープ … 193

◆ハム・ベーコン・ウインナー・チャーシュー
レンジ蒸し春巻き ……………… 45
じゃがいもとディルの春巻き … 45
とうもろこし、ピーマン、
　ウインナーのかき揚げ … 48、111
クリームロールキャベツ … 78、182
じゃがいも、玉ねぎの
　スペイン風オムレツ ………… 94
アスパラ、まいたけ、ベーコンの
　スクランブルエッグ ………… 94
ほうれん草、コーン、玉ねぎの卵炒め
　…………………………………… 95
チリコンカン …………………… 101
ひよこ豆のサラダ ……………… 103
きのことマトリゾット ………… 105
ごぼうサラダベーグル ………… 107
ポテトサラダ …………………… 116
シーザーサラダ ………………… 117
かぶと生ハムのマリネ ………… 121
トマトとたことオリーブの煮込み
　…………………………………… 126
ミニトマト、コーン、青じそのサラダ
　…………………………………… 127
紫キャベツとにんじんと
　アーモンドのサラダ ………… 133
かぼちゃとえびのグラタン …… 134
さつまいもとセロリとハムの
　ヨーグルトサラダ …………… 136
とうもろこしとみょうがの
　クリームチーズ和え ………… 138
コールスロー …………………… 142
キャベツと豚バラの酒蒸し …… 143
ブロッコリーとえびの
　チーズグラタン ……………… 146
ブロッコリーのオープンオムレツ
　…………………………………… 146
ブロッコリーとゆで卵のサラダ
　…………………………………… 147
アスパラとウインナーの
　粒マスタード炒め …………… 149
ほうれん草とえびの
　カレークリーム煮込み … 152、184
ズッキーニのベーコン、豚肉W巻き
　…………………………………… 155
ねぎチャーシュー ……………… 160
かぶのイタリアントマト煮込み
　…………………………………… 161
かぶと干し柿、生ハムの和え物 … 161
カリフラワーとベーコンの
　クリームチーズ焼き ………… 162
豆もやしときくらげ、ハムのナムル
　…………………………………… 163
れんこんのカレーマヨサラダ … 164
マッシュルームのパイキッシュ
　…………………………………… 166
しめじのグラタン ……………… 167
なすとトマトのチーズ焼き …… 169

じゃがいもとほたて缶のグラタン
　…………………………………… 170
ジャーマンポテト ……………… 171
たらの芽のベーコン巻き ……… 175
野菜たっぷりナポリタン ……… 177
冷凍小松菜とベーコンのおみそ汁
　…………………………………… 179
ミネストローネ …………… 29、189
クラムチャウダー ……………… 189
チキンチャウダー ……………… 191
鶏肉、パプリカの煮込み ……… 196
ポトフ …………………………… 197
ラタトゥイユ ……………… 28、198
キャベツとベーコンの
　ローズマリー蒸し …………… 200

＊魚介類・貝類・海草類・魚加工品＊

◆あさり
ドライトマトとドライポルチーニ、
　あさりの炊き込みごはん … 70、182
たら、トマト、じゃがいも煮込み … 88
クラムチャウダー ……………… 189

◆あじ
あじとすだちの南蛮漬け ……… 87

◆いか
いかのねぎポン酢 ……………… 89
中華丼 …………………………… 105
いかと野菜のマリネ …………… 120
ヤングコーンといかの炒め物 … 139
オクラといかの梅和え ………… 141
タイピーエン …………………… 195

◆えび・桜えび
コーンえびしゅうまい ………… 40
豆腐枝豆しゅうまい …………… 41
レタス、トマト、えびのお好み焼き
　…………………………………… 57
えびと三つ葉の餃子 …………… 68
えび、スナップエンドウの
　ねぎだれ和え ………………… 90
桜えび、コーン、パクチー炒め … 75、90
れんこんのえび挟み揚げ … 75、91
セビーチェ ……………………… 91
にらとトマトとえびの卵炒め … 93
にらと赤ピーマンのチヂミ …… 95
青大豆の明太サラダ …………… 100
野菜サラダ寿司 ………………… 104
中華丼 …………………………… 105
ヤムウンセン …………………… 115
ひじきとれんこんのサラダ …… 116
えびとそら豆のマリネ ………… 118
パプリカとえびとオリーブのマリネ
　…………………………………… 130
かぼちゃとえびのグラタン …… 134
とうもろこしとえびのかき揚げ
　…………………………………… 138
黄パプリカとえびのマヨネーズ和え
　…………………………………… 140
ブロッコリーとえびの
　チーズグラタン ……………… 146
アスパラとえびのケチャップ炒め … 149
いんげんとえびの春雨サラダ … 150
ほうれん草とえびの
　カレークリーム煮込み … 152、184

大根とえびのとろみ煮 ……… 156
お手軽大根もち ……………… 156
タイピーエン ………………… 195
トマトとえびの
　ココナッツカレー煮込み …… 198

◆かじき
かじきの夏野菜煮込み …75、89

◆かに
赤皮大根ときゅうりとかにのサラダ
　…………………………… 131

◆かまぼこ・かに風味かまぼこ・
　なると
豚肉とかまぼこと野菜のとろみ炒め
　…………………………… 60
もやしと春雨の酢の物 ……… 163
そばサラダ ……………… 111、177

◆金目鯛
金目鯛とごぼうの煮物 …87、185

◆昆布・塩昆布・納豆昆布・糸昆布
豆腐、オクラ、トマト、
　納豆昆布和え ……………… 98
千枚漬け風 …………………… 124
だし …………………………… 124
きゅうりとキャベツの塩昆布漬け
　…………………………… 125
きゅうりの塩昆布和え ……… 145
菜の花の昆布じめ …………… 153
昆布なめたけ ………………… 166
鶏手羽おでん ………………… 196

◆鮭・サーモン
干し大根葉のふりかけ ……29、70
サーモンとじゃがいも、
　ほうれん草のグラタン …… 86
野菜サラダ寿司 ……………… 104
ミニトマトとサーモンのタルタル
　…………………………… 126
かぼちゃと鮭とハーブチーズの
　春巻き ……………………… 135
キャベツとスモークサーモン巻き
　…………………………… 143
ブロッコリーのごまオリーブオイル
　しょうゆサラダ …………… 147
ほうれん草と塩鮭の卵焼き … 153
玉ねぎとサーモンのレモンマリネ
　…………………………… 159
野菜と鮭の酒粕煮込み ……… 199

◆さつま揚げ
にんじんとさつま揚げの煮物 … 128

◆たら
たら、トマト、じゃがいも煮込み … 88

◆たこ
トマトたこじゃが ……………… 32
たこ焼き風キャベツ …………… 57
春菊とたこの餃子 ……………… 68
セビーチェ ……………………… 91
香味野菜とたことれんこん … 108
たことじゃがいものサラダ … 115
チョップドサラダ …………… 117
焼きなすとたこのマリネ …… 120
トマトとたことオリーブの煮込み
　…………………………… 126

きゅうりとたこの酢の物 …… 145
たことセロリのレモンしょうゆ和え
　…………………………… 154

◆ちくわ
ピーマンとちくわのナムル … 148
セロリ、ちくわ、ザーサイの和え物
　…………………………… 154
大根とちくわ、
　春菊のごまマヨ和え ……… 157
鶏手羽おでん ………………… 196
筑前煮 ………………………… 200

◆ちりめんじゃこ・しらす
みょうが、なす、じゃこのかき揚げ
　……………………… 48、111
切り干し大根じゃこサラダ …… 70
干し大根葉のふりかけ ……29、70
にんじん、ねぎ、しらすの卵焼き … 93
香味野菜とじゃこ、カリカリ油揚げ
　…………………………… 108
レタスとカリカリじゃこのサラダ
　…………………………… 117
キャベツとじゃこのゆかり和え
　…………………………… 142
小松菜としらすの和え物 …… 152
セロリとじゃこのきんぴら … 154
玉ねぎとじゃこの酢の物 …… 159
れんこんのもちもち揚げ …… 165
なすとじゃこのかき揚げ …… 168

◆ツナ缶
ツナじゃが ……………………… 32
ブロッコリーとツナのきんぴら
　…………………………… 52
白いんげん豆とトマトの和え物
　…………………………… 102
ミックスビーンズとツナの
　マスタードサラダ ………… 103
にんじんツナクリームチーズサンド
　…………………………… 106
香味野菜とツナ卵サラダ …… 108
にんじんとツナのサラダ …… 128
にんじんしりしり …………… 129
パプリカとツナのきんぴら … 130
みょうがとポテトチップスの
　ツナサラダ ………………… 132
ブロッコリーとツナとコーンの
　サラダ ……………………… 147
ゴーヤとツナのサラダ ……… 151
かぶとツナのマヨ和え ……… 161
里いもツナサラダ …………… 172

◆はんぺん
コーンえびしゅうまい ………… 40

◆ひじき
野菜がんも …………………… 99
大豆入りひじき煮 …………… 102
ひじきとれんこんのサラダ … 116

◆ほたて
セビーチェ ……………………… 91
ほたてとみょうがときくらげの
　マリネ ……………………… 121
黄パプリカとほたての和え物 … 140
白菜とほたてのクリーム煮 … 158
じゃがいもとほたて缶のグラタン
　…………………………… 170

トマトとえびの
　ココナッツカレー煮込み … 198

◆まぐろ
まぐろ、ねぎ、にんじんの煮物 … 88
湯引きまぐろ、くるみ、ねぎ、
　にんじんのサラダ ………… 115

◆明太子・たらこ
白菜、明太チーズのお好み焼き … 56
たらこチーズコロッケ ………… 64
青大豆の明太サラダ ………… 100
カクテキ ……………………… 124
たらこにんじん ……………… 129
キャベツとたらこのサラダ … 142
大根のたらこ炒め …………… 156
カリフラワーの明太子和え … 162
たらもサラダ ………………… 170

◆もずく
もずく、にんじん、ねぎのかき揚げ
　…………………………… 46

◆わかめ
コロッケねぎわかめそば ……… 65
もやしと春雨の酢の物 ……… 163
たけのこ、わかめ、鶏肉の卵とじ
　…………………………… 174
サンラータン ……………112、188
わかめレタススープ ………… 192

◆焼きのり
天むす ………………………… 49
肉きんぴらのおにぎらず ……… 53
里いもの磯辺焼き …………… 172

＊野菜＊

◆青じそ
じゃがいも、青じそのかき揚げ … 49
糖質オフ肉巻き餃子 …………… 68
野菜つくね …………………79、185
揚げ鶏と野菜の南蛮漬け ……… 80
基本の香味野菜 ……………… 108
とうもろこしと紫玉ねぎのマリネ
　…………………………… 119
柴漬け風 …………………27、123
きゅうりとキャベツの塩昆布漬け
　…………………………… 125
ミニトマト、コーン、青じそのサラダ
　…………………………… 127
みょうがとキャベツの浅漬け … 132
大根とささみの梅しそ和え … 157
かぶとツナのマヨ和え ……… 161
豆もやしときくらげ、ハムのナムル
　…………………………… 163
れんこんのもちもち揚げ …… 165

◆枝豆
豆腐枝豆しゅうまい …………… 41
マッシュルームのパイキッシュ
　…………………………… 166

◆オクラ
オクラとミニトマトの
　チーズトースト …………… 26
豆腐、オクラ、トマト、
　納豆昆布和え ……………… 98
だし …………………………… 124
オクラ豚しゃぶ ……………… 141

オクラといかの梅和え ……… 141
オクラ肉巻き春巻き ………… 141
冷凍オクラと冷凍きのこのおみそ汁
　…………………………… 178

◆貝割れ菜・
　ブロッコリースプラウト
春巻きのレタス巻き …………… 45
そばサラダ ……………… 111、177
野菜つくね丼 ………………… 185

◆かぶ
かぶと生ハムのマリネ ……… 121
千枚漬け風 …………………… 124
かぶとツナのマヨ和え ……… 161
かぶのイタリアントマト煮込み
　…………………………… 161
かぶと干し柿、生ハムの和え物 … 161

◆かぼちゃ
かぼちゃのミートコロッケ …64、112
なすとかぼちゃのミートグラタン
　…………………………… 78
かぼちゃ甘煮 ………………… 134
かぼちゃとゆで卵のサラダ
　…………………………… 26、134
かぼちゃとえびのグラタン … 134
かぼちゃと鮭とハーブチーズの
　春巻き ……………………… 135
かぼちゃのみたらしチーズ焼き
　…………………………… 135
かぼちゃのココナッツミルク煮
　…………………………… 135
かぼちゃ白玉団子 …………… 180
かぼちゃのポタージュ ……… 187

◆カリフラワー
カリフラワーの明太子和え …… 162
カリフラワーとじゃがいもの
　スパイス炒め ……………… 162
カリフラワーとベーコンの
　クリームチーズ焼き ……… 162

◆キャベツ・紫キャベツ
細切りキャベツのしゅうまい … 40
キャベツと山いもの豚玉お好み焼き
　…………………………… 54
たこ焼き風キャベツ …………… 57
焼きそば入りお好み焼き ……… 57
レタス、トマト、えびのお好み焼き
　…………………………… 57
豚肉の野菜炒め ………………… 58
クリームロールキャベツ …78、182
回鍋肉 …………………………… 82
キャベツカツ ………………72、83
きゅうりとキャベツの塩昆布漬け
　…………………………… 125
みょうがとキャベツの浅漬け … 132
紫キャベツとあんぽ柿、
　りんごのサラダ …………… 133
紫キャベツのはちみつサラダ … 133
紫キャベツとにんじんと
　アーモンドのサラダ ……… 133
キャベツとたらこのサラダ … 142
キャベツとじゃこのゆかり和え 142
コールスロー ………………… 142
キャベツとスモークサーモン巻き
　…………………………… 143
キャベツと豚バラの酒蒸し … 143

キャベツと肉団子のトマト煮込み
…………143
蒸し野菜 …………183
ボルシチ …………26、199
キャベツとベーコンの
　ローズマリー蒸し …………200

◆きゅうり
セビーチェ …………91
豆腐、オクラ、トマト、
　納豆昆布和え …………98
ひよこ豆のサラダ …………103
ミックスビーンズとツナの
　マスタードサラダ …………103
にんじんツナクリームチーズサンド
…………106
ヤムウンセン …………115
春雨ごまサラダ …………116
ポテトサラダ …………116
チョップドサラダ …………117
水キムチ …………122
きゅうり、ミニトマト、
　うずらの卵のピクルス …………123
柴漬け風 …………27、123
だし …………124
白菜、にんじん、きゅうりの浅漬け
…………27、125
きゅうりとキャベツの塩昆布漬け
…………125
赤皮大根ときゅうりとかにのサラダ
…………131
きゅうりとささみのごまナムル …………144
きゅうりの梅和え …………144
ピリ辛きゅうりのたたき …………144
きゅうりとたこの酢の物 …………145
きゅうりの塩昆布和え …………145
きゅうりとしょうがのしょうゆ漬け
…………145
そばサラダ …………111、177
ガスパチョ …………194

◆切り干し大根
切り干し大根じゃこサラダ …………70

◆グリーンアスパラガス
アスパラ肉巻き春巻き …………44
たら、トマト、じゃがいも煮込み…88
アスパラ、まいたけ、ベーコンのスク
　ランブルエッグ …………94
アスパラとえびのケチャップ炒め…149
アスパラとウインナーの
　粒マスタード炒め …………149
アスパラとコーンのチーズ和え
…………149

◆グリーンピース
グリーンピースごはん …………74

◆ゴーヤ
ゴーヤとツナのサラダ …………151
ゴーヤちゃんぷるー …………151
ゴーヤとチーズの肉巻きフリット
…………151

◆コーン（缶）・とうもろこし
コーンえびしゅうまい …………40
とうもろこし、ピーマン、
　ウインナーのかき揚げ …………48、111

餃子ミルクスープ …………69
野菜煮込みハンバーグ …………77、110
桜えび、コーン、パクチー炒め
…………75、90
野菜オムレツ …………92
ほうれん草、コーン、玉ねぎの卵炒め
…………95
ポークビーンズ …………101
タコライス …………104
野菜オムレツサンド …………107
とうもろこしと紫玉ねぎのマリネ
…………119
ミニトマト、コーン、青じそのサラダ
…………127
とうもろこしとみょうがの
　クリームチーズ和え …………138
とうもろこしつくね …………138
とうもろこしとえびのかき揚げ
…………138
コールスロー …………142
ブロッコリーとツナと
　コーンのサラダ …………147
アスパラとコーンのチーズ和え
…………149
しめじのグラタン …………167
里いもツナサラダ …………172
中華風コーンスープ …………190
チキンチャウダー …………191

◆ごぼう
五目野菜の肉きんぴら …………50、185
金目鯛とごぼうの煮物 …………87、185
ごぼうと豆腐の炒め煮 …………98
きんぴらごぼうドッグ …………106
ごぼうサラダベーグル …………107
レンジごぼうのごま酢和え …………173
ごぼうのから揚げ …………173
ごぼうの肉きんぴら …………173
沢煮椀 …………192
筑前煮 …………200

◆小松菜
金目鯛とごぼうの煮物 …………87、185
中華丼 …………105
野菜オムレツサンド …………107
小松菜としらすの和え物 …………152
野菜たっぷりナポリタン …………177
冷凍小松菜とベーコンのおみそ汁
…………179

◆さやいんげん
ホクホク肉じゃが …………30
ツナじゃが …………32
鶏肉の野菜巻き照り焼き …………81
牛肉と野菜の赤ワインシチュー …85
野菜がんも …………99
ヤムウンセン …………115
ヤングコーンといんげんの
　アジアン炒め …………139
いんげんのごま和え …………150
いんげんとえびの春雨サラダ …………150
ジャーマンポテト …………171

◆山菜
ふきみそ …………175
たらの芽のベーコン巻き …………175
山菜おこわ …………175
ユッケジャンスープ …………194

◆しし唐辛子
酢豚 …………82

◆春菊
春菊とたこの餃子 …………68
大根とちくわ、
　春菊のごまマヨ和え …………157
韓国風野菜たっぷり素麺 …………176

◆ズッキーニ
ズッキーニの肉詰め …………36
野菜煮込みハンバーグ …………77、110
揚げ鶏と野菜の南蛮漬け …………80
豚肉と野菜カレー …………83
かじきの夏野菜煮込み …………75、89
焼き野菜のマリネ …………121
ズッキーニのチーズマリネ …………155
ズッキーニのベーコン、豚肉W巻き
…………155
ズッキーニのオムレツ …………155
ラタトゥイユ …………28、198

◆スナップエンドウ
えび、スナップエンドウの
　ねぎだれ和え …………90
スナップエンドウとゆで卵のサラダ
…………150

◆せり
牛しゃぶとせりのマスタードマリネ
…………120
せりのおひたし …………152
韓国風野菜たっぷり素麺 …………176
せりと白菜と肉団子のスープ …193

◆セロリ
ミートローフ …………76
なすとかぼちゃのミートグラタン
…………78
牛肉と野菜の赤ワインシチュー …85
春雨ごまサラダ …………116
セロリ、チーズ、マッシュルームの
　マリネ …………119
さつまいもとセロリとハムの
　ヨーグルトサラダ …………136
きゅうりの塩昆布和え …………145
セロリ、ちくわ、ザーサイの和え物
…………154
たことセロリのレモンしょうゆ和え
…………154
セロリとじゃこのきんぴら …………154
サンラータン …………112、188
ミネストローネ …………29、189
クラムチャウダー …………189
トマトミートボールスープ …………190
ポトフ …………197
ボルシチ …………26、199

◆そら豆
そら豆チーズ春巻き …………44
えびとそら豆のマリネ …………118

◆大根
五目野菜の肉きんぴら …………50、185
大根とごまのきんぴら …………53
干し大根葉のふりかけ …………29、70
水キムチ …………122
ゆず大根 …………123
カクテキ …………124
大根とえびのとろみ煮 …………156

お手軽大根もち …………156
大根のたらこ炒め …………156
大根とちくわ、春菊の
　ごまマヨ和え …………157
豚バラ大根 …………157
大根とささみの梅しそ和え …………157
蒸し野菜 …………183
沢煮椀 …………192
鶏手羽おでん …………196
大根と豚バラの酒煮 …………197
筑前煮 …………200

◆たけのこ
五目春巻き …………42
チンジャオロースー …………148
たけのこ、ふき、油揚げ煮 …………174
たけのこと牛肉の山椒煮 …………174
たけのこ、わかめ、鶏肉の卵とじ
…………174

◆玉ねぎ・紫玉ねぎ
ホクホク肉じゃが …………30
トマトたこじゃが …………32
ツナじゃが …………32
塩肉じゃが …………32
ピーマンの肉詰め …………34
トマトの肉詰め …………36
マッシュルームの松の実、
　レーズン入り肉詰め …………36
ズッキーニの肉詰め …………36
玉ねぎしゅうまい …………38、183
白菜巻きしゅうまい …………40
細切りキャベツのしゅうまい …………40
あんかけもやし春巻き …………44
玉ねぎ、豚肉、にらのかき揚げ
…………48、111
豚肉とかまぼこと野菜のとろみ炒め
…………60
かぼちゃのミートコロッケ …………64、112
ミートローフ …………76
野菜煮込みハンバーグ …………77、110
なすとかぼちゃのミートグラタン
…………78
野菜つくね …………79、185
アッシェパルマンティエ …………79、113
酢豚 …………82
豚肉と野菜カレー …………83
プルコギ …………84
牛肉と野菜の赤ワインシチュー …85
サーモンとじゃがいも、
　ほうれん草のグラタン …………86
あじとすだちの南蛮漬け …………87
たら、トマト、じゃがいも煮込み…88
かじきの夏野菜煮込み …………75、89
セビーチェ …………91
野菜オムレツ …………92
じゃがいも、玉ねぎの
　スペイン風オムレツ …………94
チリコンカン …………101
ポークビーンズ …………101
白いんげん豆とトマトの和え物
…………102
ひよこ豆のサラダ …………103
ミックスビーンズとツナの
　マスタードサラダ …………103
にんじんツナクリームチーズサンド
…………106
ヤムウンセン …………115
たことじゃがいものサラダ …………115
春雨ごまサラダ …………116

ポテトサラダ ………………… 116
チョップドサラダ …………… 117
とうもろこしと紫玉ねぎのマリネ
　………………………………… 119
いかと野菜のマリネ ………… 120
ミニトマトとサーモンのタルタル
　………………………………… 126
トマトとたことオリーブの煮込み
　………………………………… 126
トマトミートソース ………… 126
かぼちゃとゆで卵のサラダ
　…………………………… 26、134
かぼちゃとえびのグラタン … 134
キャベツと肉団子のトマト煮込み … 143
いんげんとえびの春雨サラダ … 150
ゴーヤとツナのサラダ ……… 151
玉ねぎとじゃこの酢の物 …… 159
玉ねぎとサーモンのレモンマリネ
　………………………………… 159
玉ねぎと豚肉のしょうゆ炒め … 159
かぶのイタリアントマト煮込み
　………………………………… 161
マッシュルームのパイキッシュ
　………………………………… 166
しめじのグラタン …………… 167
じゃがいもとほたて缶のグラタン
　………………………………… 170
野菜たっぷりナポリタン …… 177
ヴィシソワーズ ……………… 186
かぼちゃのポタージュ ……… 187
マッシュルームのポタージュ … 187
ミネストローネ ………… 29、189
クラムチャウダー …………… 189
トマトミートボールスープ … 190
チキンチャウダー …………… 191
せりと白菜と肉団子のスープ … 193
ガスパチョ …………………… 194
鶏肉、パプリカの煮込み …… 196
ポトフ ………………………… 197
ラタトゥイユ …………… 28、198
トマトとえびの
　ココナッツカレー煮込み … 198
ボルシチ ………………… 26、199

◆チンゲン菜
しゅうまいスープ …………… 41
チンゲン菜と厚揚げ、
　豚肉のしょうゆ煮 ………… 153

◆トマト・トマト缶・
　トマトソース・トマトジュース
オクラとミニトマトの
　チーズトースト …………… 26
トマトたこじゃが …………… 32
トマトの肉詰め ……………… 36
ピーマンの肉詰めトマト煮込み … 37
レタス、トマト、えびのお好み焼き
　………………………………… 57
ドライトマトとドライポルチーニ、
　あさりの炊き込みごはん … 70、182
野菜煮込みハンバーグ ……… 77
なすとかぼちゃのミートグラタン
　………………………………… 78
鶏ピザ ………………………… 80
牛肉ときのこのトマトクリーム煮 … 73、84
たら、トマト、じゃがいも煮込み … 88
かじきの夏野菜煮込み … 75、89
セビーチェ …………………… 91

にらとトマトとえびの卵炒め … 93
豆腐、オクラ、トマト、
　納豆昆布和え ……………… 98
チリコンカン ………………… 101
白いんげん豆とトマトの和え物 … 102
ひよこ豆のサラダ …………… 103
タコライス …………………… 104
野菜サラダ寿司 ……………… 104
きのことトマトリゾット …… 105
野菜オムレツサンド ………… 107
パプリカとカッテージチーズと
　オリーブのサラダ … 114、184
チョップドサラダ …………… 117
いかと野菜のマリネ ………… 120
きゅうり、ミニトマト、
　うずらの卵のピクルス …… 123
ミニトマトとサーモンのタルタル
　………………………………… 126
トマトとたことオリーブの煮込み
　………………………………… 126
トマトミートソース ………… 126
ミニトマト、コーン、青じそのサラダ
　………………………………… 127
ミニトマトの肉巻き ………… 127
ミニトマトのジンジャー
　はちみつマリネ …………… 127
にんじんとツナのサラダ …… 128
かぼちゃとえびのグラタン … 134
キャベツと肉団子のトマト煮込み … 143
ブロッコリーのオープンオムレツ
　………………………………… 146
焼きねぎのヴィネグレットソース
　………………………………… 160
かぶのイタリアントマト煮込み
　………………………………… 161
揚げなすとチーズ、トマトのサラダ
　………………………………… 169
なすとトマトのチーズ焼き … 169
野菜たっぷりナポリタン …… 177
冷凍トマトとモッツァレラチーズの
　おみそ汁 ……………… 27、178
トマトとすいかのシャーベット
　………………………………… 180
蒸し野菜 ……………………… 183
ミネストローネ ………… 29、189
トマトミートボールスープ … 190
トマトかき玉、春雨スープ … 191
ガスパチョ …………………… 194
鶏肉、パプリカの煮込み …… 196
ラタトゥイユ …………… 28、198
トマトとえびの
　ココナッツカレー煮込み … 198
ボルシチ ………………… 26、199

◆なす
みょうが、なす、じゃこのかき揚げ
　…………………………… 48、111
なすとかつお節のきんぴら … 52
野菜の肉みそ炒め …………… 77
なすとかぼちゃのミートグラタン
　………………………………… 78
揚げ鶏と野菜の南蛮漬け …… 80
豚肉と野菜カレー …………… 83
焼きなすとたこのマリネ …… 120
焼き野菜のマリネ …………… 121
柴漬け風 ………………… 27、123
だし …………………………… 124
なすの揚げびたし …………… 168

焼きなすのディップ ………… 168
なすとじゃこのかき揚げ …… 168
レンジ麻婆なす ……………… 169
揚げなすとチーズ、トマトのサラダ
　………………………………… 169
なすとトマトのチーズ焼き … 169
ラタトゥイユ …………… 28、198
トマトとえびの
　ココナッツカレー煮込み … 198

◆長ねぎ・万能ねぎ・九条ねぎ
もずく、にんじん、ねぎのかき揚げ
　………………………………… 46
たっぷり青ねぎと甘辛牛肉の
　お好み焼き ………………… 56
ピーマン、きくらげ、卵、豚肉炒め
　………………………………… 60
コロッケねぎわかめそば …… 65
糖質オフ肉巻き餃子 ………… 68
プルコギ ……………………… 84
まぐろ、ねぎ、にんじんの煮物 … 88
いかのねぎポン酢 …………… 89
えび、スナップえんどうの
　ねぎだれ和え ……………… 90
にんじん、ねぎ、しらすの卵焼き … 93
豆腐のちゃんぷるー ………… 96
豆腐の野菜あんかけ ………… 97
野菜たっぷり麻婆豆腐 ……… 97
野菜と厚揚げ炒め …………… 99
基本の香味野菜 ……………… 108
湯引きまぐろ、くるみ、ねぎ、
　にんじんのサラダ ………… 115
焼きなすとたこのマリネ …… 120
カクテキ ……………………… 124
ミニトマトとサーモンのタルタル
　………………………………… 126
にんじんしりしり …………… 129
とうもろこしつくね ………… 138
ヤングコーンといかの炒め物 … 139
焼きねぎのヴィネグレットソース
　………………………………… 160
長ねぎの豚肉巻き …………… 160
ねぎチャーシュー …………… 160
もやしとささみのピリ辛中華和え … 163
なすの揚げびたし …………… 169
レンジ麻婆なす ……………… 169
里いもの磯辺焼き …………… 172
上海風焼きそば ……………… 176
ヴィシソワーズ ……………… 186
沢煮椀 ………………………… 192
きのこの団子汁 ……………… 193
ユッケジャンスープ ………… 194
タイピーエン ………………… 195
野菜と鮭の酒粕煮込み ……… 199

◆菜の花
菜の花の昆布じめ …………… 153

◆にら
玉ねぎ、豚肉、にらのかき揚げ
　…………………………… 48、111
にらの和風しょうゆマヨお好み焼き
　………………………………… 56
豚肉の野菜炒め ……………… 58
レバにら炒め ………………… 60
白菜とにらの餃子 …………… 68
糖質オフ肉巻き餃子 ………… 68
野菜の肉みそ炒め …………… 77
にらとトマトとえびの卵炒め … 93

にらと赤ピーマンのチヂミ … 95
豆腐のちゃんぷるー ………… 96
野菜たっぷり麻婆豆腐 ……… 97
上海風焼きそば ……………… 176

◆にんじん
ホクホク肉じゃが …………… 30
ツナじゃが …………………… 32
五目春巻き …………………… 42
あんかけもやし春巻き ……… 44
もずく、にんじん、ねぎのかき揚げ
　………………………………… 46
五目野菜の肉きんぴら … 50、185
豚肉の野菜炒め ……………… 58
豚肉とかまぼこと野菜のとろみ炒め … 60
レバにら炒め ………………… 60
ピーマン、きくらげ、卵、豚肉炒め
　………………………………… 60
餃子ミルクスープ …………… 69
干ししいたけと野菜煮 … 70、72
ミートローフ ………………… 76
野菜の肉みそ炒め …………… 77
なすとかぼちゃのミートグラタン
　………………………………… 78
野菜つくね ……………… 79、185
鶏肉の野菜巻き照り焼き …… 81
牛肉の野菜ロール ……… 74、85
牛肉と野菜の赤ワインシチュー … 85
あじとすだちの南蛮漬け …… 87
まぐろ、ねぎ、にんじんの煮物 … 88
いかのねぎポン酢 …………… 89
にんじん、ねぎ、しらすの卵焼き … 93
豆腐のちゃんぷるー ………… 96
豆腐の野菜あんかけ ………… 97
野菜たっぷり麻婆豆腐 ……… 97
野菜がんも …………………… 99
野菜と厚揚げ炒め …………… 99
チリコンカン ………………… 101
大豆入りひじき煮 …………… 102
中華丼 ………………………… 105
きんぴらごぼうドッグ ……… 106
にんじんツナクリームチーズサンド
　………………………………… 106
湯引きまぐろ、くるみ、ねぎ、
　にんじんのサラダ ………… 115
春雨ごまサラダ ……………… 116
水キムチ ……………………… 122
白菜、にんじん、きゅうりの浅漬り
　…………………………… 27、125
にんじんとさつま揚げの煮物 … 128
にんじんとツナのサラダ …… 128
にんじんナムル ……………… 128
キャロットラペ ……………… 129
たらことにんじん …………… 129
にんじんしりしり …………… 129
紫キャベツとにんじんとアーモンド
　のサラダ …………………… 133
ごぼうの肉きんぴら ………… 173
上海風焼きそば ……………… 176
そばサラダ ……………… 111、177
冷凍にんじんと豚肉のおみそ汁 … 179
卵野菜スープ ………………… 188
ミネストローネ ………… 29、189
クラムチャウダー …………… 189
トマトミートボールスープ … 190
沢煮椀 ………………………… 192
ポトフ ………………………… 197
ボルシチ ………………… 26、199

筑前煮 …………………………… 200

◆白菜
白菜巻きしゅうまい ……………… 40
白菜、明太チーズのお好み焼き … 56
白菜とにらの餃子 ………………… 66
野菜と厚揚げ炒め ………………… 99
中華丼 …………………………… 105
水キムチ ………………………… 122
白菜の浅漬け …………………… 125
白菜、にんじん、きゅうりの浅漬け
　　　　　　　　　　　… 27、125
白菜のおかか和え ……………… 158
白菜とほたてのクリーム煮 …… 158
白菜と春雨の中華煮込み ……… 158
せりと白菜と肉団子のスープ … 193
タイピーエン …………………… 195
野菜と鮭の酒粕煮込み ………… 199

◆パクチー
桜えび、コーン、パクチー炒め
　　　　　　　　　　　　… 75、90
ヤムウンセン …………………… 115
いんげんとえびの春雨サラダ … 150

◆パプリカ・ピーマン
ピーマンの肉詰め ………………… 34
五目春巻き ………………………… 42
とうもろこし、ピーマン、
　ウインナーのかき揚げ … 48、111
五目野菜の肉きんぴら …… 50、185
ピーマン、きくらげ、卵、豚肉炒め
　　　　　　　　　　　　……… 60
野菜煮込みハンバーグ …… 77、110
揚げ鶏と野菜の南蛮漬け ………… 80
鶏ピザ …………………………… 80
鶏肉と野菜とカシューナッツ炒め
　　　　　　　　　　　　……… 81
回鍋肉 …………………………… 82
酢豚 ……………………………… 82
豚肉と野菜カレー ………………… 83
プルコギ ………………………… 84
あじとすだちの南蛮漬け ………… 87
かじきの夏野菜煮込み …… 75、89
セビーチェ ………………………… 91
野菜オムレツ ……………………… 92
じゃがいも、玉ねぎの
　スペイン風オムレツ …………… 94
にらと赤ピーマンのチヂミ ……… 95
豆腐の野菜あんかけ ……………… 97
チリコンカン …………………… 101
ポークビーンズ ………………… 101
白いんげん豆とトマトの和え物
　　　　　　　　　　　　…… 102
パプリカとカッテージチーズと
　オリーブのサラダ …… 114、184
いかと野菜のマリネ …………… 120
焼き野菜のマリネ ……………… 121
パプリカとえびとオリーブのマリネ
　　　　　　　　　　　　…… 130
パプリカと鶏むね肉の炒め物 … 130
パプリカとツナのきんぴら …… 130
黄パプリカと豚肉のしょうが焼き
　　　　　　　　　　　　…… 140
黄パプリカとほたての和え物 … 140
黄パプリカとえびのマヨネーズ和え
　　　　　　　　　　　　…… 140
おかかピーマン ………………… 148
チンジャオロースー …………… 148
ピーマンとちくわのナムル …… 148

しめじのグラタン ……………… 167
野菜たっぷりナポリタン ……… 177
ガスパチョ ……………………… 194
鶏肉、パプリカの煮込み ……… 196
ラタトゥイユ ……………… 28、198

◆ビーツ
ボルシチ …………………… 26、199

◆ふき
たけのこ、ふき、油揚げ煮 …… 174

◆ベビーリーフ
野菜サラダ寿司 ………………… 104
グリーンサラダ ………………… 113
パプリカとカッテージチーズと
　オリーブのサラダ …… 114、184
湯引きまぐろ、くるみ、ねぎ、
　にんじんのサラダ …………… 115

◆ブロッコリー
ブロッコリーとツナのきんぴら
　　　　　　　　　　　　……… 52
牛肉と野菜の赤ワインシチュー … 85
牛肉とブロッコリーの
　オイスター炒め ……………… 146
ブロッコリーとえびの
　チーズグラタン ……………… 146
ブロッコリーのオーブンオムレツ
　　　　　　　　　　　　…… 146
ブロッコリーのごまオリーブオイル
　しょうゆサラダ ……………… 147
ブロッコリーとゆで卵のサラダ
　　　　　　　　　　　　…… 147
ブロッコリーとツナとコーンの
　サラダ ………………………… 147
蒸し野菜 ………………………… 183

◆ほうれん草
餃子ミルクスープ ………………… 69
サーモンとじゃがいも、
　ほうれん草のグラタン ………… 86
ほうれん草、コーン、玉ねぎの卵炒め
　　　　　　　　　　　　……… 95
ほうれん草とえびの
　カレークリーム煮込み … 152、184
ほうれん草と塩鮭の卵焼き …… 153

◆ミックスベジタブル
カレーコロッケ …………………… 64

◆水菜・三つ葉
レンジ蒸し春巻き ………………… 45
えびと三つ葉の餃子 ……………… 68
牛肉の野菜ロール ………… 74、85
れんこんのえび挟み揚げ … 75、91
トマトかき玉、春雨スープ …… 191
沢煮椀 …………………………… 192

◆みょうが
みょうが、なす、じゃこのかき揚げ
　　　　　　　　　　　… 48、111
牛肉の野菜ロール ………… 74、85
あじとすだちの南蛮漬け ………… 87
基本の香味野菜 ………………… 108
ほたてとみょうがときくらげの
　マリネ ………………………… 121
柴漬け風 …………………… 27、123
だし ……………………………… 124
みょうがとキャベツの浅漬け … 132

みょうがとチーズの肉巻き …… 132
みょうがとポテトチップスの
　ツナサラダ …………………… 132
とうもろこしとみょうがの
　クリームチーズ和え ………… 138
オクラ豚しゃぶ ………………… 141

◆もやし
あんかけもやし春巻き …………… 44
豚肉とかまぼこと野菜のとろみ炒め
　　　　　　　　　　　　……… 60
レバにら炒め ……………………… 60
もやしとささみのピリ辛中華和え
　　　　　　　　　　　　…… 163
豆もやしときくらげ、ハムのナムル
　　　　　　　　　　　　…… 163
もやしと春雨の酢の物 ………… 163
上海風焼きそば ………………… 176
卵野菜スープ …………………… 188
ユッケジャンスープ …………… 194

◆ヤングコーン
中華丼 …………………………… 105
ヤングコーンの肉巻きフライ … 139
ヤングコーンといんげんの
　アジアン炒め ………………… 139
ヤングコーンといかの炒め物 … 139

◆レタス・サラダ菜
春巻きのレタス巻き ……………… 45
きんぴらマヨサラダ ……………… 53
レタス、トマト、えびのお好み焼き
　　　　　　　　　　　　……… 57
コロッケサンド …………………… 65
タコライス ……………………… 104
きんぴらごぼうドッグ ………… 106
ごぼうサラダベーグル ………… 107
レタスとカリカリじゃこのサラダ
　　　　　　　　　　　　…… 117
シーザーサラダ ………………… 117
そばサラダ ………………… 111、177
わかめレタススープ …………… 192

◆ラディッシュ・赤皮大根
ラディッシュと卵のサラダ …… 131
ラディッシュのレモンマリネ … 131
赤皮大根ときゅうりとかにのサラダ
　　　　　　　　　　　　…… 131

◆れんこん
れんこんのえび挟み揚げ … 75、91
青大豆の明太サラダ …………… 100
大豆入りひじき煮 ……………… 102
香味野菜とたことれんこん …… 108
パプリカとカッテージチーズと
　オリーブのサラダ …… 114、184
ひじきとれんこんのサラダ …… 116
れんこんのカレーマヨサラダ … 164
れんこんのごまきんぴら ……… 164
れんこんと牛肉のピリ辛炒め … 164
れんこんのバルサミコマリネ … 165
カリカリれんこんチーズ ……… 165
れんこんのもちもち揚げ ……… 165
筑前煮 …………………………… 200

＊きのこ類＊
◆えのきだけ
昆布なめたけ …………………… 166
塩ミックスきのこ ……………… 167

サンラータン …………… 112、188
きのこの団子汁 ………………… 193
ユッケジャンスープ …………… 194

◆エリンギ
牛肉ときのこのトマトクリーム煮
　　　　　　　　　　　… 73、84
きのことトマトリゾット ……… 105
きのこのマリネ ………………… 119
塩ミックスきのこ ……………… 167

◆きくらげ
ピーマン、きくらげ、卵、豚肉炒め
　　　　　　　　　　　　……… 60
ほたてとみょうがときくらげの
　マリネ ………………………… 121
豆もやしときくらげ、ハムのナムル
　　　　　　　　　　　　…… 163
せりと白菜と肉団子のスープ … 193
タイピーエン …………………… 195

◆きのこ
冷凍オクラと冷凍きのこのおみそ汁
　　　　　　　　　　　　…… 178

◆しいたけ・干ししいたけ
玉ねぎしゅうまい ………… 38、183
白菜巻きしゅうまい ……………… 40
細切りキャベツのしゅうまい …… 40
五目春巻き ………………………… 42
五目野菜の肉きんぴら …… 50、185
豚肉とかまぼこと野菜のとろみ炒め
　　　　　　　　　　　　……… 60
干ししいたけと野菜煮 …… 70、72
野菜つくね ………………… 79、185
プルコギ ………………………… 84
野菜オムレツ ……………………… 92
豆腐の野菜あんかけ ……………… 97
野菜たっぷり麻婆豆腐 …………… 97
きのことトマトリゾット ……… 105
しいたけつくね ………………… 166
塩ミックスきのこ ……………… 167
サンラータン …………… 112、188
沢煮椀 …………………………… 192
タイピーエン …………………… 195
野菜と鮭の酒粕煮込み ………… 199
筑前煮 …………………………… 200

◆しめじ
しゅうまいスープ ………………… 41
きのこのきんぴら ………………… 52
豚肉の野菜炒め …………………… 58
牛肉ときのこのトマトクリーム煮
　　　　　　　　　　　… 73、84
野菜と厚揚げ炒め ………………… 99
きのことトマトリゾット ……… 105
中華丼 …………………………… 105
きのこのマリネ ………………… 119
ほうれん草とえびの
　カレークリーム煮込み … 152、184
塩ミックスきのこ ……………… 167
しめじのグラタン ……………… 167
きのこの団子汁 ………………… 193

◆ドライポルチーニ
ドライトマトとドライポルチーニ、
　あさりの炊き込みごはん … 70、182

◆なめこ
きのこの団子汁 ………… 193

◆まいたけ
きのこのきんぴら ………… 52
アスパラ、まいたけ、ベーコンの
　スクランブルエッグ ……… 94
きのことマトリゾット ……… 105
しめじのグラタン ………… 167
まいたけ肉巻き ………… 167
きのこの団子汁 ………… 193

◆マッシュルーム
マッシュルームの松の実、
　レーズン入り肉詰め ……… 36
野菜煮込みハンバーグ …77、110
牛肉ときのこのトマトクリーム煮
　…………………… 73、84
牛肉と野菜の赤ワインシチュー … 85
ポークビーンズ ………… 101
きのこのマリネ ………… 119
セロリ、チーズ、マッシュルームの
　マリネ ………………… 119
マッシュルームのパイキッシュ
　……………………… 166
マッシュルームのポタージュ … 187
クラムチャウダー ………… 189

＊いも類＊

◆さつまいも
さつまいものハーブチーズコロッケ
　………………………… 65
さつまいものメープルボール … 136
さつまいものマッシュポテト … 136
さつまいもとセロリとハムの
　ヨーグルトサラダ ……… 136
さつまいものマーマレード煮 … 137
さつまいもと牛肉の煮物 … 137
大学いも ………………… 137

◆里いも
里いものごま煮 ………… 172
里いものツナサラダ ……… 172
里いもの磯辺焼き ……… 172

◆じゃがいも
ホクホク肉じゃが ………… 30
トマトたこじゃが ………… 32
ツナじゃが ………………… 32
塩肉じゃが ………………… 32
じゃがいもとディルの春巻き … 45
じゃがいも、青じそのかき揚げ … 49
ポテトコロッケ …………… 62
たらこチーズコロッケ ……… 64
カレーコロッケ …………… 64
アッシェパルマンティエ …79、113
豚肉と野菜カレー ………… 83
牛肉ときのこのトマトクリーム煮
　…………………… 73、84
牛肉と野菜の赤ワインシチュー …85
サーモンとじゃがいも、
　ほうれん草のグラタン …… 86
たら、トマト、じゃがいも煮込み … 88
じゃがいも、玉ねぎの
　スペイン風オムレツ ……… 94
たことじゃがいものサラダ … 115
ポテトサラダ …………… 116
カリフラワーとじゃがいもの
　スパイス炒め ………… 162

イタリアン粉ふきいも ……… 170
たらもサラダ …………… 170
じゃがいもとほたて缶のグラタン
　……………………… 170
揚げないフライドポテト …… 171
じゃがいものコロコロチーズボール
　……………………… 171
ジャーマンポテト ………… 171
ヴィシソワーズ …………… 186
マッシュルームのポタージュ … 187
ミネストローネ ……… 29、189
クラムチャウダー ………… 189
トマトミートボールスープ … 190
チキンチャウダー ………… 191
トマトとえびの
　ココナッツカレー煮込み … 198
ボルシチ ……………… 26、199

◆ポテトチップス
みょうがとポテトチップスの
　ツナサラダ …………… 132

◆山いも
キャベツと山いもの豚玉お好み焼き
　………………………… 54
白菜、明太チーズのお好み焼き … 56
にらの和風しょうゆマヨお好み焼き
　………………………… 56
たっぷり青ねぎと甘辛牛肉の
　お好み焼き …………… 56
たこ焼き風キャベツ ……… 57
焼きそば入りお好み焼き …… 57
レタス、トマト、えびのお好み焼き
　………………………… 57

＊卵類＊

スクランブルエッグトースト … 28
レンジ蒸し春巻き ………… 45
卵とじ天丼 ………………… 49
焼きそば入りお好み焼き …… 57
ピーマン、きくらげ、卵、豚肉炒め
　………………………… 60
野菜炒めの半熟卵のせ …… 61
野菜ちらし寿司 …………… 72
鶏肉の野菜巻き照り焼き …74、81
野菜オムレツ ……………… 92
にらとトマトとえびの卵炒め … 93
にんじん、ねぎ、しらすの卵焼き … 93
じゃがいも、玉ねぎの
　スペイン風オムレツ ……… 94
アスパラ、まいたけ、ベーコンの
　スクランブルエッグ ……… 94
にらと赤ピーマンのチヂミ … 95
ほうれん草、コーン、玉ねぎの卵炒め
　………………………… 95
豆腐のちゃんぷるー ……… 96
野菜サラダ寿司 ………… 104
中華丼 …………………… 105
野菜オムレツサンド ……… 107
香味野菜とツナ卵サラダ … 108
ポテトサラダ …………… 116
シーザーサラダ ………… 117
きゅうり、ミニトマト、
　うずらの卵のピクルス … 123
にんじんしりしり ………… 129
ラディッシュと卵のサラダ … 131
かぼちゃとゆで卵のサラダ
　………………… 26、134

きゅうりとささみのごまナムル
　……………………… 144
ブロッコリーのオープンオムレツ
　……………………… 146
ブロッコリーとゆで卵のサラダ
　……………………… 147
スナップエンドウとゆで卵のサラダ
　……………………… 150
ゴーヤちゃんぷるー ……… 151
ほうれん草とえびの
　カレークリーム煮込み …152、184
ほうれん草と塩鮭の卵焼き … 153
ズッキーニのオムレツ …… 155
マッシュルームのパイキッシュ
　……………………… 166
たけのこ、わかめ、鶏肉の卵とじ
　……………………… 174
しょうがのマドレーヌ …… 180
サンラータン ……… 112、188
卵野菜スープ …………… 188
中華風コーンスープ ……… 190
トマトかき玉、春雨スープ … 191
ユッケジャンスープ ……… 194
タイピーエン …………… 195
鶏手羽おでん …………… 196

＊こんにゃく・しらたき＊

ホクホク肉じゃが ………… 30
たっぷり青ねぎと甘辛牛肉の
　お好み焼き …………… 56
干ししいたけと野菜煮 …70、72
にんじんとさつま揚げの煮物 … 128
きのこの団子汁 ………… 193
鶏手羽おでん …………… 196
筑前煮 …………………… 200

＊乳製品＊

◆牛乳
さつまいものメープルボール … 136
ブロッコリーとえびの
　チーズグラタン ………… 146
ブロッコリーのオープンオムレツ
　……………………… 146
ズッキーニのオムレツ …… 155
白菜とほたてのクリーム煮 … 158
マッシュルームのパイキッシュ
　……………………… 166
しめじのグラタン ………… 167
ヴィシソワーズ …………… 186
かぼちゃのポタージュ …… 187
マッシュルームのポタージュ … 187
チキンチャウダー ………… 191

◆チーズ
オクラとミニトマトの
　チーズトースト ………… 26
トマトたこじゃが ………… 32
肉じゃがチーズ春巻き …… 33
トマトの肉詰め …………… 36
ピーマンの肉詰めピザ …… 37
そら豆チーズ春巻き ……… 44
白菜、明太チーズのお好み焼き … 56
たらこチーズコロッケ ……… 64
さつまいものハーブチーズコロッケ
　………………………… 65
揚げチーズ餃子 …………… 69
なすとかぼちゃのミートグラタン
　………………………… 78

鶏ピザ …………………… 80
キャベツカツ ………… 72、83
サーモンとじゃがいも、
　ほうれん草のグラタン …… 86
タコライス ……………… 104
にんじんツナクリームチーズ
　サンド ………………… 106
野菜オムレツサンド ……… 107
パプリカとカッテージチーズと
　オリーブのサラダ …… 114、184
シーザーサラダ ………… 117
セロリ、チーズ、マッシュルームの
　マリネ ………………… 119
トマトとたことオリーブの煮込み
　……………………… 126
みょうがとチーズの肉巻き … 132
かぼちゃとえびのグラタン … 134
かぼちゃと鮭と
　ハーブチーズの春巻き … 135
かぼちゃのみたらしチーズ焼き … 135
とうもろこしとみょうがのクリーム
　チーズ和え …………… 138
キャベツとたらこのサラダ … 142
ブロッコリーとえびの
　チーズグラタン ………… 146
ブロッコリーのオープンオムレツ
　……………………… 146
アスパラとコーンのチーズ和え
　……………………… 149
ゴーヤとツナのサラダ …… 151
ゴーヤとチーズの肉巻きフリット
　……………………… 151
ズッキーニのチーズマリネ … 155
ズッキーニのオムレツ …… 155
かぶのイタリアントマト煮込み
　……………………… 161
カリフラワーとベーコンの
　クリームチーズ焼き …… 162
カリカリれんこんチーズ …… 165
マッシュルームのパイキッシュ
　……………………… 166
しめじのグラタン ………… 167
揚げなすとチーズ、トマトのサラダ
　……………………… 169
なすとトマトのチーズ焼き … 169
じゃがいもとほたて缶のグラタン
　……………………… 170
じゃがいものコロコロチーズボール
　……………………… 171
冷凍トマトとモッツァレラチーズの
　おみそ汁 ………… 27、178

◆生クリーム
ポテトコロッケ …………… 62
たらこチーズコロッケ ……… 64
かぼちゃのミートコロッケ …64、112
カレーコロッケ …………… 64
さつまいものハーブチーズコロッケ
　………………………… 65
餃子ミルクスープ ………… 69
クリームロールキャベツ …78、182
なすとかぼちゃのミートグラタン
　………………………… 78
牛肉ときのこのトマトクリーム煮
　…………………… 73、84
サーモンとじゃがいも、
　ほうれん草のグラタン …… 86
野菜オムレツ ……………… 92
じゃがいも、玉ねぎの
　スペイン風オムレツ ……… 94

ほうれん草、コーン、玉ねぎの卵炒め … 95
かぼちゃとゆで卵のサラダ
　……………………………… 26、134
かぼちゃとえびのグラタン …… 134
さつまいものマッシュポテト … 136
ほうれん草とえびの
　カレークリーム煮込み …152、184
カリフラワーとベーコンの
　クリームチーズ焼き ………… 162
マッシュルームのパイキッシュ
　……………………………………… 166
じゃがいもとほたて缶のグラタン
　……………………………………… 170
ヴィシソワーズ ………………… 186
かぼちゃのポタージュ ………… 187
マッシュルームのポタージュ … 187
クラムチャウダー ……………… 189

◆ヨーグルト
さつまいもとセロリとハムの
　ヨーグルトサラダ …………… 136

＊豆類＊
◆青大豆
青大豆の明太サラダ …………… 100

◆あずき
かぼちゃ白玉団子 ……………… 180

◆キドニービーンズ
チリコンカン …………………… 101

◆白いんげん豆
白いんげん豆とトマトの和え物
　……………………………………… 102

◆大豆
ポークビーンズ ………………… 101
大豆入りひじき煮 ……………… 102
ひじきとれんこんのサラダ …… 116

◆ひよこ豆
ひよこ豆のサラダ ……………… 103

◆ミックスビーンズ
ミックスビーンズとツナの
　マスタードサラダ …………… 103

＊大豆加工品＊
◆油揚げ・厚揚げ
干ししいたけと野菜煮 …… 70、72
野菜と厚揚げ炒め ………………… 99
大豆入りひじき煮 ……………… 102
香味野菜とじゃこ、カリカリ油揚げ
　……………………………………… 108
チンゲン菜と厚揚げ、
　豚肉のしょうゆ煮 …………… 153
たけのこ、ふき、油揚げ煮 …… 174
山菜おこわ ……………………… 175
きのこの団子汁 ………………… 193
鶏手羽おでん …………………… 196
野菜と鮭の酒粕煮込み ………… 199

◆豆腐
豆腐枝豆しゅうまい ……………… 41
金目鯛とごぼうの煮物 …… 87、185
豆腐のちゃんぷるー ……………… 96

豆腐の野菜あんかけ ……………… 97
野菜たっぷり麻婆豆腐 …………… 97
豆腐、オクラ、トマト、
　納豆昆布和え …………………… 98
ごぼうと豆腐の炒め煮 …………… 98
野菜がんも ………………………… 99
サンラータン ………………… 112、188
野菜と鮭の酒粕煮込み ………… 199

◆春雨
五目春巻き ………………………… 42
プルコギ …………………………… 84
ヤムウンセン …………………… 115
春雨ごまサラダ ………………… 116
いんげんとえびの春雨サラダ … 150
白菜と春雨の中華煮込み ……… 158
もやしと春雨の酢の物 ………… 163
トマトかき玉、春雨スープ …… 191
タイピーエン …………………… 195

＊果実類・果実加工品＊
◆アボカド
タコライス ……………………… 104

◆オリーブ
トマトたこじゃが ………………… 32
白いんげん豆とトマトの和え物
　……………………………………… 102
パプリカとカッテージチーズとオ
　リーブのサラダ ……… 114、184
トマトとたことオリーブの煮込み
　……………………………………… 126
パプリカとえびとオリーブのマリネ
　……………………………………… 130
焼きなすのディップ …………… 168
鶏肉、パプリカの煮込み ……… 196

◆柿
紫キャベツとあんぽ柿、
　りんごのサラダ ……………… 133
かぶと干し柿、生ハムの和え物 … 161

◆ココナッツミルク
かぼちゃのココナッツミルク煮
　……………………………………… 135
トマトとえびのココナッツ
　カレー煮込み ………………… 198

◆すいか
トマトとすいかのシャーベット
　……………………………………… 180

◆すだち
あじとすだちの南蛮漬け ………… 87

◆りんご
水キムチ ………………………… 122
紫キャベツとあんぽ柿、
　りんごのサラダ ……………… 133

◆レモン
白菜、にんじん、きゅうりの浅漬け
　……………………………… 27、125
ラディッシュのレモンマリネ … 131
玉ねぎとサーモンのレモンマリネ
　……………………………………… 159

◆ゆず
ゆず大根 ………………………… 123

◆ドライフルーツ
マッシュルームの松の実、
　レーズン入り肉詰め …………… 36
キャロットラペ ………………… 129

＊種実類＊
◆アーモンド
紫キャベツとにんじんと
　アーモンドのサラダ ………… 133
ほうれん草のカレークリーム煮
　ごはん ………………………… 184

◆カシューナッツ
鶏肉と野菜とカシューナッツ炒め
　……………………………………… 81

◆くこの実
韓国風野菜たっぷり素麺 ……… 176

◆くるみ
湯引きまぐろ、くるみ、ねぎ、
　にんじんのサラダ …………… 115
キャロットラペ ………………… 129

◆松の実
マッシュルームの松の実、
　レーズン入り肉詰め …………… 36
韓国風野菜たっぷり素麺 ……… 176

＊ハーブ類＊
◆ディル
じゃがいもとディルの春巻き … 45
黄パプリカとほたての和え物 … 140

◆バジル
たことじゃがいものサラダ …… 115
揚げなすとチーズ、トマトのサラダ
　……………………………………… 169
イタリアン粉ふきいも ………… 170
トマトとすいかのシャーベット
　……………………………………… 180

＊漬け物類＊
◆梅干し・梅ペースト
キャベツカツ ………………… 72、83
オクラといかの梅あえ ………… 141
きゅうりの梅和え ……………… 144
大根とささみの梅しそ和え …… 157

◆ザーサイ
セロリ、ちくわ、ザーサイの和え物
　……………………………………… 154

＊主食・皮＊
◆ごはん・米
干し大根葉のふりかけおにぎり … 29
肉じゃが和風カレー ……………… 33
卵とじ天丼 ………………………… 49
天むす ……………………………… 49
肉きんぴらのおにぎらず ………… 53
ドライトマトとドライポルチーニ、
　あさりの炊き込みごはん… 70、182
野菜ちらし寿司 …………………… 72
サフランライス …………………… 73
グリーンピースごはん …………… 74
桜えび、コーン、パクチー混ぜごはん
　……………………………………… 75

タコライス ……………………… 104
野菜サラダ寿司 ………………… 104
きのことマトリゾット ………… 105
中華丼 …………………………… 105
山菜おこわ ……………………… 175
ほうれん草とえびのカレー
　クリーム煮込みごはん ……… 184
野菜つくね丼 …………………… 185

◆しゅうまいの皮・春巻きの皮・餃子の皮
肉じゃがチーズ春巻き …………… 33
玉ねぎしゅうまい ………… 38、183
コーンえびしゅうまい …………… 40
豆腐枝豆しゅうまい ……………… 41
五目春巻き ………………………… 42
そら豆チーズ春巻き ……………… 44
あんかけもやし春巻き …………… 44
アスパラ肉巻き春巻き …………… 44
レンジ蒸し春巻き ………………… 45
じゃがいもとディルの春巻き …… 45
白菜とにらの餃子 ………………… 66
えびと三つ葉の餃子 ……………… 68
春菊とたこの餃子 ………………… 68
かぼちゃと鮭と
　ハーブチーズの春巻き ……… 135
オクラ肉巻き春巻き …………… 141

◆うどん
野菜焼うどん ……………………… 61

◆素麺
韓国風野菜たっぷり素麺 ……… 176

◆そば
コロッケねぎわかめそば ………… 65
そばサラダ ………………… 111、177

◆ラーメン・中華麺
野菜タンメン ……………………… 61
サンラータン麺 ………………… 112

◆焼きそば麺
焼きそば入りお好み焼き ………… 57
上海風焼きそば ………………… 176

◆パイシート
マッシュルームのパイキッシュ
　……………………………………… 166

◆パスタ
野菜煮込みハンバーグパスタ … 110
ブロッコリーとえびの
　チーズグラタン ……………… 146
野菜たっぷりナポリタン ……… 177
チキンチャウダー ……………… 191

◆パン
オクラとミニトマトの
　チーズトースト ………………… 26
スクランブルエッグトースト …… 28
コロッケサンド …………………… 65
きんぴらごぼうドッグ ………… 106
にんじんツナクリーム
　チーズサンド ………………… 106
野菜オムレツサンド …………… 107
ごぼうサラダベーグル ………… 107
シーザーサラダ ………………… 117
ガスパチョ ……………………… 194

207

レシピ作成・調理・スタイリング
平岡淳子（ひらおかじゅんこ）

フードコーディネーター。東京下町暮らし。お米マイスター、野菜ソムリエとしても活躍。雑誌や書籍、Webサイトでレシピの提案、調理、スタイリングをおこなっている。また、毎月主催している料理教室が人気。日本ならではの四季を感じながら、旬の食材をふんだんに使った「作りやすいおうちごはん」にこだわって、ジャンルにこだわらないシンプルでおいしいレシピを提案している。著書に『決定版！朝つめるだけで簡単！作りおきのラクうま弁当350』、『決定版！週末作って毎日簡単！作りおきのラクうまおかず350』、『ふだんのごはんも、ちょっといい日のごちそうも 毎日のおかず教室』（全てナツメ社）などがある。
平岡淳子毎日のおかず教室
http://www.hiraokajunko.com

Staff

撮影	田中宏幸
デザイン	矢﨑進　根岸良介　大類百世（yahhos）
イラスト	高旗将雄
調理アシスタント	母・由美子
栄養計算	角島理美
編集協力／執筆協力	丸山みき（SORA企画）　富永明子
編集アシスタント	岩本明子　柿本ちひろ（SORA企画）
編集担当	齋藤友里（ナツメ出版企画）

ナツメ社Webサイト
http://www.natsume.co.jp
書籍の最新情報（正誤情報を含む）は
ナツメ社Webサイトをご覧ください。

決定版！ 毎日食べたい！ 作りおきのラクうま野菜おかず350

2017年11月6日　初版発行

著　者　平岡淳子（ひらおかじゅんこ）　　　　　　　　　　　　©Hiraoka Junko, 2017
発行者　田村正隆

発行所　株式会社ナツメ社
　　　　東京都千代田区神田神保町1-52　ナツメ社ビル1F（〒101-0051）
　　　　電話 03-3291-1257（代表）　FAX 03-3291-5761
　　　　振替 00130-1-58661

制　作　ナツメ出版企画株式会社
　　　　東京都千代田区神田神保町1-52　ナツメ社ビル3F（〒101-0051）
　　　　電話 03-3295-3921（代表）

印刷所　図書印刷株式会社

ISBN978-4-8163-6343-6　　　　　　　　　　　　　　　　　　　　Printed in Japan

本書に関するお問い合わせは、上記、ナツメ出版企画株式会社までお願い致します。

〈定価はカバーに表示してあります〉
〈乱丁・落丁本はお取り替えします〉
本書の一部または全部を著作権法で定められている範囲を超え、
ナツメ出版企画株式会社に無断で複写、複製、転載、データファイル化することを禁じます。